D1697057

Heimat und Welt

Geographie für Hamburg
Klassen 7 und 8

Moderator
Ulrich Brameier

Autoren
Ulrich Brameier
Klaus Claaßen
Peter Kirch
Norma Kreuzberger
Jürgen Nebel
Hans-Joachim Pröchtel

© 2005 Bildungshaus Schulbuchverlage
Westermann Schroedel Diesterweg Schöningh Winklers GmbH,
Braunschweig
www.westermann.de

Das Werk und seine Teile sind urheberrechtlich geschützt. Jede Nutzung in anderen als den gesetzlich zugelassenen Fällen bedarf der vorherigen schriftlichen Einwilligung des Verlages. *Hinweis zu § 52a UrhG:* Weder das Werk noch seine Teile dürfen ohne eine solche Einwilligung gescannt und in ein Netzwerk eingestellt werden. Das gilt auch für Intranets von Schulen und sonstigen Bildungseinrichtungen. Auf verschiedenen Seiten dieses Buches befinden sich Verweise (Links) auf Internet-Adressen.
Haftungshinweis: Trotz sorgfältiger inhaltlicher Kontrolle wird die Haftung für die Inhalte der externen Seiten ausgeschlossen. Für den Inhalt dieser externen Seiten sind ausschließlich deren Betreiber verantwortlich. Sollten sie bei dem angegebenen Inhalt des Anbieters dieser Seite auf kostenpflichtige, illegale oder anstößige Inhalte treffen, so bedauern wir dies ausdrücklich und bitten Sie, uns umgehend per e-mail unter www.westermann.de davon in Kenntnis zu setzen, damit beim Nachdruck der Verweis gelöscht wird.

Druck A^1 / Jahr 2005
Alle Drucke der Serie A sind im Unterricht parallel verwendbar.

Lektorat und Herstellung: Thomas Eck
Lay-out-Konzept: Thomas Schröder
Druck und Bindung: westermann druck GmbH, Braunschweig

ISBN 3-14-**114378**-1

Inhaltsverzeichnis

Orientierung auf der Erde — 6

Das Gradnetz der Erde	8	Gewusst wie
Lagebestimmung im Gradnetz	10	Gewusst wie
Licht und Wärme der Sonne	12	
Die Zeitzonen der Erde	14	
Rekorde der Erde	16	
Geospiele	18	Gewusst wie

Europa – Grenzen überwinden — 20

Räumliche Orientierung	22	
Erstellen einer thematischen Karte	24	Gewusst wie
Arbeit mit Karten	26	Gewusst wie
Politische Gliederung	28	
Kulturelle Vielfalt	30	
Die Europäische Union und ihre Bedeutung	32	
Der Euro – die Währung der EU	34	
Faustskizzen anfertigen	35	Gewusst wie
Tourismus in Europa	36	
Wir planen eine Auslandsreise	38	Gewusst wie
Grenzen überwinden: Arbeitskräfte	42	
Grenzen überwinden: Flüchtlinge	44	
Grenzen überwinden: Eine Projektidee	46	

Bedrohte Räume in Europa — 48

Erdbeben in Europa	50	
Vulkanismus in Europa	52	
Wir bauen ein Vulkanmodell	54	Gewusst wie
Das Internet nutzen	56	Gewusst wie
Gefahr durch Hochwasser	58	
Ökosystem Meer – bedroht durch den Menschen	62	

Klima- und Vegetationszonen der Erde — 64

Unterschiedliche Temperaturen	66	
Entstehung von Niederschlägen	68	
Die Klima- und Vegetationszonen der Erde	70	
Klimadiagramme zeichnen	74	Gewusst wie

Leben und Wirtschaften in der kalten Zone — 76

Die Polargebiete	78	
Die Inuit – früher und heute	80	
Wettlauf zum Nordol	83	
Die Antarktis	84	
Wettlauf zum Südpol	87	
Andere informieren	88	Gewusst wie

	Leben und Wirtschaften in der feucht-heißen Zone	**90**
	Naturraum tropischer Regenwald	92
	Dichte Wälder auf armen Böden	94
	Landwirtschaft in den feuchten Tropen	96
	Nutzung und Zerstörung	100
	Weltweite Verbreitung	102
	Leben und Wirtschaften in der trocken-heißen Zone	**104**
	Die Wüste als Naturraum	106
	Oasen	108
	Der Nil – die Lebensader Ägyptens	110
Gewusst wie	Eine Umrisskarte zeichnen	111
	Leben in der Wüste	112
	Das Leben in der Wüste verändert sich	114
	Die USA – eine Weltmacht	**116**
	Naturraum	118
	Das nordamerikanische Klima	120
	Die Ureinwohner Nordamerikas	122
	New York City	124
	Wirtschaftsmacht USA	126
	Landwirtschaft in den USA	130
	Tourismus in den USA	134
	Russland – ein Land vor neuen Herausforderungen	**138**
	Russland – räumliche Übersicht	140
	Der Zerfall der Sowjetunion	142
Gewusst wie	Eine Karikatur auswerten	143
	Der Naturraum Russlands	144
	Sibirien – schwierige Rohstoffgewinnung	146
	Die russische Landwirtschaft	148
	Fahrzeugbau in Russland	152
Gewusst wie	Kartenarbeit	154
	China – Land im Umbruch	**156**
	Die Großlandschaften Chinas	158
	Bevölkerung	160
	Ein hungriger Riese in Ostasien	162
	China im wirtschaftlichen Aufbruch	164
	Ungleiche Entwicklung	168
	China in Hamburg – eine Projektidee	170
Gewusst wie	Projektarbeit im Team	172

Inhaltsverzeichnis

Indien auf dem Weg in die Zukunft — 174

Der Naturraum Indiens	176	
Der Monsun – eine klimatische Besonderheit	178	
Ein Profil auswerten	180	*Gewusst wie*
Kinderarbeit in Indien	182	
Problem Bevölkerungsentwicklung	184	
Wachsender Nahrungsbedarf	186	
Landflucht und Verstädterung	188	
Hightech-Land Indien	190	

Wirtschaftliche Verflechtungen — 192

Entwicklungsstand der Staaten	194	
Wir untersuchen ein Land	198	*Gewusst wie*
Power-Point-Präsentation	200	*Gewusst wie*
Welthandel	202	
Entwicklungsländer im Welthandel	204	
Die Tigerstaaten	208	
Seeverkehr	210	
Der eigene Konsum	212	

Weltbevölkerung und Welternährung — 214

Bevölkerungswachstum	216	
Bevölkerungswachstum und Hunger	218	
Welternährungslage	220	
Welternährungsprobleme	222	
Streitgespräch	226	*Gewusst wie*
Hilfe organisieren	229	*Gewusst wie*
Unsere Aktion	230	*Gewusst wie*

Wege in die Zukunft – Agenda 21 — 232

Agenda 21	234	
Aktivitäten vor Ort: Müllvermeidung	236	
Aktivitäten vor Ort: Energie sparen	238	
Klimaschutz – eine Aufgabe für alle	240	
Bachpatenschaft	242	*Gewusst wie*
Wir führen ein Projekt durch	244	*Gewusst wie*
Klimastationen	246	
Tipps für die Erstellung schriftlicher Arbeiten	248	*Gewusst wie*
Methodenüberblick	250	*Gewusst wie*

Minilexikon	252
Bildnachweis	256

Orientierung auf der Erde

Gewusst wie: Das Gradnetz der Erde   8

Gewusst wie: Lagebestimmung im Gradnetz   10

Licht und Wärme der Sonne   12

Die Zeitzonen der Erde   14

Rekorde der Erde   16

Gewusst wie: Geospiele   18

M1 Die Entdeckungsfahrten des Christoph Kolumbus
Christoph Kolumbus stach am 3. August 1492 von Palos de la Frontera Richtung Kanarische Inseln in See um einen kurzen Handelsweg nach Indien zu erkunden. Dies gelang ihm nicht. Stattdessen gelangte er nach Amerika. Grundlage für seine Fahrt war die damals keineswegs selbstverständliche Erkenntnis von der Kugelgestalt der Erde. Seine drei Schiffe Santa Maria, Pinta und Niña besaßen nicht die heute üblichen Navigationsmittel. Die Fahrten des Christoph Kolumbus waren eine wichtige Voraussetzung für die Entwicklung des Gradnetzes der Erde.

Gewusst wie

Das Gradnetz der Erde

Hilferuf im Atlantik
15. April 1912: Um 0.15 Uhr sendet die Titanic, das größte Luxuspassagierschiff seiner Zeit, ein erstes Notsignal (come quick danger) aus:

„CQD … CQD …an alle Schiffe! Hier ist die Titanic.

Wir sinken nach einem Zusammenstoß mit einem Eisberg!

Unsere augenblickliche Position ist:

43° Nord, 50° West. CQD … CQD … CQD…

Mit Volldampf fährt die Carpathia auf die angegebene Stelle zu und trifft um 4.10 Uhr als erstes Schiff am Unglücksort ein. Von der Titanic ist nichts mehr zu sehen! Nur rund 700 Menschen können noch gerettet werden, 1517 finden im eiskalten Wasser den Tod.

Untergang der Titanic

Die Erde – ein Ball im Netz

Wie war es für die Carpathia möglich, im weiten Atlantik die Unglücksstelle zu finden?

Um die genaue Lage eine Ortes auf der Erde bestimmen zu können, wurde das **Gradnetz** erfunden.

Die Linien, die die **Pole** (Nord- und Südpol) verbinden, heißen **Längenhalbkreise** oder Meridiane. Durch den Londoner Vorort Greenwich verläuft der Nullmeridian. Von hier aus zählt man nun sowohl nach Westen als auch nach Osten 180 Meridiane. Der 180. Längengrad liegt dem Nullmeridian auf der Erde genau gegenüber. Bei Ortsbestimmungen muss aber angegeben werden, ob man nach Osten oder Westen gezählt hat. Die Titanic funkte 50° West. Damit gab sie an, dass sie auf dem 50. Längengrad, und zwar von London aus nach Westen gezählt, lag.

Quer zu den Längenhalbkreisen verlaufen die **Breitenkreise**. Sie umspannen die Erde als geschlossene Kreise. Der größte Breitenkreis ist 40 000 km lang und heißt **Äquator**. Er teilt die Erde in eine Nord- und Südhalbkugel. Von ihm aus werden nach Norden und nach Süden jeweils 90 Breitenkreise gezählt. Auch hier muss wieder angegeben werden, ob der Ort nördlich oder südlich des Äquators liegt. Die Titanic gab 43° Nord an. Demnach befand sie sich nördlich des Äquators.

Breitengrad und Längengrad zusammen bestimmen also die Lage eines Ortes im Gradnetz.

M1 *Gradnetz der Erde*

Gewusst wie

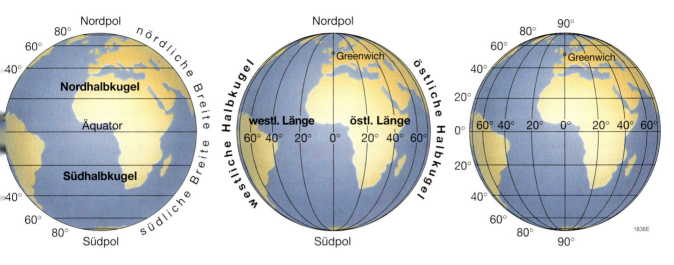

M3 *Die Erde im Gradnetz*

Lagebestimmung mit Karten

Auf fast allen Karten sind Längen- und Breitengrade eingezeichnet. Du findest die Angaben an den Rändern der Karten. Am unteren oder oberen Rand stehen die Gradangaben der Meridiane, an den Seiten die Gradangaben der Breitenkreise. Wenn „Ost" oder „West" hinter der Zahl steht, ist dir klar, dass du Längengrade gefunden hast. Bei „Nord" bzw. „Süd" kann es sich nur um Breitenkreise handeln. Manchmal fehlen aber diese Angaben und nur die Zahl steht am Rand. Dann musst du feststellen, in welche Richtung gezählt wird. Damit findest du auch heraus, ob es sich bei der Lage um Nord, Süd, Ost oder West handelt. Zur Orientierung kann dir M2 dienen. Aus der Kombination der Richtungsangaben erkennst du sofort, in welchem Teil der Erde sich der gesuchte Ort befindet.

Aufgaben

1 Beschreibe den Aufbau des Gradnetzes.

2 Nenne Anwendungsmöglichkeiten des Gradnetzes.

3 Suche im Atlas je fünf Breitenkreise und Meridiane. Zeige dieselben Breitenkreise und Meridiane auf einem Globus.

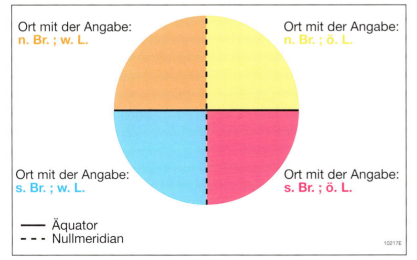

M2 *Hilfestellung zur Arbeit mit dem Gradnetz*

Merke
Unsere Erde hat nahezu Kugelgestalt. Mithilfe des Gradnetzes können Ortsbestimmungen vorgenommen werden.

Grundbegriffe
- Gradnetz
- Pol
- Längenhalbkreis
- Breitenkreis
- Äquator

Gewusst wie

Lagebestimmung im Gradnetz

Arbeit mit dem Gradnetz

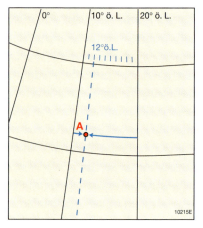

M1 *Geographische Breite des Punktes A*

Methode: Lagebestimmung eines Ortes
Finde den Ort A auf der Karte M4.
Beispiel: Die Lage des Ortes A im Gradnetz beträgt 42° n. Br., 12° ö. L.

1. Entscheide, ob der Ort auf der Nord- oder auf der Südhalbkugel liegt.
   Beispiel: Die Angabe „n.Br." bedeutet, der Ort liegt auf der Nordhalbkugel.
2. Suche auf der ausgewählten Halbkugel den Breitenkreis mit der entsprechenden Gradzahl auf. Bedenke, dass nur einige ausgewählte Breitenkreise auf der Karte eingezeichnet sind. Liegt der gesuchte Breitenkreis zwischen zwei eingezeichneten Breitenkreisen, so kannst du ihn nur annähernd ermitteln.
   Beispiel: Der 42. Breitenkreis ist auf M4 nicht eingezeichnet. Teile in Gedanken den Abstand zwischen dem 40. und 50. Breitenkreis in zehn gleiche Teile. Schätze den Verlauf des 42. Breitenkreises (M1).
3. Entscheide, ob der Ort auf der westlichen oder auf der östlichen Halbkugel liegt.
   Beispiel: Die Angabe „ö.L." heißt, dieser Ort liegt östlich vom Nullmeridian.
4. Suche auf der ausgewählten Halbkugel den Längenhalbkreis mit der entsprechenden Gradzahl heraus.
   Beispiel: Der Ort liegt auf dem 12. Längenhalbkreis auf der Osthalbkugel, also zwischen dem 10. und dem 20. Meridian. Schätze den Verlauf des 12. Längenhalbkreises, da dieser auf M4 nicht eingezeichnet ist (M2).
5. Ermittle den Punkt, in dem sich Breiten- und Längenhalbkreis schneiden. Auf diesem Schnittpunkt liegt der gesuchte Ort.
   Beispiel: Im Schnittpunkt von 42° n. Br. und 12° ö. L. findest du den gesuchten Ort (M3). Es ist die Stadt Rom, die Hauptstadt von Italien.

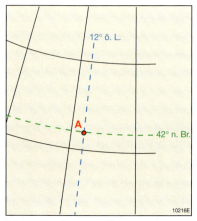

M2 *Geographische Länge des Punktes A*

Methode: Bestimmung der geographischen Breite und Länge eines Ortes
Ermittle von einem vorgegebenen Ort B auf der Karte die Lage im Gradnetz.

1. Suche die Stadt Moskau auf der Karte M4 auf.
2. Ermittle den Breitenkreis, auf dem Moskau liegt. Durch Moskau ist kein Breitenkreis eingezeichnet, deshalb musst du die Gradzahl anhand der beiden benachbarten Breitenkreise schätzen. Moskau liegt zwischen 50° und 60°, ungefähr auf dem 56. Breitenkreis.
3. Vervollständige die Angabe zur geographischen Breite nach der Lage auf der Nord- oder Südhalbkugel.
   Moskau liegt auf der Nordhalbkugel, also bei 56° n. Br.
4. Bestimme nun die Gradzahl des Meridians. Liegt der Ort nicht genau auf einem Meridian, musst du wieder die Gradzahl der benachbarten Meridiane ablesen und schätzen. Moskau liegt zwischen dem 30. und 40. Meridian, etwa bei 36°.
5. Ergänze die Angabe zur geographischen Länge mit ö. L. oder w. L., je nach Lage östlich oder westlich vom Nullmeridian. Die Stadt Moskau liegt östlich vom Nullmeridian, also bei 36° ö. L.
6. Beide Koordinaten beschreiben zusammen die Lage von Moskau im Gradnetz. Sie beträgt 56° nördliche Breite und 36° östliche Länge. Kurz: 56° n. Br.; 36° ö. L. oder 56° N/36° O.

M3 *Koordinaten des Punktes A*

Gewusst wie

Berechnung der Nord-Süd-Entfernung mittels geographischer Breite

Der Abstand zwischen den Breitenkreisen ist immer gleich groß. Er beträgt zwischen benachbarten Breitenkreisen je 111 Kilometer. Kennt man die geographische Breite zweier Orte, die auf dem gleichen Meridian liegen, so kann man ihre Nord-Süd-Entfernung berechnen.

Methode: Berechnen von Nord-Süd-Entfernungen

Beispiel 1: Berechne die Entfernung von Helsinki bis Sofia.
1. Lies aus der Karte die geographische Breite von Helsinki ab. Sie beträgt 60° n.Br.
2. Ermittle die geographische Breite von Sofia. Sie beträgt 43° n.Br.
3. Berechne die Differenz zwischen der Gradzahl von Helsinki und Sofia.
   $$60 - 43 = 17$$
4. Multipliziere die Differenz mit dem Abstand der Breitenkreise (111 km).
   $$17 \cdot 111 \text{ km} = 1887 \text{ km}$$
5. Die Entfernung zwischen Helsinki und Sofia beträgt 1887 Kilometer, also rund 1900 Kilometer.

Beispiel 2: Berechne die Nord-Süd-Ausdehnung von Südamerika.
1. Lies aus der Karte die geographische Breite des nördlichsten und südlichsten Punktes von Südamerika ab. Der Kontinent erstreckt sich etwa von 12° n. Br. bis 57° s. Br. (M5).
2. Beachte: Südamerika liegt sowohl auf der Nord- als auch auf der Südhalbkugel. Deshalb müssen die Gradzahlen der beiden Punkte addiert werden.
   $$12 + 57 = 69$$
3. Multipliziere die Summe mit dem Abstand der Breitenkreise (111 km).
   $$69 \cdot 111 \text{ km} = 7659 \text{ km}$$
4. Die Nord-Süd-Ausdehnung von Südamerika beträgt rund 7700 Kilometer.

Aufgaben

1 Ermittle die Orte, die folgende geographische Koordinaten haben:
a) 52° n.Br.; 4° ö.L.
b) 39° n.Br.; 9° w.L.

2 Bestimme mithilfe des Atlas die Lage im Gradnetz für Hamburg, New York, Sydney und Brasilia.

3 Berechne die Entfernung zwischen Tripolis und Luanda.

M5 *Nord-Süd-Ausdehnung Südamerikas*

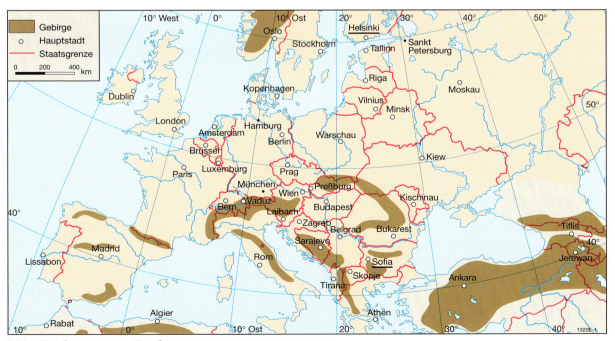

M4 *Mitteleuropa im Gradnetz*

Licht und Wärme der Sonne

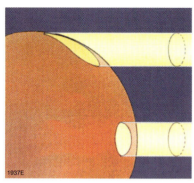

M1 *Unterschiedlicher Einfall der Sonnenstrahlen*

Die Sonne – Wärmekraftwerk der Erde

Unser Leben, Licht und Wärme, die Jahreszeiten, Tag und Nacht, selbst Wind und Regen – alles hängt von dem Kraftwerk Sonne ab. Ihre Energie ist schier unerschöpflich. Doch die Sonnenstrahlen erwärmen die Erde nicht an jedem Ort und zu jeder Zeit gleichmäßig. Dafür gibt es zwei Gründe: den Einfallwinkel der Sonnenstrahlen und ihren Weg durch die Atmosphäre.

- Je steiler die Strahlen auf die Erdoberfläche treffen, desto stärker erwärmen sie die Erde.
- Je kürzer der Weg durch die Atmosphäre ist, desto besser erwärmen Sonnenstrahlen die Erde.

Deshalb ist es an den Erdpolen kälter als in den Gebieten um den Äquator. Am Äquator scheinen die Strahlen steil auf die Erdoberfläche. Der Weg der Strahlen durch die Erdatmosphäre ist kurz. An den Polen fallen die Strahlen sehr flach ein und verteilen sich über eine größere Fläche. Ihr Weg durch die Erdatmosphäre ist lang.

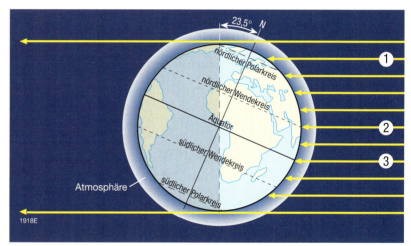

M2 *Der Weg der Sonnenstrahlen durch die Atmosphäre*

Aufgaben

1 Am Äquator ist es wärmer als an den Polen. Begründe diese Beobachtung.

2 Miss in M2 die Länge der nummerierten Sonnenstrahlen innerhalb der Atmosphäre. Welcher dieser Strahlen erwärmt die Erde am stärksten, welcher am wenigsten? Begründe deine Antwort.

3 Baut die „Sommerstellung" der Nordhalbkugel (M4) nach. Bestrahlt dazu den Globus mit dem Tageslichtprojektor. Dreht den Globus einmal um die eigene Achse. Welches Gebiet bleibt immer im Licht, welches wird nie bestrahlt?

Entstehung von Tag und Nacht

Die Erde wird – wie die anderen Planeten – von der Sonne bestrahlt. Dabei dreht sie sich einmal in 24 Stunden um ihre eigene Achse. Diese Drehung nennt man **Erdrotation**.

Da die Erde die Gestalt einer Kugel hat, wird immer nur eine Hälfte von ihr angestrahlt. Dort ist dann Tag. Die andere Hälfte liegt im Schatten. Dort ist Nacht. In 24 Stunden ist also fast überall auf der Erde einmal Tag und einmal Nacht.

Wir nehmen die Erddrehung von West nach Ost nicht wahr. Für uns wandert deshalb die Sonne scheinbar über den Himmel. Wir sagen: „Sie geht im Osten auf, steht mittags im Süden am höchsten und geht im Westen unter." In Wirklichkeit verändert sich aber nicht der Standort der Sonne, sondern die Stellung der Erde zur Sonne.

Orientierung auf der Erde

M3 *Landschaft im Sommer ...*

M5 *...dieselbe Landschaft im Winter*

M4 *Jahreszeiten*

Entstehung der Jahreszeiten

In Australien feiert man Weihnachten mit einem Christbaum am Strand bei ungefähr 30 °C im Schatten. Wenn in Deutschland also Winter herrscht, haben die Menschen auf der Südhalbkugel Sommer, und umgekehrt. Dies liegt an der Schrägstellung der Erdachse. Diese Schrägstellung (23,5°) verändert die Erde nicht auf ihrer Umlaufbahn um die Sonne in einem Jahr (**Erdrevolution**).

Damit neigt der Nordpol sich im Sommer der Sonne zu und im Winter von der Sonne weg (M4). Die Länge von Tag und Nacht verändert sich über ein Jahr. Das führt zur Entstehung der Jahreszeiten. Nur am Äquator macht die Schrägstellung der Erdachse wenig aus. Da fallen die Sonnenstrahlen das ganze Jahr über steil auf die Erde und es gibt keine ausgeprägten Jahreszeiten.

Merke
Je steiler die Sonnenstrahlen auf die Erdoberfläche fallen, desto stärker erwärmen sie die Erde. Daher ist es am Äquator wärmer als am Nord- und Südpol. Dort wo die Erde von der Sonne beschienen wird, ist Tag. Auf der im Erdschatten liegenden Erdhälfte ist Nacht.

Grundbegriffe
- Erdrotation
- Erdrevolution

Die Zeitzonen der Erde

M1 *Weltzeituhr auf dem Alexanderplatz in Berlin*

Unterschiedliche Zeiten auf der Erde

Wenn die Kinder in Deutschland aus der Schule nach Hause gehen, legen sich die Kinder in Japan bereits schlafen und stehen die Kinder in den USA gerade erst auf. Wenn in Australien am Vormittag ein Formel-1-Rennen stattfindet, so musst du, um live dabei zu sein, deinen Nachtschlaf unterbrechen. Warum gibt es diese Zeitunterschiede?

Wie du bereits weißt, dreht sich die Erde einmal in 24 Stunden um ihre eigene Achse. Auf der Erdseite, die der Sonne zugewandt ist, herrscht Tag, auf der im Schatten liegenden Nacht. Durch die Rotation erreicht die Sonne über jedem Ort der Erde ein Mal am Tag ihren höchsten Stand. Dort ist dann zwölf Uhr mittags. Noch bis Ende des 18. Jahrhunderts zeigten die Uhren diese wahre Ortszeit an, was zu einem zeitlichen Wirrwarr führte.

Info

Zeitzonen – Zonenzeit

Erst 1883 einigten sich die Länder darauf, die Erde in 24 **Zeitzonen** einzuteilen. In der Regel erstrecken sie sich jeweils über 15 Meridiane, wobei aber auch der Verlauf von Staatsgrenzen beachtet wurde.
Die Zonenzeit des Nullmeridians wird auch Westeuropäische Zeit bzw. Greenwich- oder Weltzeit genannt. Deutschland liegt in der Mitteleuropäischen Zeitzone (MEZ). Länder mit großer West-Ost-Ausdehnung haben an mehreren Zeitzonen Anteil.

Aufgaben

1 Wie viele Stunden beträgt der Zeitunterschied zwischen Berlin und Sydney (M3)?

2 Zu welcher Uhrzeit müsste in Mitteleuropa der Fernsehapparat eingeschaltet werden, wenn aus Sydney eine Sportsendung zur Ortszeit live übertragen wird, die dort um 15.00 Uhr beginnt?

3 Welche Vorteile und Nachteile bringt das alljährliche Umstellen der Uhren auf die Sommerzeit?

4 Erkläre die unterschiedlichen Tageslängen in den Tropen und in unseren Breiten.

5 Weshalb wird Japan als „das Land der aufgehenden Sonne" bezeichnet?

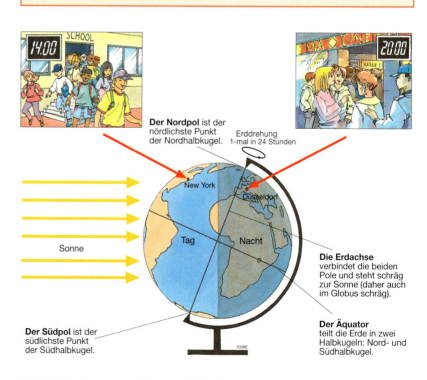

M2 *Entstehung von Tag und Nacht*

Orientierung auf der Erde

Wenn einer eine Reise tut, dann ...

... sollte er sich, um keine bösen Überraschungen zu erleben, stets nach der jeweiligen Zonenzeit erkundigen und seine Uhr anpassen. Bei Reisen in östliche Richtung ist sie vor-, in westliche zurückzustellen. Würde gar die Erde ein Mal umkreist, wäre die Uhr 24 Mal um eine Stunde zu verstellen. So könnte ein ganzer Tag gewonnen werden oder verloren gehen.

Datumsgrenze

Die **Datumsgrenze** verläuft entlang des 180. Längenhalbkreises durch den Pazifischen Ozean. Überquert man diese Linie von West nach Ost, muss das bisherige Datum noch einen Tag beibehalten werden. In umgekehrter Richtung wird die Uhr um 24 Stunden vorgestellt und damit ein Tag im Kalender übersprungen. Bei einer Kreuzfahrt durch die Inselwelt Mikronesiens kann es passieren, dass man auf einer „Insel des bereits vergangenen Tages" landet.

Party an der Datumsgrenze

Ein Reiseveranstalter bietet jedes Jahr zu Silvester die Möglichkeit den Jahreswechsel zweimal zu feiern. Er bringt seine Gäste ins Inselreich des Südpazifiks, durch das die Datumsgrenze verläuft.
Die Gäste reisen zunächst auf die Tongainseln, auf denen das neue Jahr einen Tag eher anbricht als auf der anderen Seite der Datumsgrenze. Am 1. Januar packen die Gäste die Koffer und fliegen ein paar hundert Meilen weiter in Richtung Nordosten nach Samoa. Während man auf den Tongainseln den 1. Januar schreibt, ist auf Samoa erst der 31. Dezember. Die Reisegruppe hat dort Gelegenheit nochmals zu feiern.

Aufgaben

6 Auf einer Reise von der Halbinsel Labrador über New York, Florida und Kolumbien bis nach Peru musst du die Uhr nicht vor- bzw. zurückstellen. Warum?

7 Du reist in östliche Richtung. Musst du die Uhr vor- oder zurückstellen? Begründe.

9 Ermittle, an wie vielen Zeitzonen Australien und die USA/Kanada Anteil haben (Atlas sowie M3).

Merke
Seit 1883 ist die Erde in 24 Zeitzonen eingeteilt. Rein rechnerisch erstreckt sich jede Zeitzone über 15 Meridiane. Staaten mit einer großen Ost-West-Ausdehnung haben an mehreren Zeitzonen Anteil. Deutschland liegt in der Mitteleuropäischen Zeitzone (MEZ).

Grundbegriffe
- Zeitzone
- Datumsgrenze

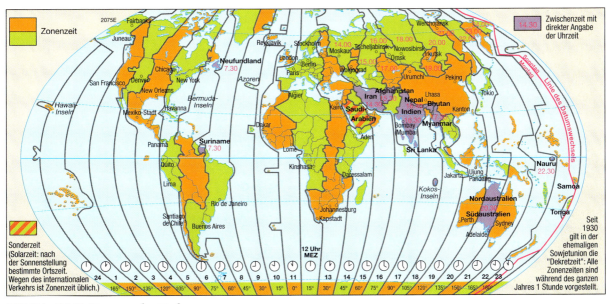

M3 *Die 24 Zeitzonen der Erde*

Rekorde der Erde

Reise um die Erde in 80 Tagen

Vielleicht kennst du das Buch „Reise um die Erde in 80 Tagen" von Jules Verne. Der Held der Reise, Phileas Fogg, ist ein vornehmer britischer Gentleman der Londoner Gesellschaft. Er wettet mit den Mitgliedern seines Clubs um 20 000 Pfund, dass er die Erde in 80 Tagen umrunden kann. Begleitet wird er von seinem Diener Passepartout. Bei seiner Ankunft in London glaubt Phileas Fogg, dass er zu spät

M1 *Die Reiseroute von Phileas Fogg*

1. Nenne die Stadt, in der Phileas Fogg seine Reise beginnt.
2. Phileas Fogg hat seinen ersten Zwischenaufenthalt am Suez-Kanal. Nenne die Kontinente, die durch den Suez-Kanal getrennt sind.
3. Weiter reist er mit dem Schiff „Mongolia" in Richtung Osten. Nenne den Ozean, den er überquert.
4. Phileas Fogg kommt in einer großen Stadt am Arabischen Meer an. Wie heißt sie?
5. Erst mit der Bahn, dann auf einem Elefanten durchlebt er viele Abenteuer in dem Land, in dem er auch seine zukünftige Frau kennen lernt. Wie heißt dieses Land?
6. 23 Tage nach der Abreise erreichen sie die große Stadt am Golf von Bengalen. Nenne ihren Namen.
7. Nenne den Kontinent, den Phileas Fogg mit seinem Diener, wenn auch teilweise getrennt, bis Yokohama umfährt.
8. Von Yokohama aus überquert er den größten Ozean der Erde bis San Francisco. Wie heißt er?
9. Nenne den Kontinent, den er mit seinem Gefolge per Bahn durchquert.
10. Die Ureinwohner dieses Kontinentes greifen den Zug an. Wie heißen sie?
11. An der Ostküste endet die Bahnfahrt in einer sehr großen Stadt. Nenne ihren Namen.
12. Um weiter nach Liverpool zu kommen, verfeuert Phileas Fogg alle Holzgegenstände des Dampfers „Henriette", den er schnell noch gekauft hatte. Nenne den Ozean, auf dem das geschieht.
13. In Liverpool angekommen, reist er schnell weiter nach London. Auf welchem Kontinent befindet er sich jetzt?
14. Nenne die Kontinente, die Phileas Fogg nicht bereist.

gekommen ist. Sein Diener Passepartout bemerkt den Irrtum und Fogg gewinnt seine Wette in letzter Minute. Was ist dafür die Erklärung?

Jules Verne gibt sie dir in seinem Buch: Phileas Fogg hatte nicht bedacht, „dass er bei seiner Erdumrundung in östlicher Richtung einen Tag gewinnen würde (in westlicher Richtung hätte er einen verloren!). Fogg reiste der Sonne entgegen, und dadurch wurden die Tage für ihn immer kürzer. Er sah auf seiner Fahrt schließlich die Sonne 80-mal untergehen, während seine Freunde in London dies nur 79-mal erlebten."

Orientierung auf der Erde

Rekorde der Erde

Rekorde faszinieren den Menschen. Auch unsere Erde weist eine Reihe von Bestmarken auf. Vielleicht kannst du die Frage nach dem längsten Fluss, dem tiefsten See oder höchsten Berg schon beantworten. Die auf dieser Seite aufgeführten Rekorde kannst du in deinem Atlas aufsuchen. Es gibt auch noch andere Rekorde der Erde. Diese kannst du jedoch nicht so leicht im Atlas ablesen. So hat der Kontinent Asien zum Beispiel die meisten Einwohner.

M3 *Satellitenbild Grönlands*

Info

Verzeichnis der Rekorde

Das Gebirge mit den höchsten Bergen	Himalaya
Der höchste Berg	Mount Everest (8872 m)
Die tiefste Meeresstelle	Witjas Tief (-11 034 m)
Die tiefste Stelle der Landoberfläche	am Toten Meer (-401 m)
Der höchstgelegene schiffbare See der Erde	Titicacasee (3698 m)
Das längste Gebirge	Rocky Mountains/Anden (14 000 km)
Der längste Fluss	Nil (6671 km)
Der tiefste See	Baikalsee (-1620 m)
Die größte Insel	Grönland (2,17 Mio. km²)
Die größte Halbinsel	Arabien (2,7 Mio. km²)
Der größte Kontinent	Asien (44,5 Mio. km²)
Der größte See	Kaspisches Meer (371 800 km²)
Der höchste tätige Vulkan der Erde	Cotopaxi (5897 m)

M4 *Der Cotopaxi (5897 m)*

M2 *Rekorde der Erde*

Gewusst wie

Geospiele

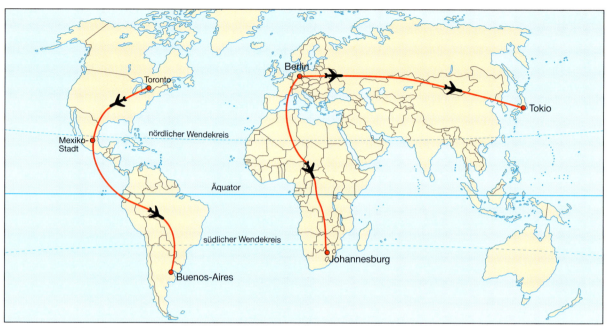

M1 *Beispiel für das Fliegerspiel*

1. Das Fliegerspiel
Überall auf der Welt starten täglich Flugzeuge mit unterschiedlichen Zielen. In diesem Geospiel sollt ihr die Routen verfolgen und die Länder nennen, die überflogen werden. Für das Spiel werden 3 Mitspieler und ein Schiedsrichter, der im Atlas die Antworten prüft, benötigt. Jeder Spieler nennt abwechselnd ein Land, das gerade überflogen wird. Für jede richtige Antwort gibt es einen Punkt. Gewinner ist, wer die meisten Punkte gesammelt hat. Wenn ihr das Spiel weiterspielen wollt, kopiert die Weltkarte und tragt weitere Flugrouten ein.

2. Kreuz und quer über Berge und Gebirge.
Zu jeder Frage gehören 5 Hinweise. Je weniger Tipps nötig sind, desto mehr Punkte gibt es. Dieses Spiel müsst ihr selbst weiterentwickeln.

Punkte	5	4	3	2	1
Welcher Berg ist das?	Der Vulkan ist 1281 m hoch.	In seiner Umgebung werden Obst und Gemüse angebaut.	Im Jahr 79 n. Chr. wurden 3 Städte unter seiner Asche begraben.	Er liegt nördlich der Liparischen Inseln.	In seiner Nähe liegt Neapel.
Welcher Berg ist das?	Er ist 5895 m hoch.	Auf seinem Gipfel liegt Schnee.	An seinem Fuß leben Löwen.	Er liegt dicht am Äquator.	Er ist etwa 6800 km von Berlin entfernt, Richtung SSO.
Welches Gebirge ist das?	....	....	....	....	....

Gewusst wie

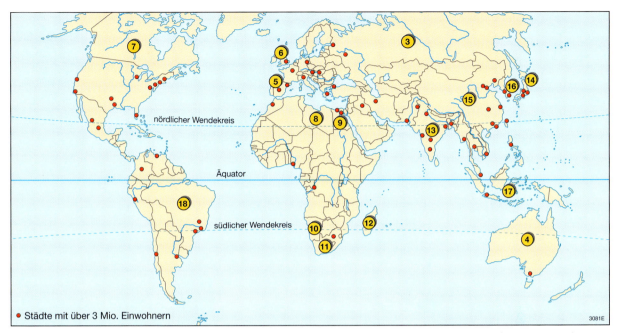

3. Stadt-Land-Fluss
Dieses bekannte Spiel könnt ihr erweitern, indem ihr Zusatzpunkte vergebt für die richtige Zuordnung von der Stadt zum Kontinent, von Fluss und Berg zum Land.

4. Das Länderwürfelspiel
(Mitspieler: 2-4, dazu ein Schiedsrichter)
Für dieses Spiel müsst ihr eine Weltkarte, in die nur die Ländergrenzen eingetragen sind, kopieren und auf DIN A3 vergrößern. Klebt die Karte auf eine feste Unterlage. Besorgt euch kleine, runde Aufkleber in verschiedenen Farben, die man wieder lösen kann. Nehmt nun 16 gelbe Aufkleber und beschriftet sie mit den Zahlen 3-18. Klebt je einen auf ein Land eurer Wahl. Nun braucht ihr noch drei Würfel und das Spiel kann beginnen:

   Spieler 1 würfelt und zählt die Augen der drei Würfel (mindestens 3, höchstens 18). Nun sucht er den Aufkleber mit der entsprechenden Zahl und benennt das Land. Der Schiedsrichter kontrolliert die Antwort auf einer Atlaskarte und trägt, wenn die Antwort richtig war, einen Punkt in seine Spielerliste ein. Dann entfernt er den Punkt von der Karte und klebt ihn auf ein anderes Land. Ist die Antwort nicht richtig, bleibt der Punkt kleben. Nun würfelt Spieler 2 usw. Gewinner ist, wer die höchste Punktzahl erreicht.

   Ihr könnt das Spiel erweitern oder erschweren, indem ihr weitere farbige Klebepunkte einsetzt, z.B. blaue für Flüsse, braune für Berge und rote für Städte. Dafür müsstet ihr die Karte allerdings ergänzen oder eine andere Vorlage nehmen.

   Ihr könnt euch auch selbst Geospiele ausdenken und mit euren Freunden oder eurer Familie ausprobieren.

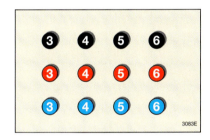

M2 *Beispiel für das Länderwürfelspiel*

Europa – Grenzen überwinden

Räumliche Orientierung	**22**
Gewusst wie: Erstellen einer thematischen Karte	**24**
Gewusst wie: Arbeit mit Karte	**26**
Politische Gliederung	**28**
Kulturelle Vielfalt	**30**
Die Europäische Union und ihre Bedeutung	**32**
Der Euro – die Währung der EU	**34**
Gewusst wie: Faustskizzen anfertigen	**35**
Tourismus in Europa	**36**
Gewusst wie: Wir planen eine Auslandsreise	**38**
Grenzen überwinden: Arbeitskräfte	**42**
Grenzen überwinden: Flüchtlinge	**44**
Grenzen überwinden: Eine Projektidee	**46**

M1 Blick auf dem Montblanc, dem höchsten Berg Europas (4807 m)

Räumliche Orientierung

M1 *Lage Europas*

Unser Kontinent Europa

Der Name Europa soll vom Wort „ereb" (= „dunkel" im Sinn von „Land der untergehenden Sonne") abgeleitet sein. Die Phönizier, ein Seefahrervolk, bezeichneten so die Westküste des Ägäischen Meeres. Die Ostküste dagegen nannten sie „asu" („Land der aufgehenden Sonne"). Später verwendeten die Griechen die Begriffe auch für die angrenzenden Festländer. Aus „ereb" wurde Europa, aus „asu" Asien. Es gibt aber noch andere Deutungen des Namens Europa. Eine davon geht auf eine alte Sage zurück (M2).

Heute verwendet man das Wort Europa in vielen Sinnzusammenhängen: Europameisterschaften, Europapokal, Euroscheck, Eurotunnel, ...

Darin kommt auch der Gedanke eines vereinten Europas zum Ausdruck. Zwischen den Staaten der Europäischen Union sind die Grenzen schon gefallen. Andere Staaten Europas wollen sich dieser Gemeinschaft anschließen. Denn sie wissen, dass man die Gegenwartsprobleme nur miteinander lösen kann. Ihre Eigenart und Kultur aber wollen die Völker in einem vereinten Europa beibehalten.

Bis sich alle Bewohner als Europäer fühlen, wird es sicher noch einen längeren Zeitraum dauern.

M2 *Europasage*

Europa – Grenzen überwinden

Europas Begrenzung und Gliederung

Der Kontinent Europa liegt auf der nördlichen Halbkugel. Will man seine Begrenzungen angeben, fällt das besonders im Osten schwer. Warum?

Die Kontinente der Erde sind meist von Ozeanen oder Meeren umgeben und deutlich als Landmasse abgegrenzt. Diese Merkmale treffen für Europa im Westen, Norden und Süden zu. Hier umspülen der Atlantische Ozean, das Nordpolarmeer und das Mittelmeer den Erdteil.

Im Osten geht Europa direkt in den Kontinent Asien über. Als Grenze zwischen beiden Erdteilen gilt traditionell die Linie: Uralgebirge, der Fluss Ural, Nordufer des Kaspischen Meeres, Manytschniederung, Schwarzes Meer, Ägäisches Meer.

Die Europa begrenzenden Meere reichen weit in das Festland hinein. Deshalb weist der Kontinent eine starke Gliederung in viele Inseln und Halbinseln auf. Diese nehmen mehr als ein Drittel des Kontinents ein.

Aufgaben

1 Beschreibe die Abgrenzung Europas.

2 Beschreibe die Oberflächengestalt Europas.

> **Merke**
> Europa, auf der Nordhalbkugel gelegen, ist ein kleiner und stark gegliederter Kontinent.

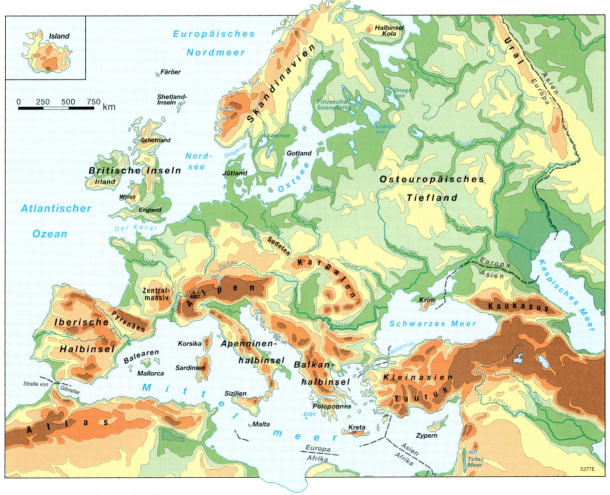

M3 *Europa – physische Karte*

Gewusst wie

Erstellen einer thematischen Karte

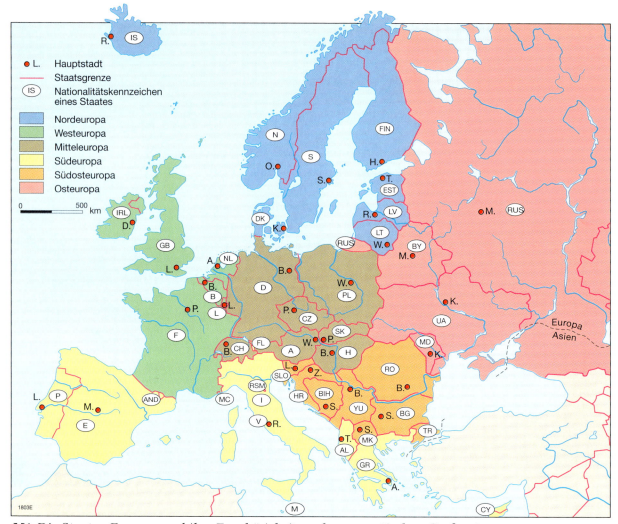

M1 *Die Staaten Europas und ihre Zugehörigkeit zu den europäischen Großregionen*

Wo liegt denn bloß Norwegen?

Hast du das auch schon mal erlebt? Im Klassenzimmer hängt die große Europakarte. Du sollst ein Land Europas in der Atlaskarte suchen, dir seine Lage einprägen und an der Wandkarte zeigen. Sagen wir mal Norwegen. Du findest das Land recht schnell im Atlas, merkst dir die Lage in Europa und gehst siegessicher auf die Wandkarte zu. Doch dann – es ist wie völlig verhext. Du findest Norwegen nicht.

„Ist doch ganz einfach", denkt ihr nun vielleicht. „Norwegen ist ein großes Land in Nordeuropa mit langer Küstenlinie zum Europäischen Nordmeer. Das findet man doch sofort!"

Mag sein, aber da sind ja noch viele andere **Staaten** in Europa. Viele neue Länder und neue Hauptstädte muss man sich einprägen. Deshalb haben sich die Schülerinnen und Schüler einer 7. Klasse aus Hamburg-Stellingen etwas einfallen lassen – eine Art „Trainingsprogramm Europa".

Gewusst wie

Beispiel: Eine Wandkarte Europas – erklärt von Markus

„Wir kamen auf die Idee, selbst eine Wandkarte „Europa" zu basteln: eine Riesenkarte aus verschiedenfarbigem Tonpapier. Nord-, West-, Süd-, Südost-, Ost- und Mitteleuropa sollten jeweils eine eigene Kennfarbe erhalten. So mussten wir zunächst die sechs Europateile einzeln aufzeichnen. Unsere Lehrerin zeigte uns dazu einen einfachen Trick mit dem Tageslichtprojektor. Wir klebten zunächst blaues Tonpapier auf die Tafel. Dann legten wir eine Folie mit den Staaten Europas auf das Gerät. Mit dem drehbaren Spiegel am Projektor bildeten wir zuerst den nördlichen Teil Europas auf dem Tonpapier ab.

Beim Zeichnen achteten wir darauf, welche Staaten zu Nordeuropa gehören, damit dieser Teil die richtige Umgrenzung erhielt. Außerdem zeichneten wir alle dazugehörigen **Staatsgrenzen** und Hauptstädte nach. (Das Foto unten zeigt Nicole. Sie zeichnet gerade einen Teil Südeuropas auf gelbes Tonpapier.) Nach dem Aufzeichnen schnitten wir dann die Einzelteile exakt aus und klebten sie auf einen weißen Bogen Pappe. Aber unser Projekt ging noch weiter."

Aufgabe

1 Fertigt eine Wandkarte von Europa an. Orientiert euch an der Schrittfolge und Materialliste im Text.

MATERIALLISTE

- Folie: Karte „Europa – politisch" (Staatenkarte)
- Tonpapier für die Teile Europas in sechs Farben (S. 24, M1); Hinweis: Je nach Größe braucht man mehrere Bögen.
- dicke Faserschreiber zum Nachzeichnen und Beschriften
- rote Klebepunkte
- dicke, schwarze Wollfäden
- Ansichtkarten und Reiseprospekte aus Europa

Merke
Thematische Karten beinhalten ein bestimmtes Thema für einen bestimmten Raum. Zeichen und Farben stellen das Thema dar.

Grundbegriffe
- Staaten
- Staatsgrenzen

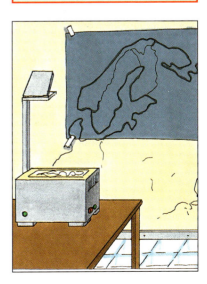

M2 Der Trick mit dem Tageslichtprojektor: So funktioniert es!

Gewusst wie

Arbeit mit Karten

Gruppe A: Süd-Express
Bearbeite folgende Aufgaben mit den Atlaskarten „Mitteleuropa und Südwesteuropa – physisch":
1. Fahre die eingezeichnete Eisenbahnstrecke nach Lissabon im Atlas nach und schreibe die Namen der gekennzeichneten Zwischenstationen auf.
2. Bestimme die Reiseländer, durch die die Strecke führt, und deren Hauptstädte.
3. Welche Flüsse, welche Gebirge werden bei dieser Bahnreise überquert?
4. An welchem Meer liegt Portugal?

Gruppe B: Nord-Express
Bearbeite folgende Aufgaben mit den Atlaskarten „Mitteleuropa und Nordeuropa – physisch":
1. Bestimme die Zwischenstationen, die Länder, durch die der Zug fährt, und deren Hauptstädte.
2. Zwischen welchen Ländern „fährt die Eisenbahn mit dem Schiff"?
3. Von welchen Meeren ist Nordeuropa umgeben?

Gruppe C: Istanbul-Express
Bearbeite folgende Aufgaben mit den Atlaskarten „Mitteleuropa und Südosteuropa/Türkei – physisch":
1. Bestimme die Zwischenstationen, die Länder, durch die der Zug fährt, und deren Hauptstädte.
2. Der Istanbul-Express überquert viele Flüsse und durchquert Gebirge. Bestimme fünf dieser Flüsse und Gebirge.
3. a) Zwischen welchen beiden Meeren liegt die Stadt Istanbul?
b) Auf welchen beiden Erdteilen liegt die Millionenstadt?

M1 *Der Hamburger Hauptbahnhof – Zwischenstation des „Nord-Express"*

Unternehmen Eurobahn – Markus berichtet:

„Bald hing unsere Europakarte an der Klassenwand. Doch dann ging es erst richtig los. ‚Eurobahn – Reisezüge in Europa', so hieß das Thema, mit dem wir unsere Karte gestalteten.

Unsere Lehrerin hatte uns von drei europäischen Reisezügen den Streckenverlauf vorbereitet. Von Köln als Ausgangspunkt sollte es nach Lissabon, Istanbul und Helsinki gehen.

Jede Arbeitsgruppe durfte sich einen Reisezug aussuchen. Wir verglichen die Strecke auf der Arbeitskarte mit den Eisenbahnlinien im Atlas. Danach übertrugen wir die Fahrtstrecken in unsere Europa-Wandkarte. Wir markierten die drei Bahnlinien mit einem dicken Wollfaden. Die Zielbahnhöfe und Zwischenstationen kennzeichneten wir mit roten Klebepunkten. Danach beschrifteten wir die europäischen Staaten sowie ihre Hauptstädte und schmückten unsere Wandkarte mit Bildern."

M2 *Beim Beschriften der Karte*

Gewusst wie

Reisezüge in Europa

Lissabon: Turm von Belem

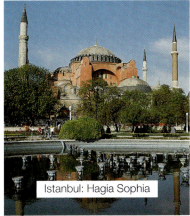

Istanbul: Hagia Sophia

Drei Reisezüge in Europa:
- ——— Streckenverlauf
- ■ L. Zielbahnhof mit Anfangsbuchstabe
- ● A. Zwischenstation mit Anfangsbuchstabe
- **1 - 37** Staaten
- **A - E** Meere, Meeresteile

M3 Streckenverlauf der drei Europa-Expresszüge

Politische Gliederung

**Euronetz –
Ein Partnerspiel zu den Hauptstädten und Ländern Europas**

Hilfsmittel: Atlas

Spielanleitung:
Der eine Spieler zählt leise vor sich hin, der andere sagt: „Stopp!" „17!", sagt der Spieler, der gezählt hat. Diesmal muss die Euronetz-Masche Nummer 17 entschlüsselt werden. Beide Spieler suchen diese Zahl im Spielnetz. Die 17 liegt in der Masche B-K-A. Nun heißt es für die Spielpartner im Atlas die Hauptstädte zu finden und damit die Masche zu entziffern.

Info

Hauptstadt
Eine Hauptstadt ist die Stadt, in der die Regierung und/oder das Parlament eines Staates ihren Sitz haben. Meist ist die Hauptstadt auch die größte Stadt (z.B. Berlin, Wien, Moskau, Paris, London). Sie ist häufig ebenfalls das wirtschaftliche und kulturelle Zentrum eines Landes.

Aufgaben

1 Welche Hauptstädte und Länder liegen an den vier Eckpunkten des Euronetzes (Atlas, Karte: Europa – Staaten)?

2 Wo bilden die Hauptstädte der Staaten Europas ein besonders engmaschiges Netz? Nenne die Hauptstädte und Länder (Atlas, Karte: Europa – Staaten).

3 Miss die Entfernungen zwischen folgenden Hauptstädten: Stockholm-Rom, Reykjavik-Athen, Lissabon-Moskau (Atlas, Karte: Europa – Staaten).

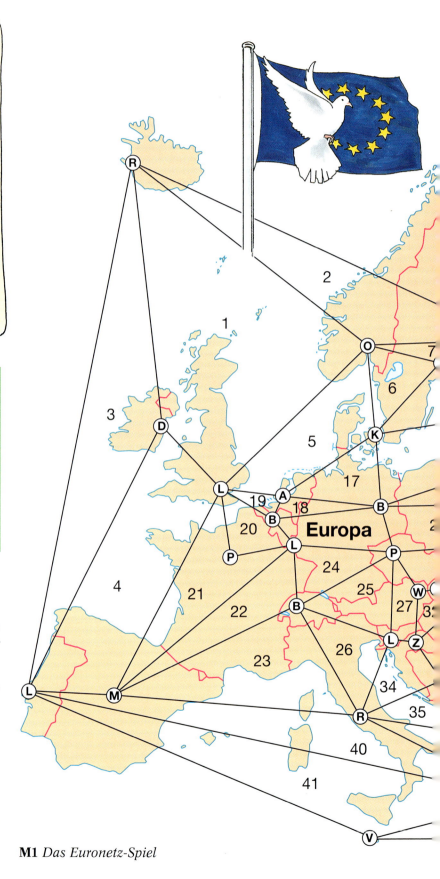

M1 *Das Euronetz-Spiel*

Europa – Grenzen überwinden

Euronetz – Verbundenheit der Staaten Europas

Das Euronetz verknüpft die Hauptstädte der europäischen Staaten. Es zeigt uns, wie engmaschig die Völker Europas miteinander verbunden sind. Das Netzwerk verdeutlicht auch die gemeinsame Verantwortung aller Europäer für die Erhaltung des Friedens. Der Friede in Europa kann verwirklicht werden, wenn Jung und Alt auch ein vereintes und vernetztes Europa wollen. Das Kennenlernen der Menschen, der vielen Völker, Landschaften und Städte ist ein Weg zu diesem Ziel. Noch nie zuvor war es dank unserer schnellen Verkehrsmittel so bequem und einfach, Europa kennen zu lernen. Netzwerk Europa, das heißt auch Reisen, z.B. in die lebendigen Metropolen und Hauptstädte der europäischen Staaten.

Die Hauptstädte Europas in alphabetischer Reihenfolge

Amsterdam – NIEDERLANDE
Andorra – ANDORRA
Ankara – TÜRKEI (liegt in Asien)
Athen – GRIECHENLAND
Belgrad – SERBIEN/MONTENEGRO
Berlin – DEUTSCHLAND
Bern – SCHWEIZ
Brüssel – BELGIEN
Budapest – UNGARN
Bukarest – RUMÄNIEN
Dublin – IRLAND
Helsinki – FINNLAND
Kiew – UKRAINE
Kischinau – MOLDAWIEN
Kopenhagen – DÄNEMARK
Laibach (Ljubljana) – SLOWENIEN
Lissabon – PORTUGAL
London – GROSSBRITANNIEN
Luxemburg – LUXEMBURG
Madrid – SPANIEN
Minsk – WEISSRUSSLAND
Monaco – MONACO
Moskau – RUSSLAND
Nikosia – ZYPERN
Oslo – NORWEGEN
Paris – FRANKREICH
Prag – TSCHECHISCHE REPUBLIK
Preßburg (Bratislava) – SLOWAKEI
Reval (Tallinn) – ESTLAND
Reykjavik – ISLAND
Riga – LETTLAND
Rom – ITALIEN
San Marino – SAN MARINO
Sarajewo – BOSNIEN-HERZEGOWINA
Skopje – MAKEDONIEN
Sofia – BULGARIEN
Stockholm – SCHWEDEN
Tirana – ALBANIEN
Vaduz – LIECHTENSTEIN
Valletta – MALTA
Vatikanstadt – VATIKANSTADT
Warschau – POLEN
Wien – ÖSTERREICH
Wilna (Vilnius) – LITAUEN
Zagreb – KROATIEN

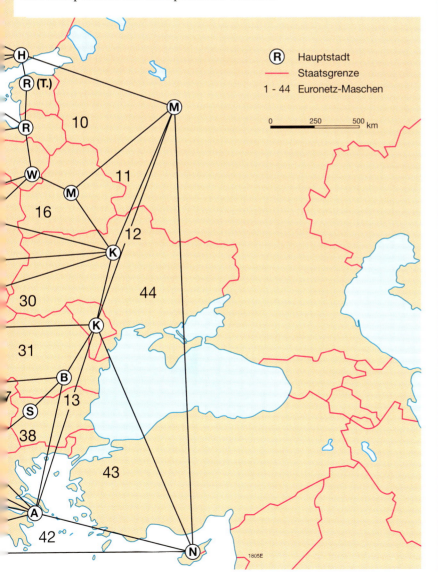

Kulturelle Vielfalt

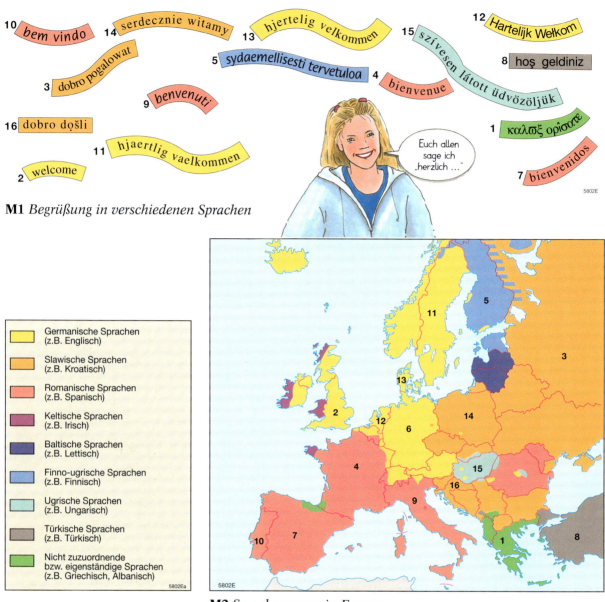

M1 *Begrüßung in verschiedenen Sprachen*

M2 *Sprachgruppen in Europa*

Was Europa verbindet

1. Die Religion: Eine wichtige Klammer, die das „europäische Haus" zusammenhält, ist das Christentum. Ab dem vierten Jahrhundert begann von Rom aus die Missionierung des Kontinents.

2. Die Kunst und Architektur: Europäische Kirchen und Schlösser wurden zu bestimmten Zeiten oft nach ähnlichen Bauplänen errichtet. Auch die typischen Stilelemente von Malerei und Musik waren in ganz Europa bekannt und wurden teilweise kopiert.

3. Die Sprache: Ab dem vierten Jahrhundert wurde Latein die offizielle Sprache der Kirche und der Gelehrten. Auch unsere heutigen Sprachen haben viele gemeinsame Wurzeln.

4. Staatsform und Wertvorstellungen: Fast alle europäischen Staaten bekennen sich zur Demokratie, einer Staatsform, die bereits vor über 2000 Jahren in Griechenland entstand. Das moderne Europa verbindet ferner das Bekenntnis der Völker zur Beachtung der Freiheit und Menschenwürde.

Europa – Grenzen überwinden

Ein Mosaik vieler Völker

In Europa leben viele Völker mit unterschiedlichen Lebensgewohnheiten auf engem Raum. Die Vielfalt spiegelt sich auch in einer vielfältigen Religionszugehörigkeit wider.

Zum Entstehen dieses Mosaiks trug in früheren Zeiten das geographische Relief bei. Die großen Tieflandsgebiete und die Gebirge bestimmten den Verlauf der europäischen Handelsstraßen. Auf ihnen drangen Eroberer nach Europa vor. Über die weiten osteuropäischen Tiefebenen waren es zum Beispiel mehrfach asiatische Völker. Viele von ihnen ließen sich in den eroberten Gebieten nieder. Im Laufe der Zeit kam es dort zur Vermischung unterschiedlicher Kulturen, Sprachen und Religionen.

Aber auch innerhalb Europas kam und kommt es immer wieder zu Bevölkerungswanderungen. Ihnen liegen bis heute religiöse und kriegerische Auseinandersetzungen in den Heimatländern zugrunde. Auch Unterschiede im wirtschaftlichen Entwicklungsstand einzelner Länder spielen eine Rolle. So leben und arbeiten in den Industriestaaten Mitteleuropas viele Angehörige anderer Nationalitäten. Die überwiegende Zahl von ihnen wurde bis in den 1970er-Jahre als Arbeitskräfte angeworben (siehe Seite 42/43). Heute suchen viele Menschen aus anderen Ländern aus wirtschaftlichen, politischen und religiösen Gründen Zuflucht in Europa (siehe Seite 44/45).

Aufgaben

1 Die 16 Begrüßungen in M1 stammen aus den Ländern in M2 (siehe Zahlen 1 bis 16). In welchem Land wird welcher Gruß gesprochen?

2 Welche Länder gehören zu folgenden Sprachgruppen:
a) romanische Sprachen
b) slawische Sprachen
c) germanische Sprachen?

3 "Europa fängt im Kopf an." Was bedeutet dieser Satz?

M3 *Backwaren aus Europa (Auswahl). Ordne sie den Ländern zu. Orientiere dich dabei an den Flaggen.*

Die Europäische Union und ihre Bedeutung

Info

Die Europaflagge

1955 wurde die Europaflagge zum ersten Mal vorgestellt. Der Kreis aus zwölf goldenen Sternen ist Sinnbild für die Einheit der europäischen Völker. Die Zahl zwölf steht in der Menschheitsgeschichte seit jeher für Vollkommenheit und Vollständigkeit. Die zwölf Sterne kennzeichnen alle europäischen Völker und Staaten, somit auch diejenigen, die noch nicht in eine europäische Zusammenarbeit einbezogen werden konnten.
Der blaue Grund steht für den Himmel.

Gemeinsam in die Zukunft

Die **Europäische Union** (EU) ist ein Staatenbund. Er umfasst mittlerweile 25 selbstständige Länder (Stand 2004). Die Europäische Union ist ein politisches Gebilde und nicht zu verwechseln mit dem geographischen Begriff Europa. Die Staaten haben sich zusammengeschlossen um wirtschaftliche und politische Ziele zu erreichen. Die gemeinsame Außen- und Sicherheitspolitik steht dabei im Vordergrund. Die Zusammenarbeit der Länder sichert den Frieden in Europa.

Die Schaffung einer Wirtschafts- und Währungsgemeinschaft ist weitgehend verwirklicht. In allen Ländern der EU herrscht freier Verkehr für Personen, Waren, Geldmittel und Dienstleistungen. Der EURO (siehe Seite 34/35) ist seit 2002 in vielen Ländern Europas gesetzliches Zahlungsmittel.

Die Zusammenarbeit der EU-Staaten zeigt sich auch im Umweltschutz, der Agrarpolitik und in der Gewährung von Hilfen für benachteiligte Gebiete (= Strukturpolitik). Da viele beitrittswillige Staaten Unterstützung benötigen, zögert die EU bei der Aufnahme neuer Mitglieder.

Aufgaben

1 Erläutere die Symbole der Europaflagge (Farbe, Zahl und Anordnung der Sterne).

2 Lege eine Tabelle mit den Ländern der EU an. Ordne nach den Jahreszahlen des Beitritts (M1).

Jahreszahl	Beitrittsländer
1957	Deutschland, Frankreich...

3 Erläutere Vorteile, die die EU für ihre Bewohner bietet.

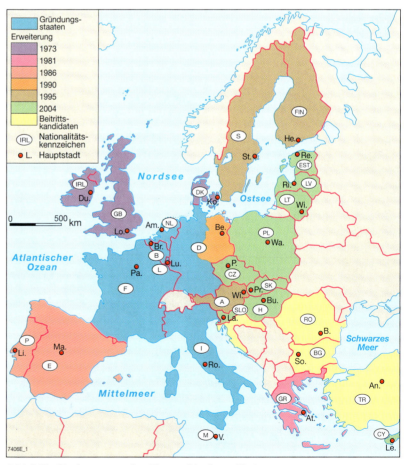

M1 *Mitgliedstaaten der Europäischen Union*

Der Alltag in und mit der EU

Vielleicht gehen dir auch solche Gedanken durch den Kopf. Lass dich durch die nachfolgenden Beispiele überraschen, wie oft wir in unserem Alltag der EU bzw. den Auswirkungen der EU-Beschlüsse begegnen:

1. It's Partytime! Veronika bereitet ein Fest vor und muss dafür noch einiges im Supermarkt einkaufen. Beim Blick in den Einkaufswagen stellt sie fest, dass sie viele Lebensmittel aus europäischen Ländern eingepackt hat. Da befinden sich Schafskäse aus Griechenland, Oliven aus Italien, Tomaten aus Portugal, Käse aus Frankreich, Paprika aus Ungarn und Orangensaft aus Spanien. Veronika achtet auch auf Verfallsdatum und Inhaltsstoffe der Lebensmittel. Alle Produkte weisen eine einheitliche Kennzeichnung auf.

2. Nach erfolgreichem Abschluss ihrer Ausbildung kann Regina zwischen zwei Arbeitsplätzen wählen: als Reiseverkehrskauffrau einer großen Reiseagentur in Amsterdam oder bei einer Fluggesellschaft auf Mallorca. In London (Großbritannien), Paris (Frankreich), Budapest (Ungarn) oder in Prag (Tschechien) zu studieren würde ihr auch gefallen.

3. Wie jedes Jahr fährt Maximilian in den Sommerferien mit seinen Eltern nach Spanien. Vor Antritt der Reise hatten sie keine Gelegenheit mehr, Geld von ihrer Bank abzuheben. Doch das ist kein Problem. Mit einer Euroscheckkarte können sie an jedem Geldautomaten Bargeld abheben. Maximilians Eltern sind Spanien-Fans. Da sie jeden Urlaub dort verbringen, haben sie dieses Jahr nicht wie sonst üblich eine Ferienwohnung gemietet, sondern ein Haus in Spanien gekauft.

Info

Der Euro
Die Bezeichnung ist in jeder Sprache leicht auszusprechen und verdeutlicht, in welchem Gebiet die Währung gelten soll. Das graphische Zeichen lehnt sich an den griechischen Buchstaben Epsilon an, verweist damit auf die Wiege der europäischen Kultur und auf den ersten Buchstaben des Wortes „Europa". Die parallel verlaufenden Linien stehen für Beständigkeit und Sicherheit des Euro. Seit dem 1. Januar 2002 ist der Euro gesetzliches Zahlungsmittel.

Merke
Die EU (Europäische Union) ist eine Gemeinschaft von Staaten, die in Fragen der Wirtschaft, Kultur und Politik zusammenarbeiten. Der Euro ist die gemeinsame Währung der EU.

Grundbegriff
• Europäische Union

Der Euro – die Währung der EU

M1 *Die 2-Euro-Münze mit allen zwölf nationalen Rückseiten*

M2 *Euro-Scheine*

Das Aussehen der Europäischen Währung

Die Euro-Scheine sind von unterschiedlicher Farbe und Größe und haben einen Wert von jeweils 500, 200, 100, 50, 20, 10 und 5 Euro. Auf der Vorderseite der sieben Geldscheine sieht man Elemente aus der Architektur. Jeder Schein zeigt Fenster und Portale als Zeichen der Offenheit und Zusammenarbeit in der EU. Auf der Rückseite befindet sich jeweils eine Brücke als Zeichen der Verbindung sowohl zwischen den Völkern Europas als auch zwischen Europa und anderen Regionen der Erde.

Die Euro-Münzen gibt es im Wert von 1, 2, 5, 10, 20 und 50 Cents sowie von 1 und 2 Euro. Sie haben eine einheitlich gestaltete „europäische" Vorderseite. Die Rückseiten wurden von jedem Land mit eigenen nationalen Motiven gestaltet. Die deutschen Münzen zeigen den Eichenzweig, das Brandenburger Tor und den Adler. Jede Münze kann überall in den zwölf Mitgliedsstaaten verwendet werden. Ein deutscher Bürger kann in Paris ein Baguette mit einer Euro-Münze bezahlen, auf der der König von Spanien abgebildet ist.

Aufgaben

1 Erkläre, warum man den Namen Euro für die Europäische Währung gewählt hat.

2 In welchem Jahr wurde der Euro gesetzliches Zahlungsmittel?

3 Nenne Vorteile, die die Einführung des Euro für Urlaubsreisen bringt.

Faustskizzen anfertigen

Gewusst wie

M4 *Steckbriefe zu Europa*

Europa – einprägsame Formen

Die starke Gliederung Europas bringt es mit sich, dass einzelne Länder eine besondere Form haben. Mit ein wenig Fantasie kannst du auf der Europakarte einen Hund, einen Kopf, einen Stiefel, eine Faust und weitere Formen erkennen. So kannst du dir die Umrisse der Länder leicht merken. Die Formen helfen dir auch beim Zeichnen einer Faustskizze. Das ist eine Zeichnung, die man aus dem Kopf schnell auf einem Stück Papier oder an der Tafel entwirft. Das Anfertigen solcher Skizzen ist eine Frage der Übung.

Methode

Anfertigen einer Faustskizze
1. Präge dir die Umrisse anhand der Atlaskarte ein.
2. Lege Transparentpapier auf die Atlaskarte und zeichne die Umrisse ab.
3. Stelle fest, ob die Umrisse einprägsame Formen haben (Dreieck, Viereck, Flasche, Hund, Stiefel).
4. Zeichne nun die Umrisse freihändig auf ein Blatt Papier. Benutze die festgestellten Formen.
5. Vergleiche die Zeichnung mit dem Original im Atlas, korrigiere falls nötig.

Aufgaben

4 Erstelle zu folgenden Teilräumen Europas kleine Steckbriefe (M4): Skandinavien, Britische Inseln, Alpenraum.

5 Benenne die Länder, die sich hinter dem Stiefel, dem Hund und dem Kopf verbergen.

M3 *Faustskizzen*

Tourismus in Europa

M1 *Lage von Benidorm*

	spanisches Mittelmeer	Nordsee
Wassertemperatur Juli	22° C	16° C
Lufttemperatur Juli	24° C	14° C
Niederschlag Juli	unter 25 mm	50 – 100 mm
tägliche Sonnenscheinstunden Juli	10	6

M2 *Mittelmeer und Nordsee im Vergleich*

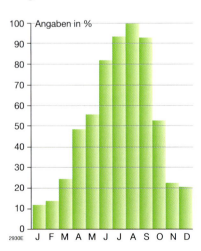

M3 *Durchschnittliche jährliche Auslastung der Hotels in Benidorm*

M4 *Strand von Benidorm 1955*

Vom Fischerdorf zur Bettenburg

Benidorm an der spanischen Küste war 1955 ein kleines Fischerdorf mit Olivenhainen, Obstgärten und Gemüsefeldern. Heute ist der Ort nicht wieder zu erkennen. Hotelhochhäuser mit zum Teil dreißig Stockwerken stehen dicht nebeneinander. Die Feriengäste müssen untergebracht werden. Das Straßennetz wurde ausgebaut. Es gibt unzählige kleine Geschäfte, Stände, Restaurants und Bars.

Am Strand herrscht in der Hauptsaison großes Gedränge. Dieser Massentourismus hat Vor- und Nachteile. Frau Pérez von der Stadtverwaltung sagt: „Probleme machen zum Beispiel die Wasserversorgung und die Abwasserbeseitigung."

Juliano, ein Kellner im Hotel Paradiso, berichtet: „Eigentlich wollte ich Fischer werden. Als aber die großen Hotels Personal suchten, habe ich eine Ausbildung als Kellner gemacht. Der Verdienst ist höher und die Arbeit bringt Abwechslung.

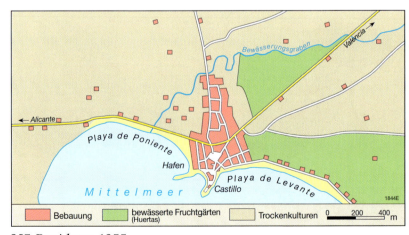

M5 *Benidorm 1955*

Europa – Grenzen überwinden

M6 *Strand von Benidorm heute*

Im Spätherbst, wenn hier die Saison zu Ende ist, arbeite ich in Grenoble in den Alpen. Vielleicht mache ich später einmal mit ein paar Freunden ein Hotel auf. Sie haben alle Erfahrung im Tourismus. Angela arbeitet in einem Friseursalon, Maurice hat einen Bootsverleih, Roberto bedient in einer Eisdiele und Ricardo ist Unterhalter im Strandhotel Paradiso."

So wie Juliano und seine Freunde sind in den Mittelmeerländern viele Menschen vom Tourismus abhängig. Sie verdienen ihr Geld vor allem in der Hauptsaison.

Für die Touristen wurde nicht nur viel gebaut, Benidorm hat sich auch auf andere Weise verändert. Boutiquebesitzerin Bernal sagt: „Hier im Ort gibt es fast nur deutsche Gaststätten und Diskos. Außerdem stören mich der Lärm, die Autoabgase und die Wasserverschmutzung. Ich fahre in meiner Freizeit ins Hinterland, weg von der Küste und dem Rummel hier. In der Nebensaison ist es hier glücklicherweise viel ruhiger."

M7 *Benidorm heute*

Aufgaben

1 Nenne einige Gründe, warum im Sommer so viele Touristen an das Mittelmeer fahren.

2 Beschreibe, wie sich Benidorm verändert hat.

3 Erkläre die Auslastung der Hotels im Verlauf eines Jahres (M3). Verwende die Begriffe Haupt- und Nebensaison.

4 Fertige eine Übersicht an.

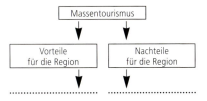

Merke
Der Tourismus hat viele Länder rund um das Mittelmeer geprägt. Um den Urlaubern einen angenehmen Aufenthalt zu ermöglichen entstanden oft zahlreiche neue Unterkünfte, Geschäfte, Diskotheken, Restaurants und Straßen. Besonders zur Hauptsaison in den Sommermonaten halten sich viele Gäste in den Urlaubsorten auf.

Gewusst wie

Wir planen eine Auslandsreise

Gute Planung – gute Reise!

Wenn die Ferienzeit naht, planen viele Familien, aber auch Sportgruppen oder Schulklassen eine Reise um sich zu erholen, Spaß zu haben und viel Neues kennen zu lernen.

Damit man keine unliebsamen Überraschungen erlebt, ist es besser, sich gut darauf vorzubereiten.

Ihr findet hier viele Tipps, die euch dabei helfen. Plant also eure Traumreise mit eurer Familie, mit Freunden oder in eurer Klasse.

Endlich sind wieder Ferien. Doch ein Urlaub will gut geplant sein!

M1 *Reisen in Europa*

Gewusst wie

1. Reiseteilnehmer?
- Freunde
- Geschwister
- Klasse, Sportgruppe
- die Familie

Vor der Abreise klären:

Wer gießt die Blumen?
Wer versorgt die Haustiere?
Wer achtet auf die Wohnung und leert den Briefkasten?

2. Reiseziel?
- Landschaften: – am Meer
  – im Gebirge
  – extreme Gebiete (Wüste, Polargebiet)
- Städte
- Kreuzfahrten

Beachtet: Reisezeit, Preise und Unterkunft sind wichtige Kriterien für das Reiseziel.

M2 *Reisekataloge*

3. Reisezeit?
- Hauptsaison des Urlaubsortes
  meist das gewünschte Wetter, aber höhere Preise
- Nebensaison des Urlaubsortes
  häufig Wetterwechsel, aber niedrigere Preise

4. Reisewetter?

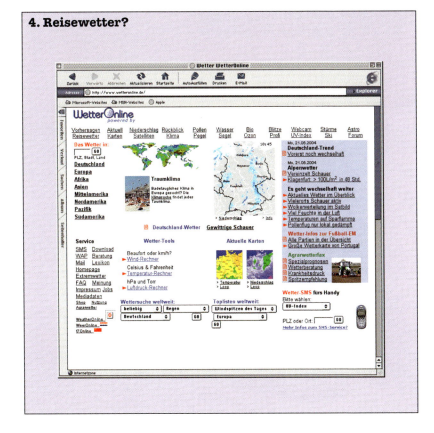

Aufgaben

1 Lege für drei Staaten deiner Wahl die folgende Tabelle an. Benutze M1 und den Atlas.

Land	Urlaubsgebiete

2 Orientiere dich im Internet über das Wetter in diesen Urlaubsgebieten.

3 Plane einen Aufenthalt für Freunde aus dem Ausland in deinem Wohnort oder in deiner Umgebung.

Gewusst wie

5. Informationen über euer Reiseziel erhaltet ihr so:

- Personen fragen, die das Ziel kennen
- im Reisebüro erkundigen und Kataloge, Prospekte besorgen
- Fremdenverkehrsamt/ Touristinformation am Zielort anschreiben
- Fachzeitschriften besorgen
- Sendungen im Radio und Fernsehen verfolgen
- Atlanten benutzen
- Geographiebücher, Reiseführer besorgen
- Internetsuche

6. Unterkunft und Verpflegung?

- Hotel
- Ferienwohnung
- Zelt, Caravan
- Ferienanlage
- Übernachtung mit Frühstück, Halb- oder Vollpension, alles inklusive oder Selbstverpflegung

7. Reisekosten?

eigene finanzielle Möglichkeiten	€ _____
Kosten für Hin- und Rückreise	
mit der Bahn	€ _____
mit dem Auto	€ _____
mit dem Bus	€ _____
mit dem Flugzeug	€ _____
mit dem Schiff	€ _____
mit dem Fahrrad	€ _____
Kosten für die Unterkunft	€ _____
Kosten für Verpflegung	€ _____
Nebenkosten (z. B. Kurtaxe, Campinggebühren, Kontrollkosten am Flughafen, Eintrittsgelder, Autobahngebühren, Skiliftgebühren)	€ _____
Kosten für spezielle Ausrüstungen (z. B. Ski, Surfbrett, Sportkleidung)	€ _____
Gesamtkosten	€ _____

8. Reiseverlauf

1. Tag: Anreise
2. Tag: Erkunden der Umgebung
3. Tag: ...
4. Tag. ...

Plant auch eine Schlechtwettervariante ein (Würfelspiel, Spielkarten).

Gewusst wie

9. Verhalten im Urlaub/Ausland

- Sitten und Gebräuche der Menschen im Urlaubsgebiet achten und akzeptieren
- ungewohnte Speisen und Getränke probieren oder freundlich zurückweisen
- nicht schreien und lärmen
- Hinweise der Verantwortlichen oder des Reiseleiters beachten und befolgen

Denkt daran, ihr seid Gast und genießt die Gastfreundschaft!

Und nicht vergessen:

- Reisepass, Personalausweis, Visum
- Versicherungen für Reisegepäck, Reiserücktritt
- Krankenschein
- Devisen (ausländisches Geld)
- Fahrzeugpapiere
- Internationale Versicherungskarte
- Zoll- und Devisenbestimmungen des Gastlandes
- Schutzimpfungen
- Wörterbuch
- Wanderkarten
- Stadtpläne
- Kleidung
- Sportausrüstung
- Reiseapotheke

10. Gestalte ein Poster und stelle darauf dein Traumziel vor. Die Vorlage hilft dir dabei.

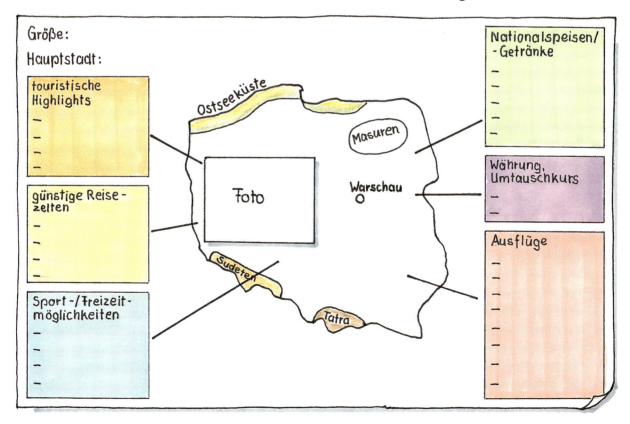

Grenzen überwinden: Arbeitskräfte

Anwerbung von Gastarbeitern

Nach dem Ende des Zweiten Weltkrieges begann in Deutschland der Wiederaufbau. Viele Arbeitskräfte wurden gebraucht. Mitte der 1950er Jahre zeigte sich, dass nicht mehr alle Arbeitsplätze besetzt werden konnten. Deshalb wurden insbesondere Männer aus Mittelmeerländern, in denen damals eine hohe Arbeitslosigkeit herrschte, als Arbeitskräfte angeworben. Diese so genannten **Gastarbeiter** kamen zunächst aus Italien (seit 1955), Spanien (seit 1960) und Griechenland (seit 1960), später aus der Türkei, Marokko, Portugal, Tunesien und dem damaligen Jugoslawien.

Zumeist zogen sie in die großen Städte, wo der Bedarf an Arbeitskräften besonders hoch war. Dort arbeiteten sie häufig zunächst als ungelernte Hilfsarbeiter.

Ursprünglich wollten sie nur für eine befristete Zeit in Deutschland arbeiten um sich danach mit dem verdienten Geld in ihren Heimatländern eine sichere Existenz aufzubauen. Doch viele der Gastarbeiter blieben hier und holten später ihre Familien nach Deutschland. Ein Großteil ihrer Kinder ist in Deutschland geboren und aufgewachsen. Etwa eine Million ausländische Schülerinnen und Schüler besuchen allgemeinbildende Schulen.

Mittlerweile wohnt etwa ein Drittel der bei uns lebenden Ausländer schon mehr als 20 Jahre in Deutschland. Viele von ihnen haben sich dafür entschieden, auch ihren Lebensabend hier zu verbringen. Doch nur wenige konnten sich bislang entschließen, eine Einbürgerung zu beantragen.

Aus einem Informationsblatt an die türkischen Landsleute

„Die deutschen Arbeitgeber wissen, dass wir Türken fleißig sind. Arbeitet daher wie Bienen, seid wachsam und lernt schnell, was ihr noch nicht wisst. Beginnt die Arbeit pünktlich. Lasst euch nicht krankschreiben, wenn es nicht unbedingt notwendig ist. Seid nicht grob und laut zu eurem Vorarbeiter und dem Arbeitgeber."

(Türkische Anstalt für Arbeit und Arbeitsvermittlung 1963)

Europa – Grenzen überwinden

Jahr	Gesamtbevölkerung in Mio.	Ausländer in Mio.	Anteil in %
1950	49,9	0,57	1,1
1961	56,1	0,69	1,2
1967	59,9	1,81	3,0
1970	60,7	2,98	4,9
1975	61,7	4,09	6,6
1980	61,7	4,5	7,2
1985	61,0	4,4	7,2
1990	63,7	5,3	8,4
1995	81,8	7,2	8,8
2000	82,2	7,3	8,9
2003	82,5	7,3	8,9

M1 *Ausländer und Gesamtbevölkerung in der Bundesrepublik Deutschland*

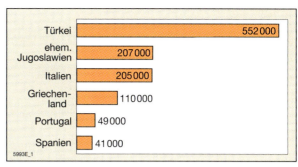

M4 *Ausländische Arbeitnehmer in Deutschland 2002*

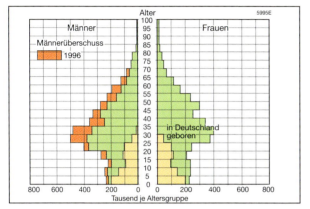

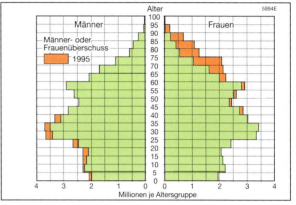

M2 *Altersaufbau ausländischer Mitbürger und Altersaufbau der Gesamtbevölkerung in Deutschland*

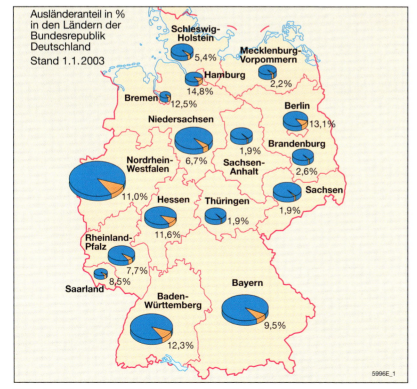

M3 *Ausländeranteil in Prozent der Wohnbevölkerung*

Aufgaben

1 Nenne Gründe für die Anwerbung der Gastarbeiter.

2 Beschreibe die zahlenmäßige Entwicklung der ausländischen Wohnbevölkerung (M1).

Merke
Rund ein Drittel der in Deutschland lebenden Ausländer wohnen bereits mehr als zwanzig Jahre hier. Viele von ihnen sind in einer Zeit, als in Deutschland Arbeitskräftemangel herrschte, als Arbeitskräfte angeworben worden

Grundbegriff
- Gastarbeiter

Grenzen überwinden: Flüchtlinge

Zuflucht in Deutschland

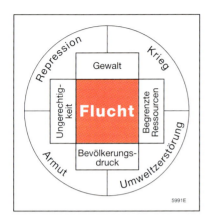

M1 *Fluchtgründe*

M2 *In langen Schlangen warten Asylsuchende vor der Ausländerbehörde*

Politisch Verfolgte genießen Asylrecht.

Art. 16a GG Asylrecht

Nur Ausländer, die von einem Gericht als politisch Verfolgte anerkannt werden, dürfen eine Arbeit annehmen oder eine Ausbildung aufnehmen. Sie haben im Bedarfsfall Anspruch auf Sprachkurse, Wohngeld und Ausbildungsbeihilfe.

Nach der Genfer Flüchtlingskonvention von 1951:

Flüchtling ist jemand, der sich auf Grund einer begründeten Furcht vor Verfolgung außerhalb seines Landes befindet. Gründe dafür können sein: Rasse, Religion, Nationalität, Zugehörigkeit zu einer bestimmten sozialen Gruppe oder politische Überzeugung.

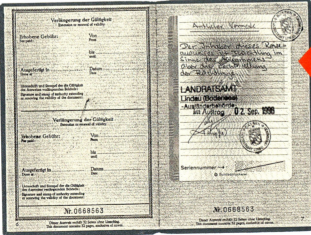

Europa – Grenzen überwinden

Schutz vor Verfolgung

Seit Jahrzehnten suchen **Flüchtlinge** in Deutschland Schutz. Sie kommen nicht nur aus Afrika, Asien oder Südamerika, sondern auch aus Europa. Zu Beginn unseres Jahrhunderts ist jeder fünfte in Deutschland lebende Ausländer ein Flüchtling.

Menschen, die in Deutschland Schutz vor politischer Verfolgung suchen, können nach Art. 16a des Grundgesetzes einen Antrag auf **Asyl** stellen. Von diesem Recht machten in den letzten Jahren knapp 100 000 Menschen jährlich Gebrauch. Bis entschieden ist, ob sie als Asylberechtigte anerkannt werden, erhalten sie eine Aufenthaltsgenehmigung. In der Regel sind sie in Gemeinschaftsunterkünften, in denen sich mehrere Familien eine Küche teilen, untergebracht. Etwa fünf bis sieben Prozent der Asylsuchenden werden gegenwärtig als Asylberechtigte anerkannt. Diese bekommen eine unbefristete Aufenthaltsgenehmigung.

Menschen, deren Asylantrag abgelehnt wird, können dann vorübergehend in Deutschland bleiben, wenn ihnen in ihrem Herkunftsland Gefahr für Leben und Freiheit droht. Diese so genannten „De-facto-Flüchtlinge" dürfen in Deutschland arbeiten, erhalten jedoch keine weitere staatliche Hilfe.

Das Asylrecht wurde 1949 in unsere Verfassung aufgenommen. Man reagierte damit auf Erlebnisse aus der Zeit des Nationalsozialismus. Damals, in den Jahren 1933 bis 1945, wurden in Deutschland viele Menschen aus politischen oder religiösen Gründen verfolgt. Zahlreiche dieser Menschen konnten nur überleben, weil sie in anderen Ländern Aufnahme und damit Schutz fanden.

Aufgabe

1 Nenne Maßnahmen, mit denen der Staat Flüchtlinge unterstützt.

Staat	Einwohner pro Flüchtling
Somalia	3
Jordanien	5
Djibouti	10
Libanon	14
Burundi	19
Sudan	35
Pakistan	62
Honduras	115
Thailand	125
Hongkong	145
Schweiz	190
USA	231
Frankreich	333
Großbritannien	364
Schweden	415
Deutschland	617

M3 *Karikatur zum Flüchtlingsproblem*

Merke
In manchen Staaten der Erde werden Menschen aus politischen und religiösen Gründen verfolgt. Sie können aufgrund von Artikel 16a unserer Verfassung einen Asylantrag stellen und dann in Deutschland leben.

Grundbegriffe
- Flüchtling
- Asyl

Grenzen überwinden: Eine Projektidee

Ausländer in Hamburg – Eine Projektanregung

M1 *Gastarbeiter fahren in den Urlaub*

M2 *Asylbewerber kurz nach ihrer Ankunft in Deutschland*

Fremde bei uns

Ich heiße Landry, bin 13 Jahre alt und komme aus Ruanda. Meine Mutter und ich sind mit dem Flugzeug nach Hamburg gekommen, weil in Ruanda Krieg war. Unser Haus in Ruanda ist eines Morgens überfallen worden. Mit Macheten bewaffnete Männer drangen in unser Haus ein, zündeten es an und töteten meine Brüder. In Hamburg habe ich die deutsche Sprache sehr schnell gelernt. Meine Mutter hat damit mehr Mühe und besucht deshalb die Volkshochschule.

Meine Name ist Akber. Ich bin 17 Jahre alt. Mit meinem kleinen Bruder bin ich aus dem zerbombten Kabul nach Hamburg geflohen. Mein Vater wurde von den Mudschahidin verhaftet und tauchte nie wieder auf. Meine Mutter schickte uns dann fort, bevor sie auch uns festnehmen konnten. Es kann sein, dass ich nächstes Jahr abgeschoben werde, wenn ich 18 bin.

Ich heiße Edina, bin 15 Jahre alt und komme aus dem ehemaligen Jugoslawien. Ich kann nicht vergessen, wie meine Tante vor unserem Kellereingang lag, zerfetzt von einer Bombe. Mein Vater ist aus einem Gefangenenlager geflohen; man hatte ihm dort den Mund voll Salz gestopft, ihm aber dann keinen Tropfen Wasser gegeben.

Mein Name ist Selda. Ich bin vor 16 Jahren in Hamburg geboren. Meine Eltern leben seit 25 Jahren hier. Zuerst kam mein Opa hierher und dann mein Vater. Sie wohnten in der Türkei in einem Dorf in der Nähe von Konya. Mein Vater hat dann in der Türkei geheiratet und kehrte mit meiner Mutter nach Hamburg zurück, weil sie hier bessere Lebenschancen hatten. Die deutsche Sprache habe ich im Kindergarten gelernt. Dass ich trotzdem anders bin als die Deutschen, das sieht man an meinem Kopftuch.

Ich heiße Sadija, bin 15 Jahre alt und komme aus Kurdistan. Wir haben unseren Ort verlassen, weil es dort immer wieder zu Schießereien zwischen der türkischen Armee und den Anhängern der Kurdischen Arbeiterpartei PKK kam. Meine Schwester hatte einen Splitter ins Bein bekommen und einer von unseren Nachbarn wurde angeschossen. In der ersten Zeit nach unserer Ankunft in Deutschland haben Mama und ich viel geweint, weil alles so anders war als bei uns im Ort. Doch ich habe schnell gelernt deutsch zu sprechen. Auch meine Eltern können jetzt so viel Deutsch, dass es zum Einkaufen in deutschen Geschäften reicht.

Europa – Grenzen überwinden

Eine Fragebogenaktion:
Täglich kommen Menschen aus anderen Ländern nach Hamburg. Sie wollen vorübergehend oder auf Dauer bei uns leben. Aus unterschiedlichen Gründen haben sie ihre Heimat verlassen.
Im Rahmen eines Projektes wollen wir uns mit ihrer Lebensgeschichte beschäftigen:

1. Entwickelt im Klassenverband einen Fragebogen, mit dem ihr die Situation von Jugendlichen aus eurer Umgebung erfassen könnt, die in den letzten Jahren aus anderen Ländern nach Hamburg gekommen sind. Um einen Einblick zu bekommen könntet ihr unter anderem Antworten auf folgende Fragen suchen:
   - Woher kommen sie?
   - Warum haben sie ihre Heimat verlassen?
   - Wann sind sie nach Hamburg gekommen?
   - Wie sind sie bei uns aufgenommen worden?
   - Wo wohnen sie?
   - Was bereitet ihnen bei uns größere Probleme?
   - Wer hilft ihnen dabei, sich bei uns zurechtzufinden?
   - Was gefällt ihnen in ihrer neuen Umgebung gut?
   - Wie lange wollen sie bleiben? ...
2. Teilt euch in Kleingruppen auf und befragt die Jugendlichen und ggf. ihre Eltern mithilfe des erstellten Fragebogens. Dokumentiert die Durchführung und die Ergebnisse eurer Arbeit mit Fotos, Videofilm, Tonbandaufnahmen, Texten, Karten, Diagrammen, ...
3. Ergänzt und vergleicht die selbst erhobenen Informationen mit Daten, die ihr den vorangegangenen Buchseiten und der Literatur entnehmen könnt oder bei Einrichtungen der Ausländerbetreuung erfragt.
4. Informiert die Gesamtgruppe über die in Gruppenarbeit gewonnenen Ergebnisse.
5. Legt gemeinsam fest, wie ihr die gesammelten Informationen anschaulich als Gesamtergebnis der (Schul-) Öffentlichkeit präsentieren könnt. An der Gestaltung können auch andere Fächer mitwirken (Kunst, Deutsch, Religion).

Kontaktadressen:

amnesty international ai,
Asyl-Beratung für ausländische Flüchtlinge,
Immenhof 8, 20087 Hamburg

Einwohner-Zentralamt, Abt. für Ausländerangelegenheiten
Amsinckstraße 28, 20097 Hamburg

Bürgerinitiative ausländischer Arbeitnehmer
Rudolfstraße 5, 21107 Hamburg

Interkulturelle Begegnungsstätte,
Rendsburger Straße 10, 20359 Hamburg

flucht + punkt. Kirchliche Hilfsstelle für Flüchtlinge
Eifflerstraße 3, 22769 Hamburg

M3 *Deutsche und Ausländer in einer Hausgemeinschaft*

M4 *Bei einer Befragung*

47

Bedrohte Räume in Europa

Erdbeben in Europa	**50**
Vulkanismus in Europa	**52**
Gewusst wie: **Wir bauen ein Vulkanmodell**	**54**
Gewusst wie: **Das Internet nutzen**	**56**
Gefahr durch Hochwasser	**58**
Ökosystem Meer – bedroht durch den Menschen	**62**

M1 Das Deutsche Eck am Zusammenfluss von Rhein und Mosel bei Hochwasser

Erdbeben in Europa

Name	Lage	Höhe
Vesuv	Neapel	1277 m
Ätna	Sizilien	3350 m
Stromboli	Liparische Inseln	926 m
Hekla	Island	1491 m
Surtsey	vor Island	173 m
Kilimandscharo	Ostafrika	5895 m
Fujisan	Japan	3776 m
Saint Helens	USA	2549 m
Mauna Loa	Hawaii	4169 m

M1 *Bedeutende Vulkane auf der Erde*

Unruhiger Mittelmeerraum

Im Süden Europas müssen die Menschen von alters her mit besonderen Naturbedingungen leben. Hier gibt es aktive **Vulkane** und heiße Quellen. In manchen Gebieten dampft es aus der Erde. An diesen Stellen ist der Boden ganz warm. Nicht selten hören wir Meldungen zu Erdbeben in Südeuropa. **Erdbeben** sind Erschütterungen des Erdbodens durch Vorgänge im Erdinneren. Sie treten völlig überraschend auf und dauern nur wenige Augenblicke. Oft wird ein Erdbeben von zahlreichen Nachbeben begleitet.

Erdbeben können unterschiedlich stark sein. Bei den meisten handelt es sich um leichte Beben, deren Erschütterungen man kaum spürt. Einige Erdbeben sind aber so gewaltig, dass sie große Zerstörungen anrichten.

Info

Wie Erdbeben und Vulkane entstehen

Die Gesteinshülle der Erde ist in riesige Platten gegliedert. Sie bewegen sich in verschiedene Richtungen. Im Süden Europas verschieben sich mehrere Gesteinsplatten gegeneinander. Dabei bauen sich Spannungen auf. Diese lösen sich ruckartig. Ein Erdbeben ist entstanden. Am Rand der Platten herrscht ein gewaltiger Druck. Dadurch entstehen Risse und Spalten. In ihnen gelangt glutflüssige Gesteinsschmelze (**Magma**) an die Erdoberfläche und fließt als **Lava** aus. So entstanden die Vulkane Südeuropas.

Aufgaben

1 Erkläre, was man unter einem Erdbeben versteht.

2 Beschreibe Zerstörungen und Probleme, die mit starken Erdbeben verbunden sind.

3 Suche mithilfe des Atlas bebengefährdete Gebiete der Erde.

M2 *Zerstörungen durch ein Erdbeben*

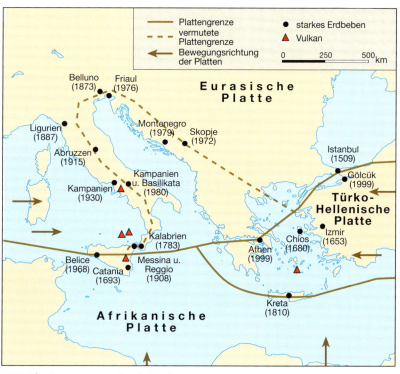

M3 *Plattengrenzen im Mittelmeerraum*

Bedrohte Räume in Europa

Ort/Region	Zeitpunkt	Stärke (Richterskala)	Opfer
Kobe/Japan	16.01.1995	7,2	> 6000 Tote
Kolumbien	25.01.1999	6,3	700 Tote, 4700 Verletzte, 250 000 Obdachlose
Athen/Griechenland	08.09.1999	5,9	95 Tote, > 400 Verletzte, 60 000 Obdachlose
N-Afghanistan	23.05.2002	6,0	4800 Tote, 150 000 Obdachlose
Sizilien/Italien	06.09.2002	6,1	3 Verletzte
Apulien/Italien	30.10.2002	5,4	29 Tote
Hokkaido/Japan	25.09.2003	8,0	1 Toter
Bam/SO-Iran	26.12.2003	6,6	> 30 000 Tote, > 30 000 Verletzte, 60 000 Obdachlose

M4 *Stärke und Auswirkungen schwerer Erdbeben in den vergangenen Jahren*

M5 *Nach dem Erdbeben*

„Samstag, 23.11.1980, zwischen 19.37 und 0.40 Uhr: Mehr als 200 Erdstöße; die schwersten davon in den ersten eineinhalb Minuten. 90 Sekunden, die für viele die Ewigkeit bedeuten. 3300 Tote, mehr als 8000 Verletzte, rund 300 000 Menschen obdachlos. Verheerende Verwüstungen. Vier Provinzen um Neapel werden zum Katastrophengebiet erklärt."

Meldung einer Nachrichtenagentur

Leben mit der Gefahr

Die Zerstörungen nach einem Erdbeben können in dicht besiedelten Gebieten sehr groß sein. Es gibt oft viele Verletzte und auch Todesopfer (M4). Trotz des Leides, das die Menschen durch solche Naturgewalten erfahren, bemühen sie sich, die materiellen Schäden möglichst schnell zu beseitigen.

Rettungskräfte aus anderen europäischen Staaten unterstützen die betroffene Bevölkerung bei der Bergung und Versorgung der Verletzten. Aber mitunter ist es für die Hilfskräfte gar nicht so einfach, in das geschädigte Gebiet zu gelangen. Straßen, Brücken und Häuser sind zerstört. Durch gerissene Gasleitungen entstehen Brände, die nicht gelöscht werden können. Defekte Wasserleitungen erschweren die Trinkwasserversorgung. Die Gefahr von Krankheiten nimmt zu.

Sicher habt ihr euch schon gefragt, ob man solche Katastrophen vermeiden kann. Einen wirklichen Schutz vor Erdbeben gibt es nicht. Aber man kann bebensichere Häuser bauen und die Zerstörungen verringern. Wissenschaftler forschen an der Vorhersage von Erdbeben. So könnten die Bewohner der gefährdeten Gebiete rechtzeitig informiert werden.

Merke
Erdbeben sind Erschütterungen des Erdbodens durch Vorgänge im Erdinnern. Die Zerstörungen nach einem Erdbeben können sehr groß sein. Häufig sind Verletzte und Todesopfer zu beklagen.

Grundbegriffe
- Vulkane
- Erdbeben
- Magma
- Lava

Vulkanismus in Europa

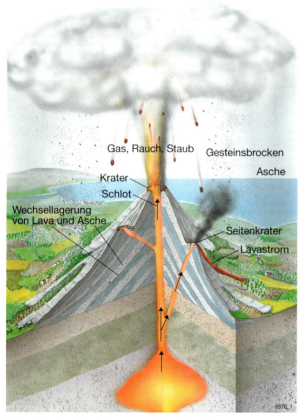

M1 *Schnitt durch einen Schichtvulkan*

M2 *Schichtvulkan Ätna mit aktuellem Ausbruch*

Schichtvulkane in Südeuropa

Der Aufbau
Die südeuropäischen Vulkane ähneln sich im Aufbau. Sie haben eine kegelförmige Gestalt. Die Spitze wird durch eine trichterartige Vertiefung, den Krater, gebildet. Er ist das obere Ende des Schlotes, durch den Magma aus der Magmakammer an die Erdoberfläche gelangen kann. Manche Vulkane besitzen neben dem Hauptkrater auch Seitenkrater. Die Vulkane bauen sich während ihrer aktiven Phasen aus Lava- und Ascheschichten selbst auf. Sie werden deshalb als Schichtvulkane bezeichnet.

Das Ausbruchverhalten
Vor einem Ausbruch sammelt sich in der Magmakammer eine bis zu 1200° C heiße Gesteinsschmelze an. Gase, die im Magma enthalten sind, treiben die Schmelze empor. Wenn der Schlot durch aufsteigendes Magma verstopft wird, reichern sich die Gase an. Der Druck im Inneren erhöht sich. Es kommt zum explosionsartigen Entweichen der angestauten Gase und des Magmas. Dabei werden große und kleine Gesteinsbrocken sowie Asche emporgeschleudert. Zähflüssige Lava strömt aus dem Krater aus und erkaltet später. Eine solche Eruption ist häufig mit Erdbeben im Bereich des Vulkans verbunden.

Der Ausbruch ist noch nicht vorbei

Dass es für Entwarnungen noch zu früh ist, zeigte sich am Donnerstag (26.07.2001) in der zunehmenden Intensität des Ausbruchs.
Ein gestern entstandener neuer Lavastrom beschädigte Teile der Seilbahn und der Skiliftanlage. Einige Stützen der Bahn sowie eine Materialhütte wurden beschädigt. Die Lava zerstörte die größte Talstation bei Nicolosi und verschüttete Teile der Umgehungsstraße des Ätna-Naturschutzgebietes. Bagger arbeiteten mit Hochdruck an der Errichtung von Dämmen.

(nach Presseberichten wdr.de; vulkanausbruch.de)

M3 *Ausbruch des Ätna*

Bedrohte Räume in Europa

Leben am Vulkan

Vulkane können für den Menschen sehr gefährlich sein. Besonders starke Ausbrüche vertreiben die Einwohner der betroffenen Regionen. Wenn aber die sichtbare Gefahr vorbei ist, kehren die meisten an die Unglücksorte zurück. In einigen vulkanischen Gebieten ist die Bevölkerungsdichte hoch, weil sich dort günstige Nutzungsmöglichkeiten bieten.

Im Bereich des Vesuv leben heute zum Beispiel mehr als 2,5 Mio. Menschen. Sie bauten ihre Häuser sogar direkt am Hang des Vulkankegels. Die unmittelbare Nähe zum Vulkan wurde bereits der Stadt Pompeji in der Antike zum Verhängnis. Sie versank 79 n. Chr. mit etwa zehn weiteren Ortschaften durch den gewaltigen Ausbruch des Vesuv unter einer mehrere Meter mächtigen Ascheschicht.

Auf den Vulkanaschen entwickeln sich sehr fruchtbare Böden. Diese werden intensiv landwirtschaftlich genutzt. Es gedeihen anspruchsvolle Kulturen wie Wein und Zitrusfrüchte. Aus vulkanischem Gestein stellt man Baustoffe her, die für den Haus- und Straßenbau benötigt werden.

Vulkangebiete werden von Wissenschaftlern ständig überwacht um Informationen über einen bevorstehenden Ausbruch zu sammeln. An den Messstationen werden die Bodentemperatur und die Zusammensetzung der vulkanischen Gase kontrolliert.

Aufgaben

1 Erkläre den Aufbau eines Schichtvulkans (M1).

2 Berichte über die Gefahren während einer starken Eruption.

3 Nenne Nutzungsmöglichkeiten vulkanischer Gebiete (M4).

Merke
Bei einem Vulkanausbruch entweichen heiße Gase, Lava und Asche. Trotz dieser Gefahren leben Menschen in der Nähe von Vulkanen, weil der Boden dort sehr fruchbar ist.

Bimssteinabbau
Bimsstein wird beispielsweise auf Lipari abgebaut. Er findet als Baustoff und Schleif- und Poliermittel Verwendung.

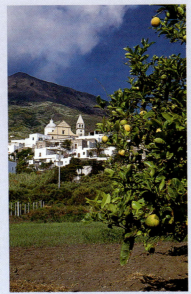

Zitronenanbau am Stromboli
Auf den fruchtbaren Vulkanböden sind im Jahr bis zu drei Ernten der wohlschmeckenden Zitronen möglich.

Baden im Schlamm
ist ausdrücklich erwünscht. Warme, schwefelhaltige Quellen haben eine heilende Wirkung.

M4 *Nutzungsmöglichkeiten vulkanischer Gebiete*

Gewusst wie

Wir bauen ein Vulkanmodell

Bau eines Vulkanmodells – So entsteht das Vulkanmodell

Arbeitsmittel:
1 Styroporplatte 50 x 100 cm (Stärke 2 cm) als Grundplatte,
3 Styroporplatten 50 x 100 cm (Stärke 5 cm) zum Bau des Vulkans, Styroporkleber,
1 Styroporschneider, 1 Federmesser, 1 Formsäge, 2 kg Gips, Filzstifte, Eimer, Wasser, Zollstock, Papier, dünne Holzspieße, Farben (z.B. Deckfarben oder Vollton- bzw. Abtönfarben), verschiedene Pinsel.

M1 *Aus Styropor entsteht die rohe Form.*

1. Arbeitsschritt: Bearbeiten des Styropors

Aus den 5 cm dicken Styroporplatten (50 x 100 cm) werden folgende Stücke geschnitten:
2 Platten 70 x 50 cm, 2 Platten 30 x 50 cm, 1 Platte 40 x 60 cm,
1 Platte 20 x 30 cm, 1 Platte 10 x 10 cm.
Diese Stücke werden Schicht auf Schicht treppenförmig zu einem „Berg" aufgebaut, aber noch nicht verklebt. Dabei liegen die beiden größten Stücke von 70 x 50 cm unten übereinander, darüber jeweils das nächstkleinere Stück. Ganz oben liegt die 10 x 10 cm große Platte. Dann wird jede Platte des „Berges" halbiert, damit wir später in den Vulkan hineinsehen können. Der Vulkan besteht also aus zwei Hälften. Jede Hälfte wird Schicht für Schicht verklebt. Eine Vulkanhälfte wird zum Schluss auf die Grundplatte geklebt, die andere Hälfte nicht. Sie wird neben die aufgeklebte Hälfte gestellt.

M2 *Mit Gips formen wir die Oberfläche.*

Gewusst wie

M3 *Mit Farben malen wir das Modell an.*

M4 *Das fertige Modell wird beschriftet.*

2. Arbeitsschritt: Die Oberfläche wird geformt

Beide Hälften sind zusammengeschoben. Mit einem Federmesser schneiden wir alle treppenförmigen Kanten etwas ab, damit wir beim Gipsen nicht so viel Material verbrauchen.

In einem Eimer rühren wir 2 kg Gips mit etwa 1,5 l Wasser an. Mit dem Gipsbrei formen wir die Oberfläche unseres Vulkanberges. Damit die beiden Hälften durch den Gips nicht zusammenkleben, stecken wir Papier dazwischen.

3. Arbeitsschritt: Anmalen des Modells

Nach dem Trocknen der Gipsschicht (Fingerprobe) wird das Vulkanmodell außen und innen bemalt, zum Beispiel in roten Farben die Lava und in rotgelben das Magma. Grüne Farbtöne brauchen wir für Wald, Wiesen und Obstbäume bzw. Wein, braun für Ackerbau, grau für die Ascheschichten, schwarz für Umrisse usw.

4. Arbeitsschritt: Beschriften des Vulkanmodells

Aus Papier und Holzspießen stellen wir Fähnchen her. Sie werden anschließend beschriftet und an die richtigen Stellen gesteckt. Im Inneren des Vulkans können die Begriffe auch aufgeklebt werden, damit der Vulkan wieder zusammengeschoben werden kann.

Zusätzlich können wir aus Holzresten kleine Häuser bauen, Straßen zeichnen, Hochspannungsleitungen legen …

Eure Fantasie ist gefragt!

Gewusst wie

Das Internet nutzen

Per Mausklick in die Welt der Informationen

„Information at your fingertips!" Mit diesem Zauberspruch lockt das Internet in die Welt der Informationen. Ohne aus dem Haus zu gehen oder auf Öffnungszeiten zu achten, lassen sich zu jedem Thema per Mausklick aktuelle Daten, Texte, Bilder, Videos, Karten und Diagramme abrufen. Wer möchte, kann zum Beispiel vulkanische Erscheinungen digital erfassen und dabei vieles über Vulkanismus lernen.

Ein Streifzug lohnt sich immer. Und das Netz der Netze wird immer größer. Täglich gehen neue Internetseiten online und bieten eine schier unbegrenzte Fülle an Informationen. Da wird es immer schwieriger, sich in diesem „Dschungel" zurecht zufinden. So manches Mal verliert man sich auf der Suche nach einer Information – bei der Recherche.

M1 *Verloren im Datendschungel*

Aufgabe

1 Suche Informationen im Internet zu vulkanischen Erscheinungen.

Info

Von der Postkutsche zum World Wide Web
Im Laufe der Jahrhunderte haben sich die technischen Möglichkeiten des Informationsaustausches enorm entwickelt. Brauchte ein Brief von London nach Wien vor 200 Jahren mit der Postkutsche noch mehrere Wochen, vor 100 Jahren mit der Technik des Telegraphen einen Tag, erreicht eine E-Mail heute in Bruchteilen von Sekunden ihren Adressaten – unabhängig davon, ob der in der Nachbarschaft, in Nordamerika oder in Neuseeland wohnt. Und nicht nur Texte, auch Bilder, Filme und Töne können über das Internet in die ganze Welt verschickt werden. In kürzester Zeit erreichen auch sie über die Datennetze ihr Ziel.

Info

Suchhilfen
Bei der Suche nach Informationen kann man folgende Hilfen nutzen:
Suchmaschinen: Die bekanntesten sind www.altavista.com, www.metager.de und www.google.de. Eine spezielle Suchmaschine für Kinder ist www.blinde-kuh.de. Nach Eingabe eines oder mehrerer Suchbegriffe durchforsten sie das gesamte Netz nach Seiten, in denen das entsprechende Schlagwort vorkommt.
Eine andere Möglichkeit sind Archive z.B. bekannter Zeitschriften oder Lexika.

M2 *Was suche ich?*

Gewusst wie

Methode

Informationsbeschaffung mithilfe des Internets

1. Schritt
Bevor die Suche im Internet losgeht: Überlege dir ganz genau, was du überhaupt finden möchtest. Benenne das Ziel deiner Recherche und notiere es.

2. Schritt
Das Internet bietet viele Suchhilfen, über die du Informationen leichter finden kannst. So genannte „Suchmaschinen" durchforsten das Internet nach Stichworten. Die am häufigsten genutzte Suchermaschine findest du unter www.google.de. Denke dir zu deinem Thema möglichst eindeutige Schlagworte aus und gib sie in die Suchmaschine.

3. Schritt
Meistens findet die „Maschine" trotz deiner Vorüberlegungen viele Seiten, die dein Thema beinhalten. Wenn es zu viele sind, überlege dir, wie du die Suche weiter einschränken kannst. Meist geht dies durch eine Kombination oder den Ausschluss von Suchbegriffen.

4. Schritt
Wenn du eine überschaubare Menge an Suchresultaten erzielt hast, kommt es nur noch auf die richtige Auswahl an. Du solltest dir die gefundenen Internetseiten kurz anschauen und unbrauchbare Adressen ausschließen.

5. Schritt
Lege dir eine Liste mit den ausgewählten Links und einer kurzen Beschreibung ihrer Inhalte an, damit du sie in Zukunft immer wieder leicht verwenden kannst. So „baust" du dir mit der Zeit eine eigene Link-Bibliothek auf.

M3 *Schüler beschaffen sich Informationen*

www.google.de
www.uni-muenster.de/
MineralogieMuseum/
vulkane/uebersicht.htm
www.g-o.de

Gefahr durch Hochwasser

M1 *Lage von Koblenz*

Jahr	Wasserstand
1980	8,00 m
1983	8,67 m
1988	8,61 m
1993	9,52 m
1995	9,21 m
1998	8,22 m

M2 *Hochwasserstände des Rheins in Koblenz*

M3 *Land unter*

Hochwasser am Rhein – Koblenz

Am 30. Januar 1995 steht der Rhein in Koblenz 9,21 m hoch. Dies ist einer der höchsten Wasserstände seit Beginn der Messungen. Ein Zehntel der Stadt ist überschwemmt. 7000 Personen sind in ihren Häusern eingeschlossen. Wasser steht in den Kellern und im Erdgeschoss.

Die Bewohner haben die Zimmer in den unteren Stockwerken ausgeräumt. Auch an Mosel, Lahn und Nahe trat das Wasser über die Ufer. Die Fähren haben den Betrieb eingestellt.

Aufgaben

1 Beschreibe die Veränderungen des Wasserstandes in Koblenz zwischen dem 21.1.95 und dem 10.2.95 (M5). An welchen Tagen ist er stark gestiegen und an welchen stark gefallen?

2 Schreibe einen Text zum Thema „Feuerwehreinsatz beim Hochwasser 1995" (M6 und 7).

M4 *Regenwasser auf versiegeltem und unversiegeltem Boden*

Bedrohte Räume in Europa

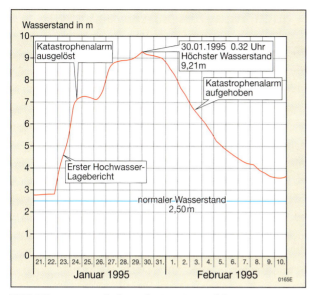

M5 *Wasserstand des Rheins in Koblenz*

Wasserstand am 23. Januar 1995 um 15.30 Uhr: 5,39 m.
Vorhersage bis morgen früh 11.00 Uhr: 7,40 m bis 7,50 m.
Der Rhein steigt zur Zeit etwa 12 cm pro Stunde. In den vom Hochwasser gefährdeten Stadtteilen wird die Bevölkerung über Lautsprecher gewarnt. Feuerwehrleute bauen in Neuendorf und Ehrenbreitstein Gehstege aus Aluminiumrohren zusammen. Sandsäcke werden ausgegeben. Das Peter-Altmeier-Ufer in der Altstadt ist für den Verkehr gesperrt. Im Einsatz sind 100 Feuerwehrmänner. Der Kochtrupp der Feuerwehr verpflegt die Einsatzkräfte.

M7 *Lagebericht der Feuerwehr Koblenz*

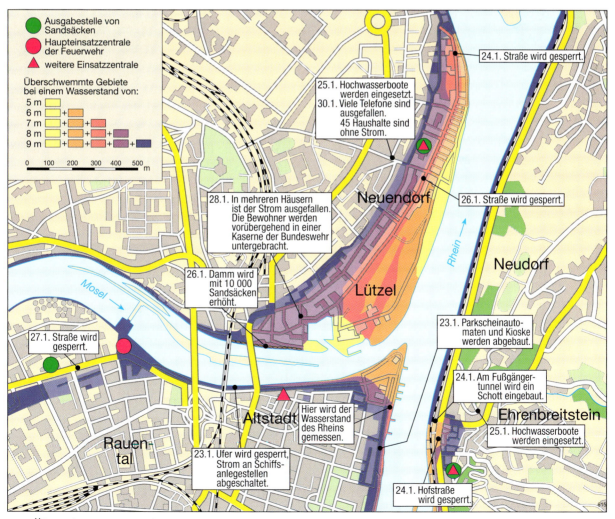

M6 *Überschwemmte Gebiete und Einzelmaßnahmen in Koblenz*

Aufgaben

1 Vergleiche M2 und M3. Gehe dabei auf den Verlauf des Rheins und die Nutzung des Rheintales ein.

2 Miss in M4 die Länge des Rheins mithilfe eines Fadens.

a) Wie viele Kilometer war der Rhein um 1800 zwischen den Punkten A und B lang?
b) Wie viele Kilometer ist er heute lang?

3 Hochwasser am Rhein tritt vor allem im Winter auf. Begründe.

Hochwasser – auch vom Menschen verursacht

M2 *Der Rhein um 1800 (Gemälde von Peter Birmann)*

Bis 1817 floss der Oberrhein in vielen Windungen und war weit verzweigt. Dann wurde er begradigt und auf langen Strecken in ein betoniertes Flussbett gezwängt. Der Flusslauf ist dadurch zwischen Basel und Worms um etwa 80 km verkürzt worden.

Ein Teil der nun trockenen Uferflächen wird landwirtschaftlich genutzt, auf anderen Flächen baute man Straßen und Häuser. Fachleute bezeichnen das Betonieren und Asphaltieren von Flächen als **Bodenversiegelung**. Versiegelte Flächen stehen nicht mehr als Überlauf- und Versickerungsflächen für Fluss- und Regenwasser zur Verfügung (siehe Seite 58, M4).

Durch die Begradigung wurden die Flutwellen bei **Hochwasser** größer und schneller. Von Basel bis Karlsruhe brauchten sie früher

M1 *Ursachen und Folgen des Hochwassers*

M3 *Der Rhein – sein Flussbett wurde begradigt und verkürzt*

Bedrohte Räume in Europa

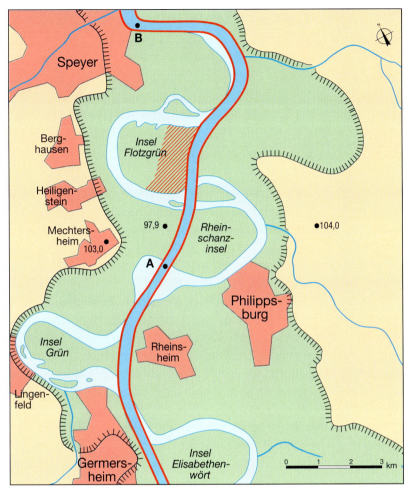

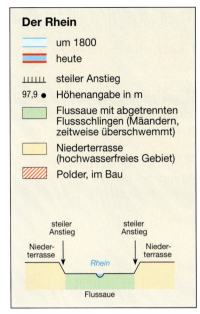

M4 *Rheinverlauf früher und heute*

65 Stunden. Heute legen sie diese Strecke in 30 Stunden zurück. Bei den Überschwemmungen im Januar 1995 kam erschwerend hinzu, dass es vorher lange geregnet hatte. So konnte auch der unversiegelte Boden kaum noch Wasser aufnehmen.

Die Wintermonate sind häufig auch deswegen überschwemmungsgefährdet, weil der Boden gefroren ist und dadurch wie eine versiegelte Fläche wirkt.

Merke
Die Gebiete entlang des Rheins sind immer wieder von Hochwassern betroffen. Infolge der Bodenversiegelung wurden dem Fluss viele Überlauf- und Versickerungsflächen genommen

Grundbegriffe
- Bodenversiegelung
- Hochwasser

Ökosystem Meer – bedroht durch den Menschen

Aufgaben

1 Beschreibe die Belastung der Ostsee (M1).

2 Beschreibe die Folgen erhöhter Schadstoff- und Nährstoffeinträge (M1).

3 Suche nach weiteren Binnenmeeren auf der Welt und nenne die Anrainerstaaten (Atlas).

Merke
Die Ostsee und ihre Küsten werden durch den Menschen stark genutzt. Die damit verbundenen Umweltbelastungen schädigen das Ostseewasser und bedrohen so den Lebensraum vieler Tier- und Pflanzenarten

Grundbegriffe
- Binnenmeer

Ein gefährdetes Ökosystem – Die Ostsee

Der Ostsee droht der Erstickungstod. Eine alarmierende Sauerstoffabnahme hat ganze Tiefwasserregionen bereits in ‚Todeszonen' verwandelt. 20 000 km² der Ostsee sind seit 10 Jahren ohne Sauerstoff. Im flachen westlichen Bereich reicht die ‚lebensfreie Zone' bereits bis zu 14 m unter die Wasseroberfläche. Sichtbare Vorboten waren das Fischsterben und die Algenblüte.

(nach: Ostsee-Zeitung vom 18.04.91)

Andere Schreckensmeldungen von der Ostsee berichten von Fischen mit Missbildungen, nachgewiesenen Chemikalien in Pflanzen und Tieren oder kranken Seehunden. Wissenschaftler haben zum Beispiel herausgefunden, dass die Robbenbestände unter anderem deshalb zurückgehen, weil die Fortpflanzung bei etwa 40 Prozent der Weibchen durch Umweltgifte gestört ist.

Die Ostsee ist besonders gefährdet, weil sie als **Binnenmeer** weitgehend vom Ozean abgetrennt ist. Deshalb geht der Wasseraustausch nur langsam vor sich. Zudem wird sie von den Anrainerstaaten mit ihren rund 80 Millionen Einwohnern intensiv genutzt: als Verkehrsweg, Rohstoff- und Nahrungslieferant, Müllkippe und Erholungsraum sowie an den Küsten als Siedlungs- und Industriestandort.

Eine wesentliche Ursache für den alarmierenden Zustand der Ostsee ist der erhöhte Eintrag von Stoffen, die das Pflanzenwachstum fördern. So hat sich in den letzten 40 Jahren die Menge an Phosphor um das Siebenfache, von Stickstoff um das Vierfache erhöht. Beim Abbau der abgestorbenen Pflanzenreste verbrauchen Bakterien den im Wasser gelösten Sauerstoff.

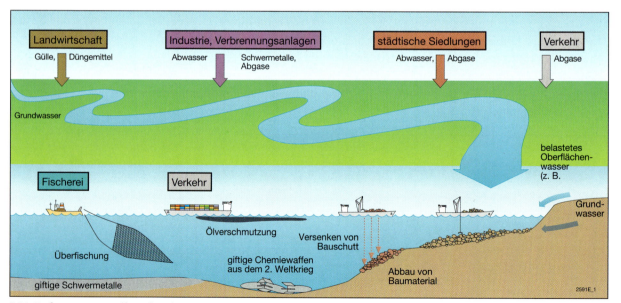

M1 *Belastungsquellen der Ostsee*

Bedrohte Räume in Europa

Nutzungskonflikte: Tourismus kontra Naturschutz

Aufgaben

4 Erarbeitet in Gruppen Ansprüche der Urlauber und des Naturschutzes.

5 Stellt eure Ergebnisse vor und diskutiert sie.

6 Sucht nach Kompromissen.

7 Beschreibt die Karikatur. Was will sie uns sagen? Vergleicht mit eurer Kompromisslösung.

Klima- und Vegetationszonen der Erde

Unterschiedliche Temperaturen	66
Entstehung von Niederschlägen	68
Die Klima- und Vegetationszonen der Erde	70
Gewusst wie: Klimadiagramme zeichnen	76

M1 Kalt – feuchtheiß – trocken: die Extremräume der Erde.
Anhand verschiedener Klimabedingungen lässt sich die Erde in unterschiedliche Zonen einteilen, die sich von den Polen zum Äquator abwechseln.

Unterschiedliche Temperaturen

M1 *Flugroute Hamburg – Lagos*

Von Hamburg nach Lagos in Nigeria

Es ist der vierte Januar. Der Geschäftsmann Rainer Schultze fliegt von Hamburg nach Lagos. Er ist diese Route schon mehrmals geflogen und er beobachtet immer wieder, wie sich das Bild der Landschaft verändert. Heute ist Deutschland schneebedeckt. Deutlich erkennt er auch die verschneiten Alpengipfel. Südlich der Alpen löst sich die Schneedecke allerdings auf und bald erscheint das blaue Mittelmeer.

Die Nordküste Afrikas wird als schmaler, grüner Streifen sichtbar. Südlich des Atlasgebirges liegt die weite, gelb-graue Fläche der Wüste Sahara. Gegen Ende des Fluges sieht Herr Schultze eine grüne Fläche; es ist der tropische Regenwald.

M2 *In Hamburg am 4. Januar*

Aufgaben

1 Verfolge den Flug Hamburg – Lagos auf einer Atlaskarte. Beschreibe, wie sich das Bild der Landschaft verändert (M1; Atlas, Karte: Afrika – physische Übersicht).

2 Beim Abflug von Herrn Schultze zeigt das Thermometer in Hamburg -5 °C. In Lagos herrschen bei der Ankunft 31 °C und schwüle Hitze.
a) Berechne den Temperaturunterschied.
b) Um wie viel Grad weichen die Temperaturen in Hamburg und Lagos von den mittleren Januartemperaturen ab (M4)?

M3 *In Lagos am 4. Januar*

Klima- und Vegetationszonen der Erde

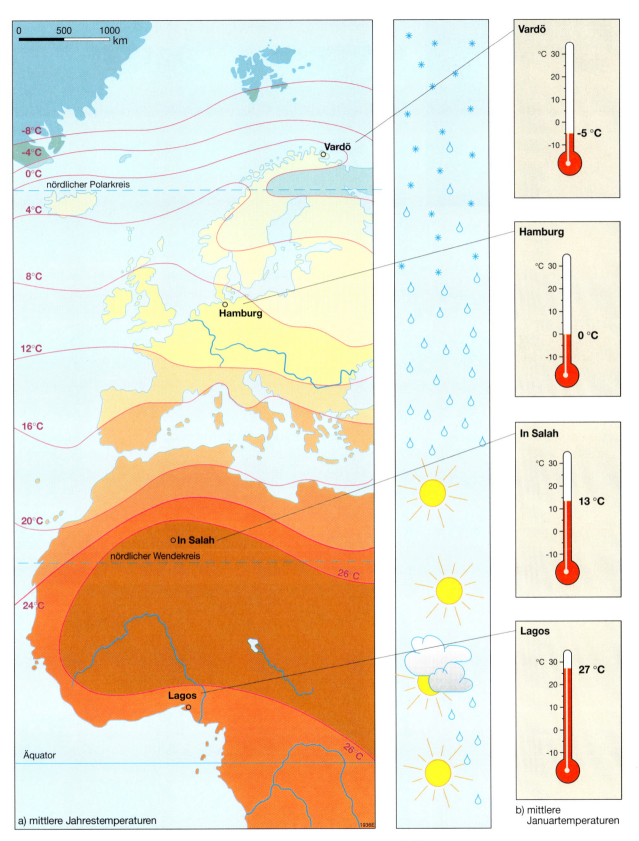

M4 *Mittlere Durchschnittstemperaturen zwischen Polargebiet und Äquator*

Entstehung von Niederschlägen

M1 *Im Winter*

Niederschlag – Wasser aus der Luft

M3 *Der Wasserstand im Gartenteich – abhängig von Niederschlag und Verdunstung*

Der Wasserdampf in der Luft stammt aus der Verdunstung von Wasseroberflächen oder aus der Verdunstung durch Pflanzen, Tiere und Menschen. Besonders hoch ist die Verdunstung, wenn auch die Temperaturen hoch sind: An einem heißen Sommertag ist das soeben gewaschene Auto schnell trocken und Blumen müssen häufig gegossen werden.

Der Wasserdampf kann von warmer Luft besser aufgenommen werden als von kalter (siehe M2). Ist mehr Wasserdampf in der Luft enthalten, als sie binden kann, kommt es zur **Kondensation**: Es bilden sich zunächst Dunst, dann Wolken, deren Tröpfchen immer größer werden, und schließlich fällt Niederschlag.

Wenn es regnet, liegt das oft daran, dass sich feuchte Luft abgekühlt hat. Die kühlere Luft kann den Wasserdampf nicht mehr halten und es kommt zur Kondensation und zu Niederschlägen.

Aufgaben

1 Zeichne ein Schaubild zum Wasserkreislauf.

2 Beschreibe wie Regen entsteht.

3 Auch wir Menschen können „Wolken" machen. Erkläre (M1).

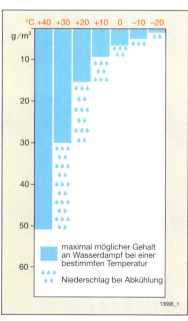

M2 *Wasserdampf in der Luft*

M4 *Sturzregen in der Savanne*

Klima- und Vegetationszonen der Erde

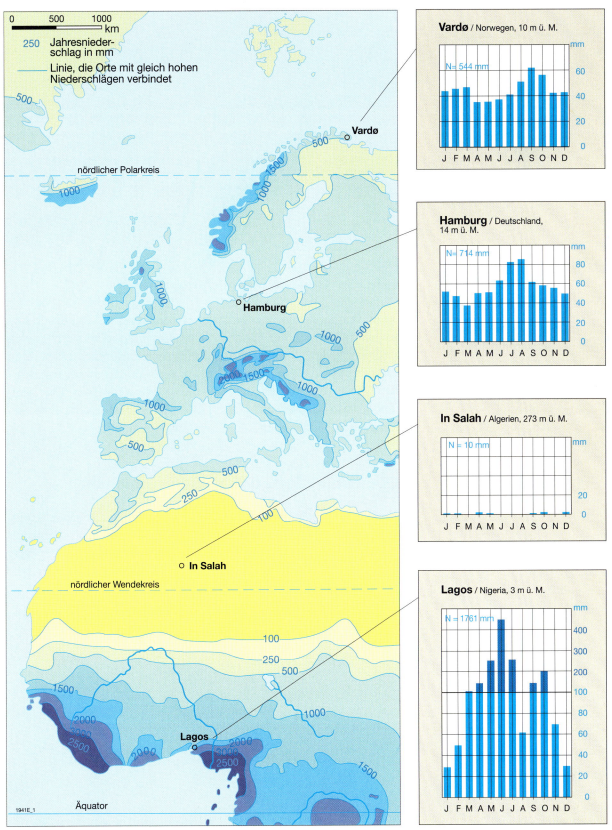

M5 *Jährliche Niederschläge zwischen Polargebiet und Äquator*

Die Klima- und Vegetationszonen der Erde

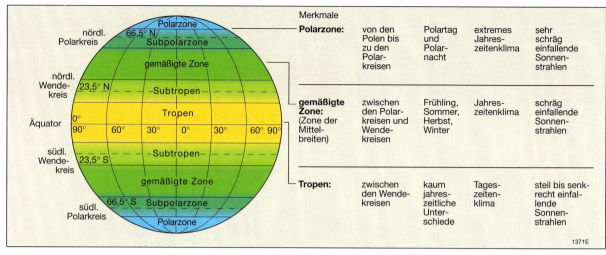

M1 *Die Klimazonen der Erde*

Aufgaben

1 Die Klimazonen erstrecken sich meist in West-Ost-Richtung, zum Teil parallel zu den Breitenkreisen (M3). Begründe.

2 Nicht nur Kartoffeln und Maniok, auch andere Pflanzen sind dem Klima angepasst: Kakteen, Orangen, Hirse, Weintrauben. Schlag nach im Lexikon und berichte.

Klima in Streifen – die Klimazonen

Wind, Temperaturen, Niederschläge, Bewölkung und Luftdruck sind in vielen Gebieten der Erde ähnlich ausgeprägt. Gebiete mit solch ähnlichem Klima kann man zu **Klimazonen** zusammenfassen. Man unterscheidet die Polarzone, die gemäßigte Zone und die tropische Zone sowie die Subpolarzone und die subtropische Zone. Die „Subzonen" (sub = lateinisch „unter") sind Übergangsbereiche zwischen den großen Klimazonen.

Klima und Vegetation passen zusammen

Die Pflanzen haben sich in Jahrtausenden den natürlichen Bedingungen in den einzelnen Klimazonen angepasst. So gibt es entsprechend den Klimazonen verschiedene **Vegetationszonen** auf der Erde.

Auch die Menschen müssen sich beim Anbau von Nahrungsmitteln nach der natürlichen Ausstattung richten.

Merke
Gebiete mit ähnlichem Klima lassen sich zu Klimazonen zusammenfassen. Auf jeder Erdhalbkugel unterscheiden wir folgende Zonen: Polarzone, Subpolarzone, gemäßigte Zone, Subtropen und Tropen. Die Pflanzenwelt (Vegetation) ist stark vom Klima abhängig, sodass sich jeder Klimazone bestimmte Vegetationszonen zuordnen lassen.

Grundbegriffe
- Klimazone
- Vegetationszone

M2 *In der Subtropischen Zone*

Klima- und Vegetationszonen der Erde

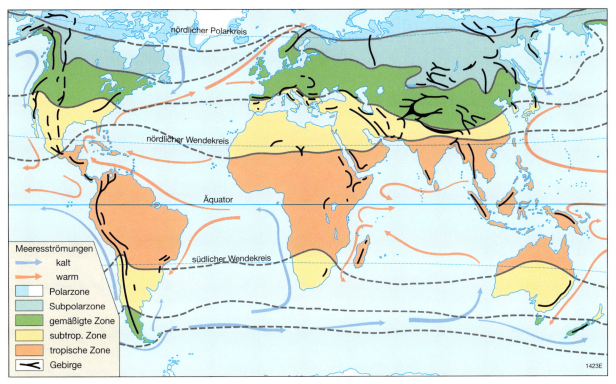

M3 *Die Anordnung der Klimazonen und der Verlauf der Meeresströmungen*

Maniok

Die Pflanze verlangt ein warmes, feuchtes Klima mit Temperaturen um 27 °C sowie mindestens 500 bis 1500 mm Niederschlag. Sie braucht viel Licht, dagegen sind die Ansprüche an die Böden bescheiden.
Maniok ist Grundnahrungsmittel in der tropischen Zone, z.B. in Brasilien, Kolumbien, Westafrika, Indien, Thailand und Indonesien, und wird dort in großem Umfang angebaut. Er wird zu Mehl verarbeitet, als Brei gegessen oder zu Fladen gebacken.

Kartoffel

Die Pflanze verlangt ein kühlgemäßigtes Klima mit nicht zu trockener Luft und nicht zu hohen Niederschlägen. Frost, hohe Temperaturen (über 25 °C) und lange Sonnenscheindauer vermindern die Erträge.
Die bedeutendsten Anbaugebiete der Kartoffel liegen in der gemäßigten Zone, z.B. in Ost- und Mitteleuropa sowie in China. In ihrer Heimat Südamerika werden seit Jahrhunderten dutzende unterschiedlicher Kartoffelsorten angebaut.

M4 *Maniok und Kartoffel – Wachstumsansprüche und Verbreitung*

	Polarregion	Mittelbreiten (gemäßigte Zone)			Subtropen
		kühlgemäßigt	warmgemäßigt		
Klimazonen					
Vegetationszonen	**Tundra** Gräser, Krautpflanzen, Zwergsträucher	**nördlicher (borealer) Nadelwald (Taiga)** Lärchen, Fichten, Moore	**sommergrüner Laub- und Mischwald**	**Steppe** bis übermannshohes Gras	**Hartlaubgehölze** (mediterrane Vegetation)
Jahreszeiten		ausgeprägte Jahreszeiten			
	über 8 Monate Winter	6-8 Monate Winter	milde Winter, warme Sommer	kalte Winter, heiße Sommer	deutliche Temperaturunterschiede zwischen Sommer und Winter
Jahresdurchschnittstemperatur	unter −15 °C	−15 °C - 0 °C	6 °C - 14 °C	3 °C - 8 °C	14 °C - 21 °C
Niederschlag	weniger als 300 mm	weniger als 600 mm	mehr als 600 mm	weniger als 600 mm	400-1000 mm, im Sommer trocken, im Winter Niederschlag (Winterregen)
mögliches Wachstum	weniger als 30 Tage	30-180 Tage	mehr als 180 Tage	weniger als 180 Tage	mehr als 150 Tage
Pflanzenwachstum eingeschränkt durch	**Kälte**				
Anbaumöglichkeiten	zu kalt, Dauerfrostboden	nur vereinzelt	eine Ernte	eine Ernte, dürregefährdet	z.T. mit Bewässerung
Anbauprodukte		häufig Forstwirtschaft	Roggen, Kartoffeln, Mais, Weizen	Weizen, Zuckerrüben, Sonnenblumen	Wein, Oliven, Obst, Zitrusfrüchte, Reis
Viehhaltung	Rentiere (Nomadismus)		Rinder, Schweine	Schafe, Rinder	Schafe, Ziegen

Klima- und Vegetationszonen der Erde

	Tropen				
	wechselfeucht				immerfeucht
Wüste und Halbwüste	**Savannen**				**tropischer Regenwald**
vegetationslos oder vereinzelte Zwergsträucher, Gräser	Dornstrauchsavanne – kniehohes Gras, Sträucher, vereinzelt Bäume	Trockensavanne – brusthohes Gras, Bäume	Feuchtsavanne – übermannshohes Gras, Baumgruppen, Wälder		
	keine Jahreszeiten				
deutliche Temperaturunterschiede zwischen Sommer und Winter					
8 °C - 28 °C	21 °C - 28 °C	22 °C - 28 °C	23 °C - 28 °C		ca. 26 °C
weniger als 250 mm, sehr kurze Regenzeit, oft Dürre	250-500 mm, bis 4 Monate Regenzeit, oft Dürre	500-1000 mm, 4-6 Monate Regenzeit	über 1000 mm, 6-10 Monate Regenzeit		über 1500 mm, ganzjährig feucht
weniger als 60 Tage	weniger als 180 Tage	mehr als 180 Tage	mehr als 300 Tage		ganzjährig
Trockenheit					
nur mit Bewässerung	nur mit Bewässerung	eine Ernte, dürregefährdet	zwei Ernten, z.T. schlechte Böden		ununterbrochen Anbau, z.T. schlechte Böden
Oasenkulturen, Baumwolle, Reis	Reis, Baumwolle	Hirse, Mais, Erdnüsse, Baumwolle	Maniok, Mais, Erdnüsse, Baumwolle		Maniok, Bananen, Kakao, Kaffee, Zuckerrohr
Kamele, Schafe	Schafe, Ziegen, Rinder, Kamele (Nomadismus)	Rinder, Schafe	Rinder (nicht Afrika)		

Trockengrenze des Regenfeldbaus

Gewusst wie

Klimadiagramme zeichnen

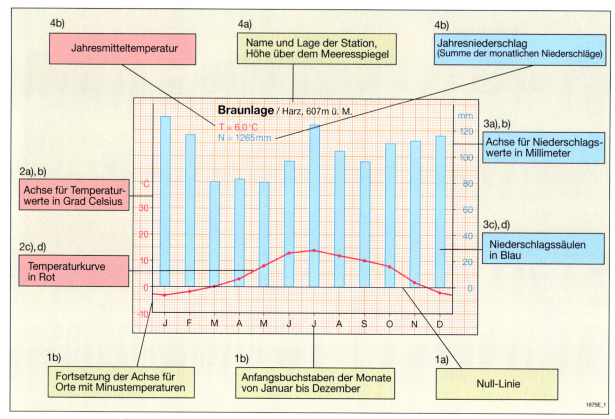

M1 *Das Klimadiagramm in seinen Einzelheiten*

- Geodreieck oder Lineal
- Bleistift
- roter und blauer Buntstift
- Millimeterpapier oder kariertes DIN A4-Blatt
- Klimawerte des Ortes

M2 *Materialliste für das Zeichnen eines Klimadiagramms*

So zeichnest du ein Klimadiagramm

Ein Klimadiagramm veranschaulicht das Klima eines Ortes. Wenn du die Temperatur- und Niederschlagswerte eines Ortes vorliegen hast, kannst du selbst ein Klimadiagramm zeichnen.

Die Temperaturwerte der Monate werden in einer roten Kurve dargestellt. Die Niederschlagswerte der Monate werden als blaue Säulen eingezeichnet. Ein Millimeter (mm) Niederschlag im Klimadiagramm entspricht einem Liter (l) Wasser pro Quadratmeter (m^2) Bodenfläche.

Mithilfe der Daten aus M3 kannst du das Zeichnen von Klimadiagrammen üben.

		J	F	M	A	M	J	J	A	S	O	N	D	Jahr
Hannover, Deutschland 53 m ü.M.	°C	0	1	4	8	13	16	17	17	14	9	5	2	8,8
	mm	48	46	38	48	52	64	84	73	54	56	52	46	661
Nuuk, Grönland 27 m ü.M.	°C	-8	-7	-6	-4	2	6	8	7	4	0	-4	-6	-0,7
	mm	42	46	47	45	50	54	85	87	85	61	71	50	723
Timbuktu, Mali 250 m ü.M.	°C	22	23	28	33	35	34	32	30	32	32	27	22	29,2
	mm	0	0	1	0	9	42	89	98	40	6	0	0	285

M3 *Klimawerte verschiedener Orte*

Gewusst wie

1. Schritt:
Einteilen der waagerechten Achse

a) Zeichne die Null-Linie in Schwarz (1 cm pro Monat, also 12 cm breit).
b) Schreibe die Anfangsbuchstaben der Monate in Schwarz unter die Null-Linie, jeweils in die Mitte der 1-cm-Abschnitte (M4).
Hinweis: Bei Orten mit Minus-Temperaturen wird die senkrechte Achse unterhalb der Null-Linie fortgesetzt, die Buchstaben für die Monate werden dann unter die Abschlusslinie geschrieben (M1).

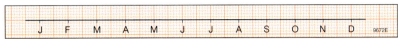

M4 *Null-Linie beziehungsweise Abschlusslinie*

2. Schritt:
Zeichnen der Temperaturkurve

a) Zeichne die linke Hochachse (Temperaturachse) in Schwarz und markiere die cm-Abschnitte in Schwarz.
b) Beschrifte die linke Temperaturachse in Rot (1 cm auf dem Papier entspricht einer Temperatur von 10 °C).
c) Markiere die monatlichen Temperaturwerte durch rote Punkte in der Mitte über dem Monatsnamen (1 mm auf dem Papier für 1 Grad Celsius).
d) Verbinde die Punkte in Rot zur Temperaturkurve (M5).

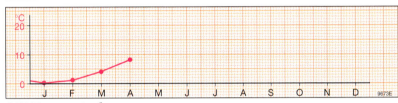

M5 *Temperaturkurve*

3. Schritt:
Zeichnen der Niederschlagssäulen

a) Zeichne die rechte Hochachse (Niederschlagsachse) in Schwarz und markiere die cm-Abschnitte in Schwarz.
b) Beschrifte die rechte Niederschlagsskala in Blau (1 cm auf dem Papier entspricht einem Niederschlag von 20 mm).
c) Markiere die monatlichen Niederschlagswerte durch Querstriche in Blau in der Mitte über dem Monatsnamen (1 mm auf dem Papier für 2 mm Niederschlag).
Hinweis: Wenn du den angegebenen Niederschlagswert halbierst, erhältst du die Höhe der Niederschlagssäule in mm.
d) Zeichne die Niederschlagssäulen in Blau (M6).

M6 *Niederschlagssäulen*

4. Schritt:
Eintragen der Stationsangaben

a) Trage oben links den Namen und die Lage der Station sowie die Höhenangabe in Schwarz ein (M1).
b) Ergänze die Jahresmitteltemperatur in Rot und den Jahresniederschlag in Blau (M1).

Leben und Wirtschaften in der kalten Zone

Die Polargebiete	**78**
Die Inuit – früher und heute	**80**
Wettlauf zum Nordpol	**83**
Die Antarktis	**84**
Wettlauf zum Südpol	**87**
Gewusst wie: Andere informieren	**88**

M1 Inuit auf der Jagd an der Küste Grönland
Grönland ist die größte Insel der Erde. Geographisch wird die von knapp 60 000 Menschen bewohnte Insel zum arktischen Nordamerika gezählt. Politisch ist sie ein eigenständig verwalteter Bestandteil des Königreichs Dänemark, der allerdings nicht Mitglied der Europäischen Union ist. Hauptstadt Gönlands ist Nuuk, das knapp 15 000 Einwohner hat.

Die Polargebiete

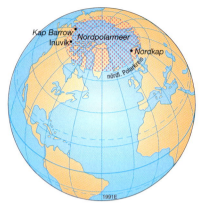

M1 *Nordpolargebiet (Arktis)*

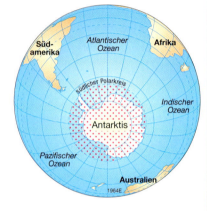

M2 *Südpolargebiet (Antarktis)*

Aufgabe

1 Die Dauer von Polartag / Polarnacht hängt von der Entfernung vom **Polarkreis** ab. Stelle für in M6 genannte Orte fest, wie weit sie vom nördlichen Polarkreis entfernt sind.

Warten auf das Sonnenlicht

10. Januar: Seit Tagen liegen die Temperaturen bei -20°C. Die Straßenlampen brennen immerzu. Ehe ich zum Kaufmann gehe, reibe ich mir dick Fettcreme ins Gesicht. Die Stiefel und Handschuhe aus Seehundsfell und der Schneeanzug aus Rentierfell halten mich warm.

17. Januar: Es ist 12 Uhr mittags. Die ganze Klasse läuft ins Freie. Die Sonne erscheint zum ersten Mal für einige Minuten am Horizont. Die Zeit der Polarnacht, der völligen Dunkelheit, ist endlich vorbei.

30. Januar: Bei -40°C springt der Motorschlitten nicht an.

25. Februar: Ich helfe beim Zusammentreiben der Rentiere.

27. Mai: 24 Stunden Sonnenschein am Tag. Die Sonne geht auch nachts für fast zwei Monate nicht unter. Der **Polartag** beginnt.

1. Juni: Beginn der Sommerferien. Die Bäche laufen wegen des Schmelzwassers über. Schneehase und Polarfuchs sind nicht mehr weiß. Sie tragen ihr braunes Sommerfell. Am Nachmittag zeigt das Thermometer 4°C an.

10. Juni: Wir spielen um Mitternacht Fußball. Beim Sammeln von Preiselbeeren hat mich die erste Mücke gestochen. Seit Tagen haben wir 20°C.

20. August: Die Ferien sind vorbei. Die Sonne geht erst nach 22.00 Uhr unter; ich kann im Bett noch ohne Licht lesen.

30. November: Gestern sahen wir das letzte Mal die Sonne mittags kurz über dem Horizont. Bis in den Januar hinein haben wir jetzt **Polarnacht**.

25. Dezember: Wir laufen am Morgen bei -13°C mit Skiern zu den Großeltern. Auf dem Rückweg sehen wir am sternklaren Himmel viele Sternschnuppen. Wir hören das Heulen der Schlittenhunde im Dorf.

M4 *Tagebuchauszug von Ivalu (12 Jahre) aus der Kleinstadt Inuvik*

M3 *Tageslauf der Sonne im Juni im Nordpolargebiet*

Leben und Wirtschaften in der kalten Zone

M5 *Inuvik in Nordkanada*

Merke
Polartag und Polarnacht sind Naturerscheinungen zwischen Pol und Polarkreis. Polartag ist die Zeit des Jahres, in der die Sonne nie komplett untergeht. Als Polarnacht wird die Zeit bezeichnet, in der es Tag und Nacht dunkel ist.

Grundbegriffe
- Polartag
- Polarnacht
- Polarkreis

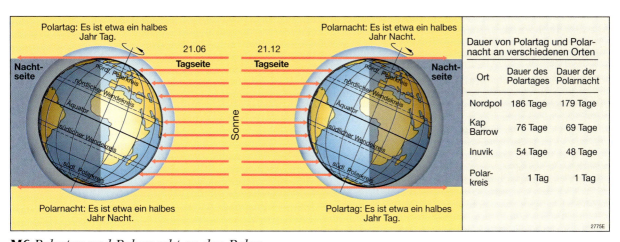

Dauer von Polartag und Polarnacht an verschiedenen Orten		
Ort	Dauer des Polartages	Dauer der Polarnacht
Nordpol	186 Tage	179 Tage
Kap Barrow	76 Tage	69 Tage
Inuvik	54 Tage	48 Tage
Polarkreis	1 Tag	1 Tag

M6 *Polartag und Polarnacht an den Polen*

Die Inuit – früher und heute

M1 *Der Iglu – Haus während der Jagdzeit*

M2 *Lebensraum der Inuit*

Inuit – Jäger der Arktis

Der Lebensraum der **Inuit** ist der äußerste Norden des amerikanischen Kontinents von Alaska bis Grönland. Früher wurden die Inuit bei uns Eskimos genannt.

Ein kleiner Teil der Inuit lebt noch so wie seine Vorfahren als **Selbstversorger**. Das heißt, es wird nahezu alles, was zum Leben benötigt wird, selbst erzeugt. Diese Inuit sind Jäger und wohnen in den „Outpost-Camps". Das sind Siedlungen von fünf bis zehn Häusern. Eine Schule gibt es hier nicht. Zur Jagdbeute zählen Robben, Fische, Eisbären, Walrosse und Karibus, die wilden Rentiere Nordamerikas. Die Söhne der Inuit werden ab dem sechsten Lebensjahr von ihren Vätern auf die Jagd mitgenommen. Diese dauert manchmal Wochen. Währenddessen lernen die Mädchen das Anfertigen von Kleidungsstücken aus Fellen und Tierhäuten.

Für die große Mehrheit der Inuit hat sich in den letzten 100 Jahren das Leben einschneidend geändert. Walfangschiffe und Pelzjäger drangen in ihren Lebensraum ein. Die Zahl der Beutetiere ging stark zurück und manche Tierart wie der Eisbär oder der Polarfuchs war vom Aussterben bedroht.

Damit die Inuit-Familien Kanadas überleben konnten, griff die kanadische Regierung ein. Die Menschen wurden in neu gebauten Dörfern an der Küste angesiedelt mit Supermärkten und Satelliten-TV. Zur Jagd werden nicht mehr von Huskies gezogene Hundeschlitten, sondern Motorschlitten benutzt.

Info

Inuit

Das Wort „Inuit" heißt übersetzt „Menschen". Für die Inuit ist der Begriff „Eskimo" ein Schimpfwort. In ihrer Sprache bedeutet er nämlich „Rohfleischesser". Nur in Zeiten, in denen die Inuit kein Brennmaterial zum Kochen hatten, aßen sie auch rohes Fleisch.

Leben und Wirtschaften in der kalten Zone

Monat	J	F	M	A	M	J	J	A	S	O	N	D
Durchschnittstemperatur (°C) von Inuvik	-14	-14	-13	-8	1	6	8	7	3	-4	-8	-11
Wohnverhältnisse	\multicolumn{12}{l}{feste Hütten aus Torf und Stein oder Holzhäuser an der Küste / Iglu auf Wanderungen – Zelte auf Wanderungen – Iglu auf Wanderungen}
Fischerei, Robbenfang			Heilbutt				Heilbutt und Dorsch					
		Robbenfang mit Netzen vom Eis aus				Robben- und Walfang im offenen Wasser					Robbenfang vom Eis aus	
Jagd		Polarfuchs				Rentiere, Moschusochsen, Vögel (z.B. Schneehühner)						
Verkehrsmittel		Schlitten				Kajak				Schlitten		
Lichtverhältnisse	Polarnacht	Wechsel von Tag und Nacht				Polartag (Mitternachtssonne)			Wechsel von Tag und Nacht		Polarnacht	
Eisverhältnisse		Packeis			Treibeis	offenes Wasser			Treibeis	Packeis		

M3 *Lebensbedingungen der Inuit-Jäger im Jahresverlauf*

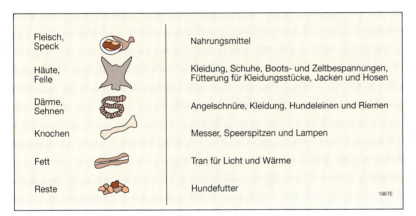

M4 *Verwertung einer erlegten Robbe*

Aufgaben

1 Berichte über das Leben der Inuit. Denke dabei an die Erziehung von Jungen und Mädchen, das Wohnen und die Lebensbedingungen.

2 Erkläre mithilfe von M3 und M4 den Begriff Selbstversorger.

M5 *Mit dem Motorschlitten auf dem Weg zur Disco*

Merke
Die Inuit (früher Eskimos genannt) sind die Ureinwohner der arktischen Küstengebiete Grönlands und Nordamerikas. Ursprünglich lebten sie von der Jagd und dem Fischfang. Heute leben die meisten in Dörfern mit Supermärkten.

Grundbegriffe
- Inuit
- Selbstversorger

Aufgaben

1 Die Inuit-Siedlung Nanasivik liegt im Norden der Baffin-Insel. Ermittle mithilfe des Atlas, ob es von dort näher zum Nordpol oder nach Montreal ist.

2 Beschreibe die Wohn- und Arbeitsbedingungen der kanadischen Inuit.

3 Die Häuser in Nanasivik bestehen aus vorgefertigten Teilen. Nenne Vor- und Nachteile dieser Bauweise (M1).

Die Inuit im Fertighaus

M1 *Häuser in Nanasivik auf der Baffin-Insel*

Nanasivik ist eine der zahlreichen Siedlungen, die von der kanadischen Regierung rund um die Hudsonbai gebaut wurden. Die Häuser sehen fast alle gleich aus. Sie bestehen aus vorgefertigten Teilen und konnten in wenigen Tagen aufgestellt werden. Die meisten sind rund 70 m² groß, haben Licht, Zentralheizungen und manchmal Satelliten-Antennen. In den größeren Siedlungen, in denen einige hundert Inuit-Familien leben, gibt es eine Schule und einen Supermarkt.

Die Menschen hier benutzen als Verkehrsmittel im Winter den Motorschlitten, Ski-doo genannt, und allradgetriebene Fahrzeuge. Ihre Kleidung besteht aus Daunenjacken und Thermohosen, die im Laden gekauft werden. Die benötigten Waren liefert der kanadische Staat in den eisfreien Monaten mit Schiffen. In den Inuit-Siedlungen leben nur wenige junge Männer. Viele von ihnen sind in die großen Städte im Süden Kanadas abgewandert.

Info

Arbeitsmöglichkeiten der Inuit heute

Nur wenige Inuit, die in den neuerstellten Siedlungen leben, haben eine geregelte Arbeit. Die meisten sind auf die Unterstützung durch die Regierung angewiesen. Dauerhafte Arbeitsplätze bieten nur die Fischfabriken an der Hudsonbai. In den Sommermonaten gibt es die Möglichkeit, auf Fischkuttern Arbeit zu bekommen. Dann finden auch ein paar Dutzend Inuit eine Beschäftigung im Hafen von Churchill, weil Hilfskräfte zum Entladen der Versorgungsschiffe gebraucht werden.
Andere Inuit verdienen sich einige Dollars als Jagdführer von Touristen oder als Begleiter von Reisegruppen, die Eisbären und andere Tiere im arktischen Eis fotografieren wollen.

M2 *Inuit vor ihrem Haus*

Wettlauf zum Nordpol

Die Eroberung des Nordpols

Seit mehr als einhundert Jahren erkunden Forscher die Gebiete des ewigen Eises in der Arktis und Antarktis. Einer von ihnen war der Amerikaner Robert E. Peary. Er wollte den Nordpol erreichen. Von der kleinen Siedlung Etah an der Nordwestküste Grönlands fuhr er an Bord der „Roosevelt" mit mehreren Inuit-Familien und 246 Schlittenhunden nach Kap Columbia. Dann zog er mit sechs Begleitern, fünf Schlitten und 38 Hunden weiter nach Norden. Nach 28 Tagesmärschen erreichte die Gruppe den Nordpol. Zurück in Etah berichteten Inuit, dass der Amerikaner Frederick A. Cook bereits ein Jahr vor Peary am Nordpol gewesen sein sollte. Aber das wurde nie bewiesen.

Mehr als einmal bin ich von den großen Eisgefilden zurückgekommen, zerschlagen und verbraucht. Aber es vergingen immer nur wenige Monate, bis das alte Gefühl über mich kam. Ich sehnte mich nach der großen, weiten Eiswüste, den Kämpfen mit dem Eis und dem Sturm, der Handvoll von seltsamen aber treuen Inuit, dem Schweigen und der Unermesslichkeit des Nordens. Zuletzt wurde mein jahrelanger Traum Wirklichkeit.

M5 Aus Pearys Aufzeichnungen

M3 Peary überquert Eisbarrieren auf dem Weg zum Nordpol (1908)

Aufgaben

4 Verfolge den Weg des Amerikaners Peary in M4. Ermittle die ungefähre Entfernung von Kap Columbia zum Nordpol.

5 Schreibe einen „freien Text" zum Thema: „Im Schneesturm am Nordpol verirrt."

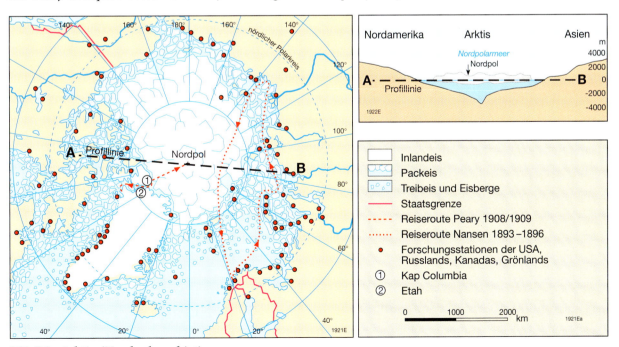

M4 Die Arktis (Nordpolargebiet)

Die Antarktis

Gruppenarbeit

Ihr könnt die Themen 1 – 3 und die Aufgaben hierzu auch in Gruppen bearbeiten. Jede Gruppe stellt der ganzen Klasse dann ihre Ergebnisse vor.

M1 *In der Antarktis*

Aufgaben

1 Erstellt einen geographischen Steckbrief zur Antarktis: Lage, Größe, Gebirge, Meere, Nachbarkontinente (Atlas, Karte: Südpolargebiet).

2 Der Antarktisvertrag soll die Antarktis schützen (M2).
a) Nennt zwei Abkommen zum Schutz der Tierwelt.
b) Was steht im Zusatzabkommen zum Antarktisvertrag von 1991?

Thema 1: Der Streit um die Antarktis

Sieben Staaten haben in der ersten Hälfte des letzten Jahrhunderts Ansprüche auf weite Teile der Antarktis erhoben. Mit dem Antarktisvertrag wurde auf diese Forderungen vorläufig verzichtet. Doch ist diese Entscheidung endgültig? 1998 ist das (1991 beschlossene) Abkommen in Kraft getreten, den Bergbau auf dem siebenten Kontinent bis zum Jahr 2041 zu verbieten.

Antarktisvertrag
(Unterzeichnung am 1. Dezember 1959 in Washington D. C. seit 23. Juni 1961 in Kraft)

Unterzeichnerstaaten:
*Argentinien, Australien, Chile, Frankreich, Großbritannien, Neuseeland, Norwegen (Staaten mit Gebietsansprüchen in der Antarktis). Belgien, Japan, Republik Südafrika, Sowjetunion (heute Russland), USA.
Dem Vertrag beigetreten: Brasilien, Deutschland, China, Indien, Italien, Polen, Uruguay. Hinzu kommen 18 Beobachter.*

Vertragsbestimmungen:
*Gebietsansprüche werden „eingefroren". Eine friedliche Forschung ist möglich.
Die Antarktis bleibt frei von Waffen (Atomversuche und Atommüll-Lagerung verboten).*

Abkommen/Aktivitäten:
Abkommen zur Bewahrung der Tier- und Pflanzenwelt durch Schutzzonen und Artenschutz (1964), Robbenschutzabkommen (1978), Übereinkunft zum Schutz der Lebewesen im Meer: Fischfangquoten, Walfang (1982), erstes Abkommen über die Ausbeutung von Bodenschätzen in der Antarktis (CRAMRA-Abkommen) (1988). Zusatzabkommen zum Antarktisvertrag: Beschluss der Vertragsstaaten, bis zum Jahre 2041 keinen Rohstoffabbau vorzunehmen (1991), Walfangabkommen: Schutzzone für Wale im antarktischen Meer und Südpazifik (1994).

M2 *Der Antarktisvertrag*

Leben und Wirtschaften in der kalten Zone

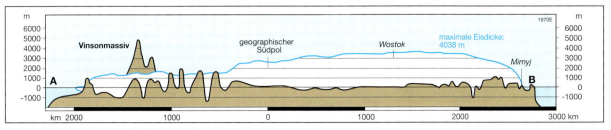

M3 *Querschnitt durch die Antarktis*

Info

Bohren und Sprengen in Eis und Kälte

Bevor die antarktischen Bodenschätze gehoben werden können, braucht man Informationen über die Abbaumengen, Abbautiefen, den Erzgehalt und die Flözstärken. Zu den bergbaulichen Voruntersuchungen gehören Bohrungen und Sprengungen im Eis. Sie ermöglichen den Geologen einen Blick unter die Kilometer dicke Eisdecke hinab in die Erdkruste. Obwohl das Eis ein fester Körper zu sein scheint, sind die Gletscher in Bewegung. Daher werden Bohrschächte und Gestänge vom zäh fließenden Eis zerdrückt und verschoben.

Thema 2: Antarktische Bodenschätze – Vermutungen und Kenntnisse

In der Antarktis werden etwa 900 Lagerstätten von Bodenschätzen vermutet.

Auf die eisfreien Küstengebiete, die nur einen ganz geringen Teil des Gesamtgebietes ausmachen, entfallen dabei nur 20 Lagerstätten. Die wenigsten dieser Vorkommen sind jedoch so groß, dass sich zur Zeit ein Abbau lohnt.

Zu den ergiebigsten Lagerstätten zählen die Eisenerze in den Prince Charles Mountains und die Kohle im Transantarktischen Gebirge. Doch hohe Erschließungs- und Transportkosten machen den Abbau unwirtschaftlich.

Aufgaben

3 Welche Bodenschätze gibt es in der Antarktis (M4)?

4 Beschreibt den Querschnitt durch die Antarktis (M3).

5 Nenne Probleme, die ein Abbau der Bodenschätze mit sich bringen würde.

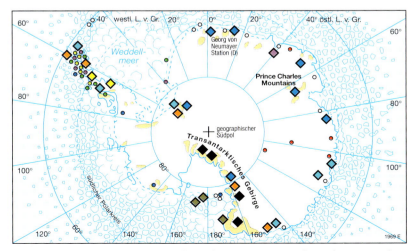

M4 *Forschungsstationen und nachgewiesene Bodenschätze in der Antarktis*

Seeleopard *Weddellrobbe* *Schwertwal* *Pinguine*

M1 *Tiere der Antarktis*

M2 *Krill*

Thema 3: Krill – Lebensgrundlage der antarktischen Tierwelt

Zwischen dem 50. und 60. Grad südlicher Breite mischt sich das kalte, sauerstoffreiche Wasser des Südpolarmeeres mit den wärmeren, nährstoffreichen Wassermassen der polwärts strömenden Weltmeere. Sauerstoff und Nährstoffe bilden zusammen den idealen „Nährboden" für mikroskopisch kleine Lebewesen, das Plankton. Plankton und Algen ernähren den **Krill**. Das sind etwa sechs bis acht Zentimeter kleine Krebse. Der Krill ist die Hauptnahrung der Wale. Plankton, Krill und Wal bilden eine kurze, geschlossene **Nahrungskette**.

Jedes „Abfischen" von Krillbeständen durch den Menschen wirkt sich zwangsläufig auf die gesamte antarktische Tierwelt negativ aus, denn auch Robben, Fische, Pinguine und andere Vögel leben vom Krill.

Der antarktische Kontinent und die ihn umgebenden Meere bilden einen zerbrechlichen, unvergleichlichen Lebensraum. Einmalige Tier- und Pflanzenarten gedeihen in einer Welt aus Fels, Eis, Wasser und Wind.
Wegen der Kälte laufen alle Vorgänge unvorstellbar langsam ab. Ein Fußtritt hinterlässt seine Spur für zehn, vielleicht zwanzig Jahre in einem Moospolster. Eine weggeworfene Bananenschale benötigt sogar 100 Jahre bis zum völligen biologischen Abbau.

(nach Greenpeace-Info: Antarktis – das bedrohte Paradies.)

M3 *Leben in Zeitlupe*

Aufgaben

1 Erläutert die Klima- und Lebensbedingungen in der Antarktis. Schreibt einen kurzen Text.

2 Begründet, warum das Leben in der Antarktis „in Zeitlupe" verläuft.

Wettlauf zum Südpol

Wettlauf in der Antarktis

Die Eroberung des Südpols wurde zu einem dramatischen „Wettlauf" zwischen dem Engländer Robert F. Scott und dem Norweger Ronald Amundsen.

Während Amundsen für seine Reise Hundeschlitten aus Grönland wählte, vertraute Scott der Technik. Er verließ sich auf speziell für die Fahrt gebauten Motorschlitten und auf Island-Ponys. Die Motoren der Schlitten versagten jedoch in der Kälte. Auch die Ponys kamen nicht voran. Scott und seine Begleiter mussten die Ausrüstung und die Vorräte selber ziehen.

Sie erreichten den Südpol erst 35 Tage nach Amundsen. Auf dem Rückweg starben Scott und seine drei Begleiter an Entkräftung – 18 km vom rettenden Vorratslager entfernt.

Donnerstag, 18. Januar 1912: Lager 68, Höhe 2970 Meter. Das Furchtbare ist eingetreten. Ein natürliches Schneegebilde war das nicht, sondern eine schwarze, an einem Schlittenständer befestigte Fahne. In der Nähe ein verlassener Lagerplatz, Schlittengleise, Spuren von Schneeschuhen und deutlich erkennbare Hundespuren. Die Norweger sind uns zuvorgekommen. – Amundsen ist der Erste am Pol!

M6 Auszug aus Scotts Tagebuch

M4 Scott und seine Begleiter auf dem Weg zum Südpol

Aufgaben

3 Scott brach am 1.11.1911 vom ersten Lager im Südpolargebiet zum Südpol auf und erreichte sein rund 1300 km entferntes Ziel am 1.12.1912.
a) Wie viele Tage war er unterwegs?
b) Berechne, welche Strecke er im Durchschnitt täglich zurücklegte.
c) Warum wählte er für seinen Aufbruch den Monat November?

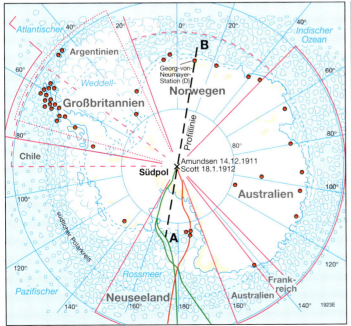

M5 Die Antarktis (Südpolargebiet)

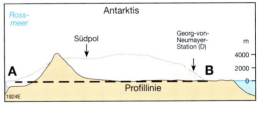

Gewusst wie

Andere informieren

Ein Referat halten

Mit einem Referat (Vortrag) kann man andere Schülerinnen und Schüler über spezielle Sachverhalte informieren. Dabei gibt es auch Themen, die in andere Fächer übergreifen, wie beim Thema „Kälte setzt Grenzen – Leben in der Kälte".

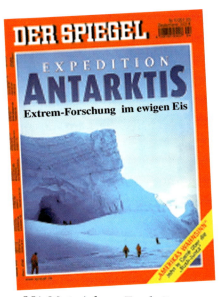

- Umweltprobleme in der Antarktis (GA)
- Pflanzen und Tiere in der Tundra (PA)
- Eisberge (PA)
- Die Inuit: Geschichte, Sprache, Rechte (PA)
- Wem „gehört" die Antarktis? (EA)
- Wölfe: Lebensweise und Verbreitung (EA)
- Alaska: Steckbrief und Geschichte (PA)
- Das Leben von Inuit-Kindern früher und heute (PA)
- Buchvorstellung: „Jean C. George: Julie von den Wölfen"(EA)

M1 *Material zur Erarbeitung des Referats*

M2 *Referatthemen. Wegen des Umfangs wurden manche als Einzelarbeit (EA), Partnerarbeit (PA) oder Gruppenarbeit (GA) bestimmt.*

So hältst du ein Referat

Bevor du ein Referat hältst, musst du dich intensiv mit dem Thema auseinander setzen und zur Expertin oder zum Experten darüber werden. Dazu kannst du so vorgehen:

1. **Materialbeschaffung und -auswertung**
   1. Beschaffe dir Informationen aus der Bücherei, aus Lexika, Fachzeitschriften oder dem Internet.
   2. Sichte das Material. Sortiere es nach Themen. Ungeeignetes lege an die Seite. Hebe Fotos oder Schaubilder als Anschauungsmaterial während deines Referats auf.

2. **Ausarbeitung des Referatthemas – Hauptarbeit**
   1. Verschaffe dir auf der Materialgrundlage einen Überblick über die verschiedenen Unterpunkte deines Themas. Schreibe sie auf ein großes Blatt.

---

www.awi-bremerhaven.de
(Alfred-Wegener-Institut für Polarforschung)

www.antarktica.de (Bilder)

www.titanic.de/eisberg.html

M3 *Anschauungsmaterial: Eisberge*

Gewusst wie

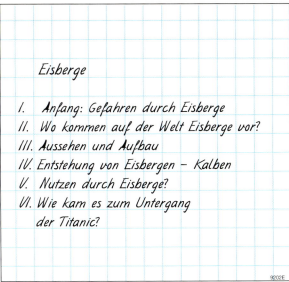

M4 Vortragsgliederung (auch als Tafelanschrieb möglich)

M6 Beim Vortrag

Methode

2. Gliedere jetzt dein Thema und bringe die zusammengehörenden Sachverhalte und Unterthemen in eine sinnvolle Reihenfolge (siehe M4).
3. Arbeite das Referat aus. Plane je nach der Länge des Vortrags drei bis fünf Skizzen bzw. Schaubilder ein. Übertrage diese für deinen Vortrag auf eine Folie oder ein Arbeitsblatt. Lege Stichwortzettel an, auf denen du wichtige Passagen deines Vortrags in kurzen Sätzen oder Stichpunkten notierst. Überlege dir einen interessanten Anfang.

3. Vorbereitung des Vortrags
1. Halte ein Testreferat. Beachte, dass in der Probe die Zeit meist kürzer ausfällt als im späteren Referat.
2. Versetze dich in die Situation vor der Klasse. Stelle frühzeitig dein Anschauungsmaterial bereit (einschließlich Overheadprojektor). Schreibe das Thema, die Grobgliederung und Fremdwörter an die Tafel.
3. Überprüfe die Stichwortzettel. Markiere darauf die Stellen, an denen du Anschauungsmaterial einsetzen willst.
4. Achte bei der Länge des Referates darauf, dass anschließend Zeit zum Fragen und Mitschreiben ist. Fasse eventuell deine Hauptaussagen am Schluss noch einmal zusammen.

Fünf Tipps für einen guten Vortrag

1. Überprüfe kurz vor Beginn, ob alle benötigten Materialien vorhanden sind und an der passenden Stelle bereitliegen.
2. Trage möglichst frei vor. Sprich deutlich und deinem Publikum zugewandt. Sieh nur selten auf deinen Stichwortzettel.
3. Lampenfieber hat jeder. Signalisiere durch eine aufrechte und dennoch lockere Körperhaltung, dass du etwas zu sagen hast.
4. Gib deinen Mitschülerinnen und Mitschülern Gelegenheit den Aufbau deines Referates nachzuvollziehen. Stelle zum Beispiel deine Gliederung vor und verweise während des Vortrags auf die Punkte.
5. Füge einige anschauliche Beispiele und Materialien zur Verdeutlichung und Einprägung ein.

M5 Vortragtipps

Das Thema meines Referates lautet …

Es besteht aus folgenden Punkten …

Zu Beginn möchte ich …

Schlagzeile in der Frankf. Rundschau vom 25.3.04:
„Eisberg von der 3-fachen Größe Mallorcas abgebrochen"

M7 Notizzettel für den Anfang

Leben und Wirtschaften in der feucht-heißen Zone

Naturraum tropischer Regenwald   92

Dichte Wälder auf armen Böden   94

Landwirtschaft in den feuchten Tropen   96

Nutzung und Zerstörung   100

Weltweite Verbreitung   102

M1 Der tropische Regenwald am Amazonas
Der Amazonas ist der wasserreichste Strom der Erde. Er führt mehr Wasser als der Missippi und der Jangtsekiang zusammengenommen. Auf Grund des geringen Gefälles bilden der Amazonas und seine Nebenflüsse zahllose Flussschlingen, so genannte Mäander.

Naturraum tropischer Regenwald

M1 *Lage des tropischen Regenwaldes in Afrika*

Aufgaben

1 Beschreibe M4. Notiere Unterschiede zwischen dem tropischen Regenwald und unseren Wäldern.

2 Zeichne ein Bild des tropischen Regenwaldes mit seinem Stockwerkbau in dein Heft.

3 Informiert euch in Lexika und Sachbüchern über Tiere und Pflanzen des tropischen Regenwaldes und stellt sie der Klasse vor.

Im tropischen Regenwald

Rainer Albrecht arbeitet seit zwei Jahren als Entwicklungshelfer im tropischen Regenwald in der Demokratischen Republik Kongo. Heute holt er seinen Freund Peter aus Deutschland vom Flughafen in Kisangani ab. Gemeinsam fahren sie dann mit einem Boot den Kongo stromabwärts. Rainer berichtet:

„Am Ufer ist dichter Regenwald zu sehen. Ein Wirrwarr von Schlingpflanzen (Lianen) spannt sich von Baum zu Baum. Moose hängen herab, meterhohe Farne und Sträucher stehen zwischen den Bäumen. Auf verschiedenen Bäumen wachsen Blumen oder andere Pflanzen. Diese nennt man **Aufsitzerpflanzen**. Auch die Orchideen zählen dazu.

Das dichte Blätterdach der Bäume lässt wenig Licht zum Boden durch. Deshalb können im unteren Bereich nur Schatten liebende Pflanzen gedeihen. Einige „Urwaldriesen" überragen die zusammenhängenden Baumkronen. Diese Bäume besitzen viele Meter hohe Brettwurzeln (M4). Sie sorgen dafür, dass die riesigen Bäume standfest sind. Kraut- und Strauchschicht, verschiedene Baumschichten und die Urwaldriesen bilden einen **Stockwerkbau**.

Hier in der Nähe des Äquators gibt es keine Jahreszeiten. Das ganze Jahr über ist es warm, im monatlichen Durchschnitt ca. 25 °C.

Gegen Mittag wird es unerträglich schwül. Die Sonne brennt senkrecht herab, sie steht im Zenit (siehe S. 12, M1). Es ist fast nicht auszuhalten. Hemd und Hose kleben am schweißnassen Körper. Man fühlt sich wie in einer Sauna.

Gegen Mittag ballen sich Wolken zusammen, ein Gewitter zieht auf. Bald schon blitzt es und gießt in Strömen. Nach dem Regen ist es etwas kühler geworden. Gewitter gibt es hier am Nachmittag fast täglich."

Merke
Der tropische Regenwald ist ein immergrüner Wald in den Tropen. Der Pflanzenwuchs ist üppig. Ein besonderes Kennzeichen des tropischen Regenwaldes ist der Stockwerkbau der Pflanzen.

Grundbegriffe
- Aufsitzerpflanzen
- Stockwerkbau

M2 *Medikamente aus ihrem Gift retten bei uns Leben*

M3 *Eine von 2500 Orchideenarten im tropischen Regenwald*

Leben und Wirtschaften in der feucht-heißen Zone

M4 *Stockwerkbau im tropischen Regenwald*

Dichte Wälder auf armen Böden

Aufgaben

1 Beschreibe den Nährstoffkreislauf in den tropischen Regenwäldern (M1).

2 Der tropische Regenwald lebt nicht „von dem Boden", sondern „auf dem Boden". Begründe diesen Satz.

3 Stelle die Lebensgemeinschaft der Wurzelpilze mit ihren Bäumen zeichnerisch dar. Überlege Folgen, die durch Rodung der Wälder entstehen könnten.

4 Erkläre die Begriffe Tages- und Jahreszeitenklima.

Dichte Wälder auf armen Böden

Viele Jahre glaubte man, dass der üppige Pflanzenwuchs der tropischen Regenwälder ein Zeichen für besonders fruchtbare Böden sei. Heute weiß man jedoch, dass der Wald auf extrem nährstoffarmen Böden steht. Er lebt vor allem von den abgestorbenen Pflanzenresten, die in dem feucht-heißen Klima schnell vermodern. Tote Blätter, Äste oder umgestürzte Bäume werden von einem Heer von Kleinlebewesen, zum Beispiel Käfern, Ameisen und Würmern, zerkleinert. Winzige Pilze und andere Kleinstlebewesen zersetzen dann die Reste zu Humus. Die dabei entstehenden Nährstoffe gelangen mit dem Regen in den Boden und werden von den Wurzeln der Pflanzen aufgenommen, bevor sie in tiefere Bodenschichten gespült werden.

Im tropischen Regenwald sind die Nährstoffe aus einem toten Ast oder einem herabgefallenen Blatt schon nach etwa 15 Tagen wieder in die Bäume zurückgewandert, bei uns dauert es dagegen oft mehrere Jahre. Weil die Pflanzen den größten Teil ihrer Nahrung aus dem abgestorbenen Material aufnehmen, spricht man von einem schnellen **Nährstoffkreislauf**. Auch der Regen trägt zur Düngung des Waldes bei. Weil die Bäume nur ein sehr flaches Wurzelwerk ausbilden, haben sie Brettwurzeln entwickelt, die die mächtigen Stämme stützen. Pilze, die an den Wurzeln der Bäume leben, sammeln für den Baum Nährstoffe aus den Boden.

M1 *Stockwerkbau und Nährstoffkreislauf im tropischen Regenwald. 80 Prozent der Nährstoffe werden an die Bäume zurückgegeben, 20 Prozent gehen im Boden verloren.*

Leben und Wirtschaften in der feucht-heißen Zone

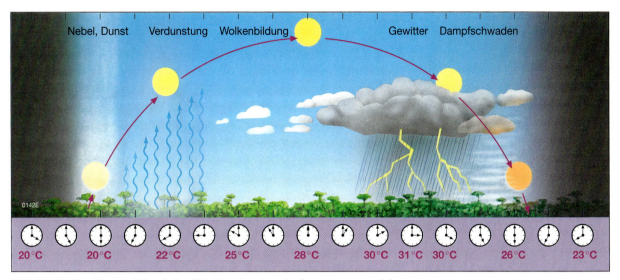

M2 *Typischer Tagesablauf des Wetters im tropischen Regenwald*

M3 *Tageslänge im tropischen Regenwald und Tageslängen in Deutschland*

„Gegen Mittag ist es für Mitteleuropäer unerträglich heiß geworden. Wie fast jeden Tag bilden sich Wolken. Am Nachmittag entladen sich daraus Gewitter mit sintflutartigem Regen, der auf das Blätterdach prasselt und den Boden durchweicht. Der Wald beginnt zu dampfen. In der schwülen Luft fällt das Atmen schwer. Der Schweiß strömt."

M4 *Aus einem Reisebericht*

Das Klima der tropischen Regenwälder

Das Klima der tropischen Regenwälder bietet für die Pflanzen hervorragende Lebensbedingungen. Die Niederschläge in der tropischen Zone sind an den Sonnenstand gebunden. Wenn die Sonne in den Morgenstunden schnell aufsteigt, nehmen Erwärmung und Verdunstung zu.

Gegen Mittag erreicht die Sonne ihren Höchststand. In dieser Zeit ist die Verdunstung besonders hoch, sodass sich Wolkenberge bilden und Gewitter mit hunderten von Blitzen entstehen können. In den tropischen Regenwäldern gibt es weder kalte noch warme Jahreszeiten. Hier herrscht das **Tageszeitenklima**, bei dem die Temperaturunterschiede zwischen Tag und Nacht größer sind als die Temperaturschwankungen zwischen den einzelnen Monaten des Jahres.

Merke
Damit sich tropischer Regenwald entwickeln kann, müssen die Temperaturen und die Niederschläge das ganze Jahr über hoch sein (zwischen 23 °C und 28 °C sowie über 1500 mm im Jahr). Das Klima ist viel stärker durch Tagesschwankungen der Temperatur geprägt als durch jahreszeitliche Schwankungen.

Grundbegriffe
- Nährstoffkreislauf
- Tageszeitenklima

Landwirtschaft in den feuchten Tropen

Brandrodung und Wanderfeldbau

Viele Jahre lebten die Ackerbauern des tropischen Regenwaldes in Afrika im Einklang mit der Natur. Sie schlugen mit Hacken und Haumessern kleine Lichtungen in den Wald und verbrannten das Holz auf den gerodeten Flächen.

Bis heute hat sich an der Erschließung des Regenwaldes durch **Brandrodung** wenig geändert. Die Hackbauern wissen, dass die Asche des verbrannten Waldes ihre Felder für eine kurze Zeit düngt. Darum muss die Aussaat von Mais und Hirse möglichst schnell nach der Rodung beginnen.

Die Bearbeitung der Felder wird vor allem von Frauen geleistet. Nach der ersten Ernte pflanzen sie Knollenfrüchte wie Maniok oder Süßkartoffeln. Die Knollen werden gekocht, gebraten oder zu einem Mehl verarbeitet. Zwischen die verkohlten Baumreste pflanzen die Bauern Stecklinge von Bananenstauden. Im zweiten Jahr wird ein Teil des Manioks geerntet, der Rest bleibt mit den Bananen bis zum dritten Jahr auf dem Feld.

Die Bauern wissen aus Erfahrung, dass man höchstens vier Jahre auf den Feldern lohnende Erträge erwarten kann. Dann ist der nährstoffarme Boden ausgelaugt.

Die Familien müssen weiterziehen und neue Anbauflächen in den Wald brennen. Nach etwa 20 Jahren hat sich auf den verlassenen Feldern ein lichter **Sekundärwald** gebildet. Erst nach mehr als 100 Jahren hat aber der typische Regenwald diese Wunde wieder völlig geschlossen. Diese Art des **Wanderfeldbaus** mit langen Ruhe- oder Brachzeiten, in denen der nachwachsende Wald nicht gestört wird und der Boden sich erholen kann, ist eine dem Regenwald angepasste Wirtschaftsform.

M1 *Brandrodungsfeld*

Aufgaben

1 Begründe, warum der Wanderfeldbau eine dem Regenwald angepasste Wirtschaftsform ist.

2 Notiere die Länder der Erde, in denen tropische Regenwälder wachsen. Ordne sie nach Kontinenten (Atlas).

Rinderweide statt Regenwald ← **Großflächige Rodung** ← **Unberührter Regenwald**

Leben und Wirtschaften in der feucht-heißen Zone

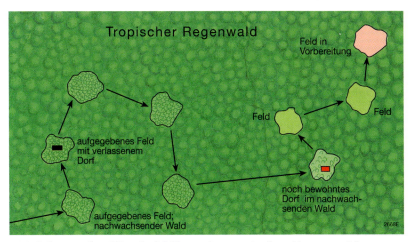

M2 *Schema des Wanderfeldbaus im tropischen Regenwald*

> **Merke**
> Der Wanderfeldbau ist die ursprüngliche Anbauform im tropischen Regenwald. Auf einer kleinen Fläche wird der Wald mithilfe der Brandrodung entfernt und für den Feldbau genutzt. Sind die Nährstoffe aufgebraucht, wird das Feld aufgegeben. Man wandert weiter und rodet eine neue Stelle im Wald.
>
> **Grundbegriffe**
> - Brandrodung
> - Wanderfeldbau
> - Sekundärwald

Menschen kommen, Wälder gehen

Als die Bevölkerung wuchs und immer mehr Menschen auf der Suche nach Nahrung und Anbauflächen in den Regenwald eindrangen, begann das Sterben der Wälder. Viele Familien kehrten zu schnell auf die einmal bewirtschafteten Flächen zurück. Weil aber die Busch- und Grasvegetation zu wenig düngende Asche lieferte, blieben die Ernten gering. Auf den ungeschützten Böden setzte die Abtragung des Bodens, die Erosion, ein. Viele Böden sind inzwischen so stark zerstört, dass sich auf ihnen nie wieder ein tropischer Regenwald bilden wird.

Nicht nur die Kleinbauern, auch Großunternehmer tragen zur Zerstörung der Regenwälder bei: Vor allem in Südamerika wird der Wald niedergebrannt um große Viehweiden anzulegen. Das Fleisch der Rinder, die hier gezüchtet werden, wird auch bei uns verkauft.

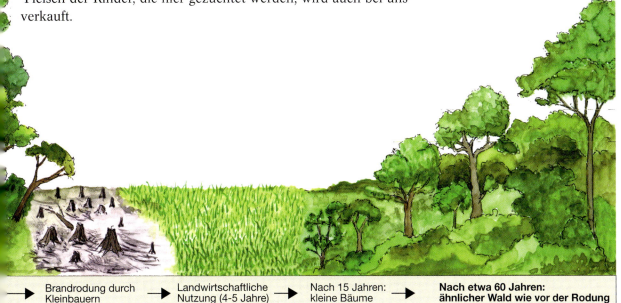

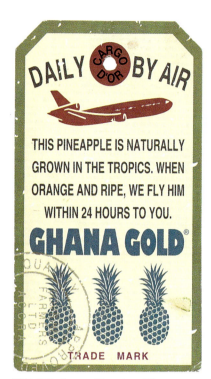

M1 *Werbung für eine Plantagenfrucht*

Aufgaben

1 a) Notiere die Kennzeichen einer Plantage.
b) Auch Plantagen sind umstritten. Schreibe Argumente auf, die für und gegen die Anlage von Plantagen sprechen.

2 a) Erkläre, was Monokultur ist.
b) Welche Vor- und Nachteile haben Monokulturen?

Merke
Auf ehemaligen Flächen des tropischen Regenwaldes sind landwirtschaftliche Großbetriebe, so genannte Plantagen, errichtet worden. Die Anbaufrüchte werden häufig für den Weltmarkt produziert.

Grundbegriff
• Plantage

Plantagen – landwirtschaftliche Großbetriebe

Der tropische Regenwald ist nicht nur durch den Wanderfeldbau erschlossen worden. Europäer rodeten seit dem 18. Jahrhundert riesige Waldflächen und legten Großbetriebe (3000 bis 12000 Hektar) an.

Diese **Plantagen** gehören oft internationalen Firmen, die die Kosten für die Erschließung aufbringen können. Zu einer Plantage gehören Siedlungen sowie Aufbereitungs- oder Verarbeitungsanlagen. Es müssen Straßenanschlüsse und oft auch Eisenbahnanschlüsse gebaut werden.

Die Bezahlung der Arbeiter und die Pflege der Plantage kosten ebenfalls Geld. Dennoch lohnt sich der Aufwand, denn die Produkte der Plantagen werden in aller Welt verkauft: Kakao, Palmöl, Kaffee, Kautschuk, Ananas, Bananen und andere Früchte. Diese Anbaupflanzen können viele Jahre genutzt werden. Dadurch wird der Nährstoffkreislauf nicht völlig unterbrochen wie bei den Einjahrespflanzen (z.B. Mais).

Allerdings sind Plantagen immer auf eine Anbaufrucht spezialisiert. Auf riesigen Flächen wird immer derselbe Baum oder Strauch gepflanzt.

Diese Monokulturen sind besonders anfällig für Krankheiten und Schädlinge. Deshalb werden oftmals Pflanzenschutzmittel gespritzt (M2). Die Gifte gelangen in Böden, Flüsse und in das Grundwasser und stellen so eine Gefahr für die Umwelt dar. Durch die Plantagen ist der Regenwald an vielen Stellen vernichtet worden.

M2 *Kakaoplantage – Schädlingsbekämpfung*

Kleine Pflanzenkunde tropischer Nutzpflanzen

Kaffee

Die Kaffeepflanze stammt aus Äthiopien. Es gibt Kaffeebäume und -sträucher. Die Kaffeekirschen enthalten entweder einen rundlichen oder zwei bohnenförmige Samen. Nach der Ernte werden die Schalen entfernt. Man erhält die Kaffeebohnen. Diese werden in den Verbraucherländern geröstet. Dabei entwickeln sie ihr Aroma.

Kautschuk

Kautschuk wird aus der Rinde eines Baumes gewonnen, der zu den Gummi- und Harzpflanzen gehört. Er wird bis zu 30 m hoch und stammt aus den Regenwäldern am Amazonas in Südamerika. Um den Milchsaft (Latex) zu gewinnen wird die Rinde der Bäume eingeschnitten. Der Saft tröpfelt in einen Becher, der am Baum angebracht ist.

Ölpalme

Die Ölpalme ist ein wichtiger Fettlieferant. Sie wird 20 bis 30 m hoch. Jede Palme bringt jedes Jahr etwa fünf bis zehn Fruchtstände (siehe Abbildung) hervor, von denen jeder bis zu 50 kg schwer werden kann. Das Öl wird aus dem Fruchtfleisch gewonnen. Dies geschieht auf den Plantagen.

Ananas

Die Ananas kommt vermutlich ursprünglich aus Mittelamerika. Aus den ährenartigen Blüten entwickeln sich sechs Monate später die reifen Früchte. Im nächsten Jahr blüht dann ein Seitentrieb und so setzt sich das Jahr für Jahr fort. Allerdings werden die Früchte immer kleiner. Deshalb setzt man schon nach drei Jahren neue Pflanzen.

Nutzung und Zerstörung

M1 *Brettwurzel*

M2 *Abtransport des Holzes*

Tropenhölzer sind wertvoll

Der tropische Regenwald liefert einen begehrten Rohstoff: die Tropenhölzer. Limba, Mahagoni, Ebenholz, Teak, Palisander und viele andere Hölzer werden zum Beispiel zu Türen, Fenstern und Möbeln verarbeitet. Sie haben eine gleichmäßige Maserung, sind sehr hart und besonders wetterbeständig.

Naturschützer beklagen, dass die Holzindustrie die tropischen Regenwälder ausplündert, also Raubbau betreibt. Oft sind es Großunternehmen aus den USA, Japan und Europa, die die wertvollen Bäume im Regenwald fällen.

Die Holzgewinnung im tropischen Regenwald muss in besonderer Weise erfolgen. Auf einem Hektar Wald wachsen oft nur zehn Edelhölzer.

Ein Holzfäller berichtet: „Wir fliegen über die Waldflächen und suchen sie nach den wertvollen Bäumen ab. Dann beginnt die Arbeit für die Fußtrupps: Sie markieren die Bäume und schlagen Schneisen für den Abtransport in den Wald. Später fällen wir die gekennzeichneten Bäume."

Einige Holzhändler sind der Meinung, dass diese Nutzung dem tropischen Regenwald nicht schadet, weil immer nur einzelne Bäume gefällt werden.

Das sehen Naturschützer anders: Zum Fällen sind schwere Maschinen notwendig, die Pflanzen und Boden zerstören. Im Umkreis eines geschlagenen Baumes wird die Hälfte der Bäume und Sträucher abgeknickt oder niedergewalzt. Raupenfahrzeuge hinterlassen Zufahrtsschneisen von mehreren Metern Breite.

Aufgaben

1 Schildere die Schwierigkeiten beim Fällen von Edelhölzern im tropischen Regenwald (M2, Text).

2 Wie unterscheidet sich die Holzgewinnung im tropischen Regenwald von der Holzgewinnung in unseren Wäldern?

3 Besuche ein Möbelgeschäft und notiere, welche Möbel aus tropischen Edelhölzern angeboten werden.

Leben und Wirtschaften in der feucht-heißen Zone

Die „grüne Lunge" der Erde stirbt

Die Abholzung der tropischen Regenwälder ist eine ernste Gefahr für die gesamte Erde. Mit dem Regenwald stirbt auch der Mensch.

Der geschlossene Nährstoffkreislauf des tropischen Regenwalds wird zerstört, wenn der Wald gerodet wird.

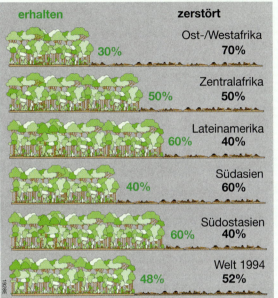

	erhalten	zerstört	
Ost-/Westafrika	30%	70%	
Zentralafrika	50%	50%	
Lateinamerika	60%	40%	
Südasien	40%	60%	
Südostasien	60%	40%	
Welt 1994	48%	52%	

Das Weltklima ist in Gefahr!

Der tropische Regenwald ist ein Wärmespeicher. Durch die Sonnenstrahlung verdunsten große Mengen Wasser. Dabei wird Wärme in die Atmosphäre transportiert. Dies wirkt sich sogar bis in die Polarzonen kältemildernd aus.

Der tropische Regenwald ist ein Kohlenstoffspeicher. Generell speichern Pflanzen den in der Luft vorhandenen Kohlenstoff. Allein der tropische Regenwald nimmt jährlich ein Viertel der Kohlenstoffmenge auf, die Industrie, Hausbrand und Verkehr in die Luft blasen. Wird Regenwald vernichtet, so bleibt mehr Kohlenstoff in der Luft. Der Kohlenstoff behindert aber den Abzug der Wärme in das Weltall. Mehr Kohlenstoff in der Luft hat also eine Erwärmung der Erde zur Folge. Man spricht von einem „künstlichen Treibhauseffekt". Die Auswirkungen für die Menschen können katastrophal sein: Die Gletscher und das Eis an den Polen schmelzen, der Meeresspiegel steigt, das Klima ändert sich weltweit.

M3 *Folgen der Zerstörung des tropischen Regenwaldes*

Weltweite Verbreitung

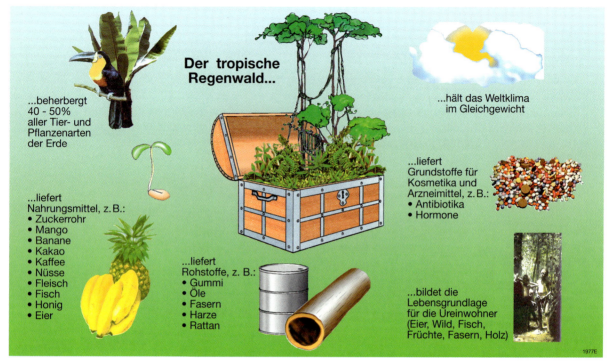

M1 *Bedeutung des tropischen Regenwaldes*

Aufgaben

1 Finde die Namen in M2 mithilfe von Atlaskarten (Kontinente – Landwirtschaft) heraus. In welchen Ländern liegen die Städte (Atlas, Karte: Erde – Staaten)?

2 Was sagt M3 aus? Beziehe M1 in deine Antwort ein.

Schatztruhe tropischer Regenwald

Die tropischen Regenwälder liegen beiderseits des Äquators. Sie bedecken große Flächen der Erde in der tropischen Klimazone.

Zum Wachstum brauchen sie ganzjährig hohe Niederschläge (mindestens 1 500 mm im Jahr) und Jahresdurchschnittstemperaturen zwischen 25 °C und 28 °C.

Die Regenwälder sind eine bedeutende „Schatztruhe" für die gesamte Erde. Deshalb müssen sie heute und in Zukunft geschützt werden.

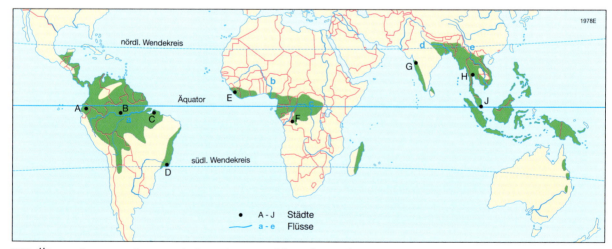

M2 *Übungskarte zu den tropischen Regenwäldern der Erde*

Leben und Wirtschaften in der feucht-heißen Zone

M3 *Karikatur von Horst Haitzinger*

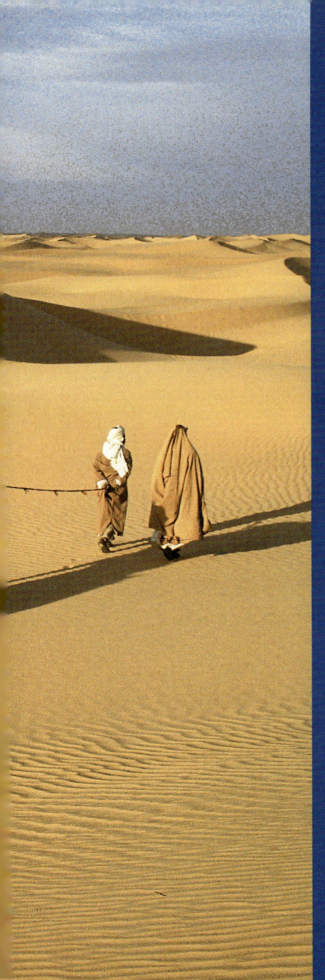

Leben und Wirtschaften in der trocken-heißen Zone

Die Wüste als Naturraum	106
Oasen	108
Der Nil – die Lebensader Ägyptens	110
Gewusst wie: Eine Umrisskarte zeichnen	111
Leben in der Wüste	112
Das Leben in der Wüste verändert sich	114

M1 Karawane in der zentralen Sahara
Nur wenige Großtiere sind in der Lage in der lebensfeindlichen Wüste zu überleben. Das Dromedar, das Kamel der Sahara und der arabischen Wüsten, hat die Fähigkeit lange ohne Feuchtigkeit auszukommen, da es sehr viel Wasser in seinem Körper speichern kann.

Die Wüste als Naturraum

M1 *Lage der Sahara*

Durst

„Die Sahara ist ein Meer ohne Wasser." Diesen Vergleich ziehen Reisende, die in der größten **Wüste** der Erde unterwegs sind. In der Glut der Sonne sind schon viele Menschen gestorben. Der französische Pilot und Schriftsteller Antoine de Saint-Exupéry ist 1935 mit einem Flugzeug in der Sahara abgestürzt. Er berichtet in seinem Buch „Wind, Sand und Sterne" (Hamburg 1964):

„Ich fühle keinen Hunger, nur Durst. Dabei habe ich so gut wie nichts gegessen, am ersten Tag einige Trauben, am zweiten und dritten Tag eine halbe Apfelsine und etwas Kuchen. Für mehr Nahrung hatten wir keinen Speichel. Der Durst aber ist allmächtig: die harte Kehle, die Zunge aus Gips, das Rasseln im Schlund und ein ekliger Geschmack im Mund. Einen Augenblick haben wir gerastet, nun geht es weiter. Die Landschaft verändert sich, die Steine werden seltener und wir gehen auf Sand. Zwei Kilometer vor uns beginnen die Dünen mit einigen Anzeichen kleinen Pflanzenwuchses. Ich bringe keinen Speichel mehr hervor. Die Sonne hat alles ausgetrocknet."

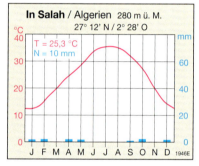

M2 *Klimadiagramm In Salah*

In Salah/Algerien, 280 m ü. NN												
Uhr-Zeit	8:00	10:00	12:00	14:00	16:00	18:00	20:00	22:00	24:00	2:00	4:00	6:00
Temperatur	12°C	18°C	21°C	27°C	26°C	20°C	14°C	8°C	5°C	1°C	-1°C	3°C

M3 *Tag- und Nachttemperaturen von In Salah am 18./19. Dezember 1997*

Aufgaben

1 Miss die Nord-Süd- und die West-Ost-Ausdehnung der Sahara (M4) und schreibe die Ergebnisse in dein Heft.

2 Ermittle die Namen in der Übungskarte (M4) mithilfe des Atlas (Karte: Nordafrika – physisch).

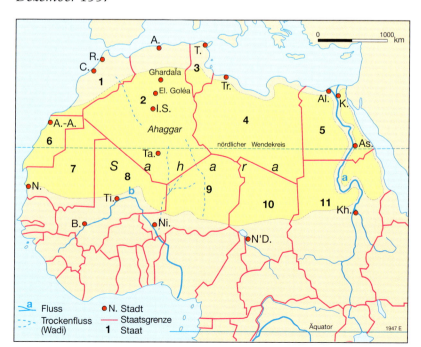

M4 *Übungskarte Sahara*

Leben und Wirtschaften in der trocken-heißen Zone

M5 *Wüstenarten und ihre Entstehung*

Die Wüste hat viele Gesichter

Die Sahara ist nicht ein einziges großes Sandmeer. Die **Sandwüste** bedeckt nur etwa 20 Prozent der Sahara. Winde lagern den Sand ständig um und schütten ihn zu Dünen auf.

Die weiten Flächen der **Kieswüsten** bestehen aus Geröll. Hier hat der Wind den feinen Sand ausgeblasen.

Besonders menschenfeindlich ist die **Felswüste**. Am Tag kann es bis zu 60 °C heiß werden. Nachts dagegen sinken die Temperaturen gelegentlich bis unter den Gefrierpunkt. Diese Temperaturunterschiede führen zu Spannungen im Gestein. Es kann auseinander brechen. Wenn ein Stein zerspringt, klingt das wie ein Pistolenschuss.

Von den Gebirgen am Rand der Wüste führen Täler in die Sahara. Es sind Trockentäler. Sie heißen **Wadis**. Nur nach den seltenen, aber heftigen Regengüssen füllen sie sich mit Wasser. Dann können sie zu einer Gefahr für die Reisenden werden.

An manchen Stellen tritt in der Wüste salzhaltiges Wasser an die Oberfläche. Es entstehen Salzseen, die man **Schotts** nennt. Häufig verdunstet das Wasser vollständig und es bleiben so genannte Salzpfannen zurück.

Aufgabe

3 a) Beschreibe die verschiedenen Wüstenarten in der Sahara.
b) Berichte über ihre Entstehung.
c) Über welche zwei Wüstenarten berichtet der französische Pilot?

Merke
Die extrem trockene Sahara liegt in Nordafrika. Ein Fünftel ihrer Fläche ist mit Sand bedeckt. Daneben treffen wir auf Kies- und Felswüsten.

Grundbegriffe
- Wüste
- Sandwüste
- Kieswüste
- Felswüste
- Wadi
- Schott

Oasen

Aufgaben

1 a) Erkläre die Entstehung einer Grundwasseroase in der Wüste (M3).
b) Wie gelangt das Wasser unter den Wüstenboden?

2 Mache folgenden Versuch im Schulsandkasten zu M3:
– Besorge dir ein Brett (etwa 1m lang, 30 cm breit).
– Lege es in den Sandkasten und bedecke es etwa 30cm hoch mit Sand.
– Unterlege das Brett auf der einen Seite mit einer ca. 10 cm hohen Unterlage (z.B. einer Dose), sodass es schräg liegt.
– Gieße nun oben an der hohen Seite des Brettes vorsichtig mit einer Gießkanne Wasser auf den Sand.
– Beobachte und vergleiche mit M3.

3 Erläutere, warum die Oasenbauern Stockwerk-Anbau betreiben (M1).

4 Die Dattelpalme ist eine Oasenpflanze, die vielseitig nutzbar ist. Erläutere (M5).

5 Beschreibe M4. Warum liegen die Häuser bereits in der Wüste?

Oasen – Inseln im Meer der Wüste

Wir starten früh am Morgen in Ghardaia. Unser Ziel ist die **Oase** El Golea, 300 Kilometer weiter südlich. Eine scheinbar endlose Sandlandschaft liegt vor uns. Am Mittag steht die Sonne hoch am Himmel und brennt erbarmungslos.

Am Nachmittag endlich taucht als grüne Insel im Sandmeer die Oase auf. „Nur wo Wasser ist, da ist auch Leben", erklärt unser Reiseführer. Mitten in der Wüste werden Obst, Gemüse und Getreide angebaut.

Die wichtigste Oasenpflanze ist die **Dattelpalme** (M5). Es gibt verschiedene Sorten. Die Oasenbauern bevorzugen die mehligeren Dattelsorten. Süß schmeckende Datteln werden tiefgefroren oder getrocknet und dann vor allem nach Europa exportiert.

Leben in der Oase

Die Oase ist von zahlreichen Bewässerungsgräben durchzogen. Von Hauptbewässerungskanälen zweigen zahlreiche Nebenkanäle ab, die durch Schieber geöffnet und geschlossen werden können. Ein Wasserwächter regelt und überwacht die Wasserverteilung. Im Schatten der Dattelpalmen wachsen Orangen-, Zitronen- und Pfirsichbäume. Darunter werden Melonen, Gurken und Tomaten angebaut.

Durch diesen Stockwerk-Anbau verdunstet weniger Wasser und der Boden wird nicht so schnell ausgetrocknet. Weil die Bewässerungsfläche sehr kostbar ist, stehen die weißen Häuser am Rand der Oase auf einer Anhöhe. Sie sind eng aneinander gebaut und besitzen wenige Fenster. Diese Bauweise schützt gegen die sengende Sonne.

M1 *Stockwerk-Anbau*

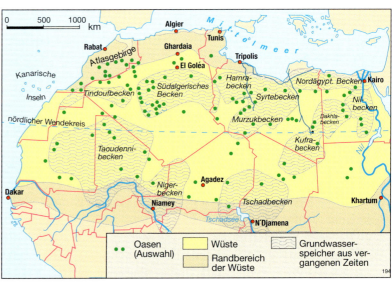

M2 *Grundwasserspeicher in der Sahara*

Leben und Wirtschaften in der trocken-heißen Zone

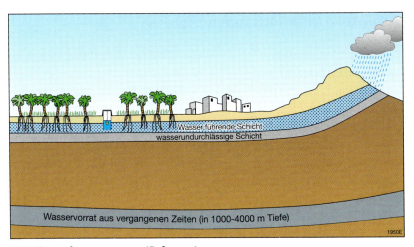

M3 *Grundwasseroase (Schema)*

Wie kommt das Wasser in die Wüste?

Das Wasser der Oasen kommt zum Teil aus dem Atlasgebirge am Nordrand der Sahara. Wenn es hier regnet, versickern die Niederschläge. Sie treffen auf eine wasserundurchlässige Schicht und fließen unterirdisch oft viele hundert Kilometer bis weit in die Sahara hinein.

Hier kann das Grundwasser dann nur wenige Meter unter der Erdoberfläche durch Brunnen angezapft werden. In einer solchen Grundwasseroase erreichen die Dattelpalmen mit ihren Wurzeln das Grundwasser.

Vor einigen Jahren wurden in einer Tiefe von 1000 bis 4000 Meter riesige Wasserbecken entdeckt. Dieses Wasser ist etwa 20 000 Jahre alt. Mithilfe von Motorpumpen wird es gefördert und zur Bewässerung in den Oasen genutzt.

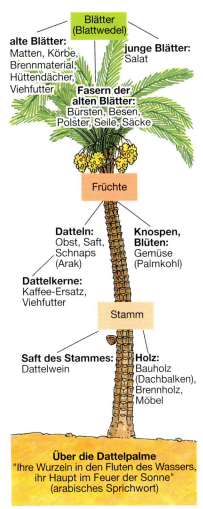

M5 *Nutzung der Dattelpalme*

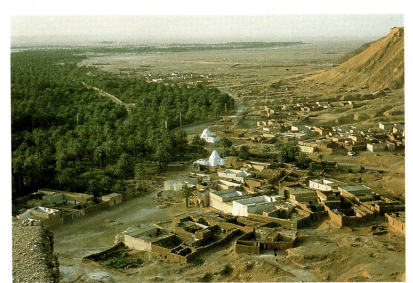

M4 *Die Grundwasseroase El Golea, Algerien*

Merke
Wegen des vorhandenen Wassers ist in den Oasen der Anbau von Getreide, Obst und Gemüse möglich. Zu den wichtigsten Pflanzen zählt die Dattelpalme.

Grundbegriffe
- Oase
- Dattelpalme

Der Nil – die Lebensader Ägyptens

Ägypten, eine Flussoase

Ägypten, so sagt man, sei ein „Geschenk des Nils". Ohne das Wasser des über 6000 km langen Flusses wäre ganz Ägypten eine öde, unfruchtbare Wüste. Die beiden Quellflüsse des Nils liegen in den feuchteren Gebieten Ostafrikas. Etwa 700 km nach dem Zusammenfluss der Quellflüsse gelangt der Nil in die Wüste. Er wird zu einem Fremdlingsfluss, dessen Wasser durch keine weiteren Zuflüsse vermehrt wird. An seiner Mündung bildet der Nil ein großes Delta aus mitgeführtem Schlamm und Sand, das weit ins Mittelmeer hineinragt.

In dem nur etwa 40 km breiten Flusstal leben über 60 Millionen Menschen von dem Wasser des Nils. Auf den Feldern sind bis zu drei Ernten pro Jahr möglich. Staudämme wie der Hochdamm bei Assuan gleichen die natürliche, unterschiedliche Wasserführung des Nils aus. Durch sie wird die Bewässerung zu allen Jahreszeiten ermöglicht (M2).

M1 *Bewässerung im Niltal*

M2 *Wasserstand des Nils bei Luxor vor und nach dem Bau des Hochdamms bei Assuan*

M3 *Satellitenbild der Flussoase des Nils und des Nildeltas*

Aufgaben

1 Erkläre die Begriffe Fremdlingsfluss und Flussoase (M3).

2 Informiert euch mithilfe von Lexika und Reiseführern über Ägypten und den Nil. Stellt den Fluss und die antiken Sehenswürdigkeiten mit Bildern, Zeichnungen und kurzen Texten dar.

Eine Umrisskarte zeichnen

Gewusst wie

Umrisse „aus der Hand"

Mithilfe einer Umrisskarte kannst du dir einen Überblick über einen Erdteil, ein Land oder eine Region verschaffen. Umrissskizzen sind so angelegt und vereinfacht, dass sie nur Wichtiges hervorheben und dem Betrachter eine ganz grobe Orientierung ermöglichen. Zusätzlich kann man Informationen zu ganz verschiedenen Themen eintragen.

Methode

So fertigst du eine Umrisskarte an:
Zeichne mit einem roten Stift zunächst den Umriss des Raumes. Dann skizzierst du mit einem braunen Stift ausgewählte Gebirge, mit einem blauen Stift große Flüsse, mit einem gelben oder grünen Stift Landschaften und zum Schluss zeichnest du als rote Punkte die Städte.
Verwende beim Zeichnen der Umrisse möglichst einfache Formen (z.B. gerade Linie, Dreieck, Kreis, Oval).
Du kannst deine Skizze auch nutzen um Ergebnisse zu bestimmten Themen aus dem Unterricht zu präsentieren, zum Beispiel, indem du den Lebensraum der Bantus (M4) oder die besiedelten Gebiete Ägyptens (M6) einträgst.

Aufgaben

3 Ermittle die Namen der Städte, Flüsse, Gebirge und Landschaften in M4 (Atlas).

4 Fertige selbst eine Umrisskarte Afrikas an. Trage zusätzlich die Verbreitung der Regenwälder und der Savannen ein (Atlas).

5 Erstelle mithilfe des Atlas eine doppelseitige Umrisskarte der ganzen Erde. Trage die weltweite Verbreitung der Regenwälder ein. Orientiere dich am Äquator.

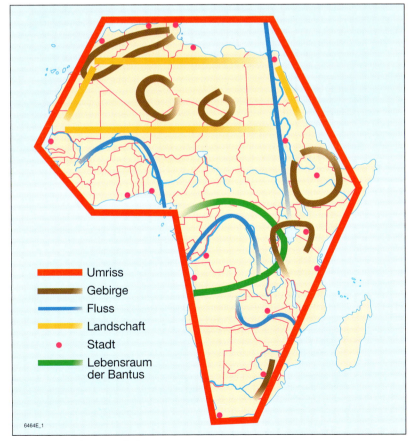

M4 *Umrisskarte Afrikas*

M5 *Umrisskarte Nigerias*

M6 *Umrisskarte Ägyptens*

111

Leben in der Wüste

M1 *Lage der Sahara*

Aufgabe

1 Nomaden ziehen mit ihren Herden ständig umher. Begründe (Info-Text).

Info

Nomaden am Südrand der Sahara

In den Gebieten am Südrand der Sahara fallen mehr Niederschläge als im Innern der Wüste. Hier im Süden wachsen Gras und einzelne Sträucher. Für den Ackerbau reichen die Niederschläge jedoch nicht aus. Pflanzen wie Mais und Hirse würden vertrocknen.
Die Menschen leben von der Viehzucht. Sie halten Rinder, Ziegen, Schafe oder Kamele. Die Tiere haben die wenigen Pflanzen eines Weideplatzes schnell abgefressen. Daher bleiben die Viehhirten nie lange an einem Ort. Sie sind als Nomaden mit ihren Herden ständig auf Wanderschaft. Aus Erfahrung wissen sie, wann es in bestimmten Gebieten regnet. Sie warten dann zunächst, bis die Pflanzen sich von der Trockenheit erholt und neue Samen gebildet haben. Dann dürfen die Tiere auf die Weide.

Wandern um zu überleben

Tatrit ist eine Tuareg-**Nomadin**, die am Südrand der Sahara lebt. Sie zieht mit ihrer Großfamilie und ihrer Herde von einem Wasserloch und Weideplatz zum nächsten. Heute sind sie in der Oase Fares am Rand der Wüste Ténéré angekommen. Die Gruppe besteht aus 34 Personen: zwölf Frauen, acht Männern und 14 Kindern. Zunächst bauen Tatrit und ihre Schwester Raïsha die Zelte auf. Anschließend zerstampft Raïsha Hirsekörner. Dann schüttet Tatrit die zerstampfte Hirse in den zerbeulten Eisentopf über dem Feuer. Sie fügt Ziegenmilch und Salz hinzu. Das ergibt einen Hirsebrei.

M2 *Ankunft am Lagerplatz*

Am nächsten Tag unterrichtet Tatrit ihren Sohn Ibrahim. Er kommt aus den nahen Dünen gerannt, in denen er und seine Freunde mit getrockneten Kamelkötteln Murmeln gespielt haben. Ibrahim hockt sich neben die Mutter auf den Boden und malt mit dem Finger dieselben Zeichen in den Sand wie sie. Er lernt die Schrift der Tuareg.

M3 *Unterricht*

M4 *Tatrit und Raïsha beim Aufbau des Zeltes*

M5 *Das Zelt ist fertig, der Hirsebrei kocht*

Leben und Wirtschaften in der trocken-heißen Zone

„Die Herde!" Fast hätte Tatrit die 18 Ziegen vergessen. Sie treibt sie zum Brunnen und zieht das trübe Wasser aus der Tiefe – zehn schwere Liter pro Eimer, kaum genug um zwei Ziegen zu tränken. Wasser bedeutet Leben: „Aman", „iman" – nur ein Buchstabe unterscheidet die Wörter für Wasser und Leben.
Am Abend beginnt das Reiterfest. Tatrit legt ihren Schmuck an. Dann kommen die Reiter auf ihren Kamelen hinter den Dünen hervor. Es sind vermummte Gestalten, drohend, Furcht erregend. Sie galoppieren im Kreis und stoßen die Kriegsschreie der Tuareg aus. Sie zeigen, dass sie mutig sind und geschickt mit den Tieren umgehen können.

M6 *Arbeit und Feste*

Am nächsten Morgen kommt Tatrits Bruder Kebebe zu Besuch. Er arbeitet als Jeepfahrer und Reiseführer für ein Touristikunternehmen. Als die Firma vor Jahren einen ortskundigen Begleiter für eine Wüstentour suchte, hat er dort begonnen. Er lernte Französisch, die Landessprache, und machte den Führerschein. Heute führt er selbst Touristen durch die Sahara.

M7 *Besuch*

M11 *Auf Wanderschaft*

M8 *Beim Reiterfest*

M9 *Kebebe mit seinem Jeep*

M10 *Festlicher Schmuck*

Aufgaben

2 a) Beschreibe den Tagesablauf von Tatrit und ihrer Familie. Berücksichtige die Stichwörter: Essen, Spielen, Unterricht, Bedeutung des Wassers, Tiere, Feste.
b) Vergleiche die Situation von Tatrit mit deinem Alltag. Nenne Gemeinsamkeiten und Unterschiede.

3 Das Leben ändert sich auch für die Tuareg. Erläutere (M7, M9).

Merke
Die Tuareg sind ein Volk, das am Südrand der Sahara hauptsächlich von der Viehzucht lebt. Als Nomaden ziehen sie mit ihren Herden von Weideplatz zu Weideplatz.

Grundbegriff
• Nomade

Das Leben in der Wüste ändert sich

Kamel
- Tagesleistung: ca. 30 km
- Zahl der Kamelführer pro 10 Kamele: 2–3
- Last pro Tier: ca. 200 kg
- „Verbrauch" pro Tag: ca. 10 Liter Wasser

Lkw
- Tagesleistung: Piste: ca. 150 km, Straße: ca. 500 km
- Zahl der Fahrer pro Lkw: 1 Last pro Lkw: zwischen 5 und 20 Tonnen
- Verbrauch pro 100 km: 20 Liter Diesel

M1 *Transportleistungen*

M2 *Neue Oase Hassi-Messaoud in Algerien*

Von der Oase aufs Ölfeld

Um 1960 wurden in Algerien, Tunesien, Libyen und Ägypten riesige Lagerstätten von Erdöl und Erdgas entdeckt. Die Funde lagen zum Teil weitab von der Küste im Inneren der Sahara. „Neue Oasen", so genannte Industrie-Oasen, entstanden. Ihre Kennzeichen sind Fördertürme, Werkstätten, Tankstellen, Wohn- und Bürocontainer, vielfach mit Duschen und Klimaanlagen. Das geförderte Erdöl und Erdgas wird in Pipelines transportiert. Viele Arbeitskräfte wurden gebraucht. Oasenbauern gaben ihre Felder auf, Nomaden verließen ihre Stämme. Sie fanden Arbeitsplätze auf den Ölfeldern. Mamadou arbeitet seit drei Jahren als Fahrer in der Industrie-Oase Hassi-Messaoud. Er verdient gut, hat geregelte Arbeitszeiten und wohnt in einer komfortablen Unterkunft der Ölgesellschaft.

Aufgaben

1 Miss die Länge der Erdöl-Pipeline von Hassi-Messaoud nach Skikda (M3) und vergleiche mit der Entfernung von Hamburg nach Stuttgart.

2 Warum verlassen viele junge Bewohner die Oasen (M5, M6)?

3 In welchem Staat liegt die Oase Ouargla?

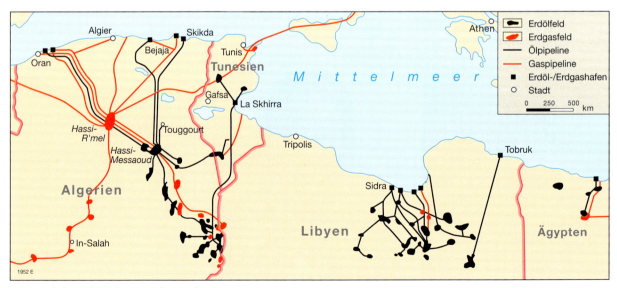

M3 *Erdöl und Erdgas in der Sahara*

Leben und Wirtschaften in der trocken-heißen Zone

M4 *Hotelswimmingpool in der Oase Ouargla*

M7 *Fotomotiv für Touristen: „Früher lebte ich vom Verkauf von Datteln. Heute klettere ich für Touristen auf eine meiner 30 Palmen. Da verdiene ich mehr." (Oasenbauer in In Salah)*

Das Hauptproblem in den Oasen ist die Wasserversorgung. Besonders betroffen sind die kleinen Oasenbauern, denen oft das Geld fehlt, die immer tieferen Brunnenbohrungen zu bezahlen. Viele Dattelpalmen werden durch einen Bodenpilz bedroht. Sie bringen keine Erträge mehr. In vielen Oasen der Sahara ändert sich daher die Wirtschaftsweise. Lkws bringen auf asphaltierten Straßen Getreide und andere Nahrungsmittel hierher. Die Preise sind so niedrig, dass sich der Anbau kaum noch lohnt. Zahlreiche Oasengärten sind schon verfallen. Es kommt zur so genannten Oasenflucht. Vor allem die jungen Oasenbewohner wandern ab, teilweise mit ihren Familien. Gut bezahlte Arbeit finden sie in den großen Städten, den Ferienzentren an der Küste, auf den Ölfeldern oder in Fabriken im Ausland. Sie wollen ein moderneres Leben führen als ihre Eltern. Ein eigener Jeep ist für sie interessanter als eine Herde Ziegen.

M5 *Die Lebensweise ändert sich*

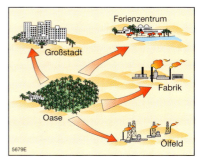

M8 *Wanderbewegungen in der Wüste*

In einigen Staaten der Sahara spielt der Fremdenverkehr eine wichtige Rolle. Zu diesen Staaten gehört Tunesien. Viele Millionen Touristen besuchen jedes Jahr das Land. Die Einkünfte aus dem Fremdenverkehr sind die wichtigste Einnahmequelle in Tunesien. Die meisten Touristen kommen aus Europa, darunter allein 500 000 aus Deutschland. Die Einrichtungen für den Fremdenverkehr werden ständig ausgebaut. Eine neue Asphaltstraße verbindet die Oasen mit den Ferienzentren an der Küste. Das beliebteste Urlaubsziel ist die Insel Djerba im Süden des Landes. Es ist die größte Insel in Nordafrika und hat lange, weiße Sandstrände.

Für die Gäste gibt es mehr als 100 000 Hotelbetten. Mit jedem neuen Hotelbett entstehen zwei Arbeitsplätze für Einheimische. Sie arbeiten zum Beispiel als Kellner, Taxifahrer, Reiseführer oder Souvenir-Verkäufer. In den Ferienzentren gibt es Hotelfachschulen mit insgesamt fast 2000 Ausbildungsplätzen. Die Ausbildung dauert zwei Jahre. Auf dem Stundenplan stehen als Fremdsprachen vor allem Deutsch und Englisch.

M6 *Die Rolle des Fremdenverkehrs*

Merke
Die traditionelle Lebensweise der Wüstenbewohner ändert sich. Statt als Oasenbauern oder Nomaden verdienen viele ihren Lebensunterhalt heute als Arbeiter auf Ölfeldern, als Lkw-Fahrer oder im Tourismus.

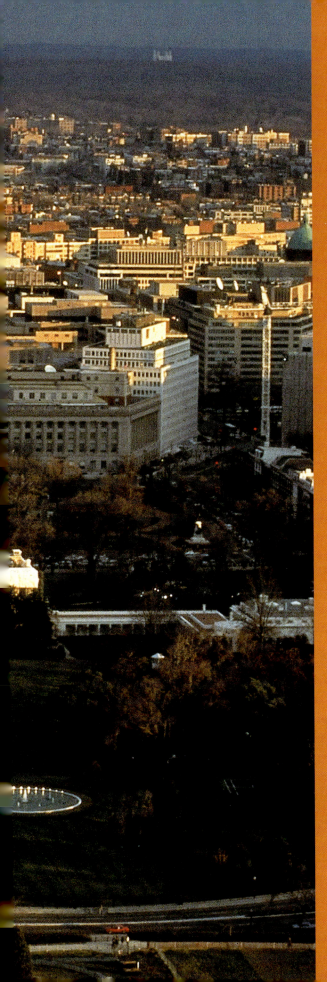

Die USA – eine Weltmacht

Naturraum	**118**
Das nordamerikanische Klima	**120**
Die Ureinwohner Nordamerikas	**122**
New York City	**124**
Wirtschaftsmacht USA	**126**
Landwirtschaft in den USA	**130**
Tourismus in den USA	**134**

M1 Das Weiße Haus in Washington
Das Weiße Haus ist Wohn- und Arbeitssitz des US-amerikanischen Präsidenten. Hier haben mit Ausnahme des ersten Präsidenten George Washington alle US-Präsidenten gewohnt.

Naturraum

M1 *Die Großlandschaften Nordamerikas*

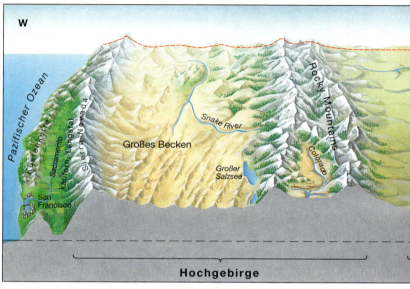

M3 *Landschaftsquerschnitt USA*

Die Großlandschaften Nordamerikas

Der Kontinent Nordamerika erstreckt sich zwischen dem Pazifischen Ozean im Westen und dem Atlantischen Ozean im Osten. Während in Europa die meisten Gebirge und Tiefländer von Westen nach Osten verlaufen, sind die Großlandschaften Nordamerikas überwiegend in nord-südlicher Richtung angelegt.

Im Norden erstreckt sich eine flachwellige Landschaft. Diese wurde während der Eiszeiten von Gletschern bedeckt und abgehobelt. Nach dem Abtauen des Eises füllten sich Senken und Täler mit Wasser. Hier gibt es deshalb heute viele Seen und Sümpfe. Im Westen liegt ein gewaltiges Gebirge, die Rocky Mountains. Sie gliedern sich in mehrere Gebirgszüge, zwischen denen sich tief eingeschnittene

M2 *In den Rocky Mountains*

M4 *Im Monument Valley*

Aufgaben

1 Stelle die Lage der USA (ohne Hawaii und Alaska) im Gradnetz fest.

2 Miss die Ausdehnung der USA von Westen nach Osten und von Norden nach Süden (Atlas, Karte: - Nordamerika – physisch).

Die USA – eine Weltmacht

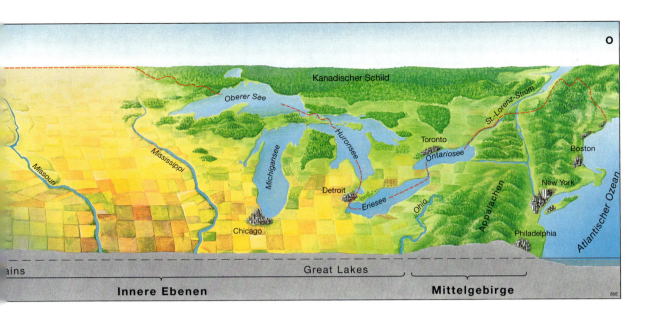

Täler, die **Canyons,** befinden. Der berühmteste Canyon ist der Grand Canyon. Die Rocky Mountains sind ein **Hochgebirge** wie zum Beispiel die Alpen.

Im Osten liegen die Appalachen. Sie erstrecken sich von Kanada im Norden bis Alabama im Süden. Die Appalachen sind ein **Mittelgebirge** wie zum Beispiel der Schwarzwald.

In der Mitte und im Süden der USA liegen die Inneren Ebenen. Es ist ein riesiger Raum in der Form einer großen Mulde. Es ist das Land der Großen Ebenen (Great Plains) und Großen Seen (Great Lakes).

Der Raum zwischen den Rocky Mountains und den Appalachen wird vom mächtigen Mississippi und seinen Nebenflüssen durchflossen.

Info

Great Lakes
Die fünf Großen Seen (Great Lakes) liegen auf der Staatsgrenze von USA und Kanada. Sie bilden zusammen einen der größten Süßwasser-Speicher auf der Erde. Der Wasserspiegel der Seen liegt verschieden hoch. Den Höhenunterschied zwischen Erie- und Ontariosee überwindet der Niagarafluss in den riesigen Niagarafällen. Hier stürzen die Wassermassen etwa 50 Meter in die Tiefe.

Merke
Nordamerika erstreckt sich zwischen Pazifik und Atlantik. Seine Großlandschaften sind überwiegend in Nord-Süd-Richtung angelegt.

Grundbegriffe
- Canyon
- Hochgebirge
- Mittelgebirge

M5 *Niagarafälle*

Das nordamerikanische Klima

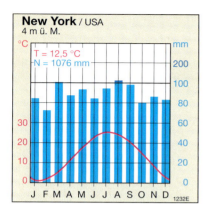

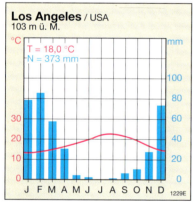

M1 *Klimadiagramme*

Besonderheiten des Klimas

Der größte Teil Nordamerikas befindet sich in der gemäßigten Klimazone. Das ist die Klimazone, in der auch Deutschland liegt.

Obwohl wir uns in der gleichen Klimazone befinden, ist das Klima in Deutschland und Nordamerika jedoch nicht identisch. So hören wir aus den USA immer wieder von winterlichen Kälteeinbrüchen. Minus 30 °C sind in Hamburg undenkbar, in New York aber keine Seltenheit. Vor Sturmkatastrophen, wie sie in fast regelmäßigen Abständen ostamerikanische Küstengebiete heimsuchen, sind wir bei uns sicher.

Ursache für Besonderheiten des nordamerikanischen Klimas ist die Reliefgestaltung. Durch die von Nord nach Süd verlaufenden Gebirgsketten wird die vom Westen kommende feuchte Meeresluft daran gehindert, in das Innere des Kontinents vorzudringen. Sie gibt ihre Feuchtigkeit bereits beim Aufsteigen an den Küstengebirgen ab. Allerdings fehlen Quergebirge wie in Europa (Alpen), sodass warme und feuchte Luft vom Golf von Mexiko weit nach Norden, arktische Kaltluft aber auch tief in den Süden vordringen kann.

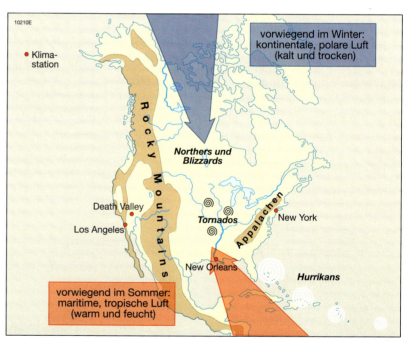

M3 *Wetter- und klimabestimmende Luftmassen in Nordamerika*

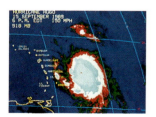

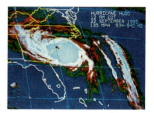

M2 *Hurrikan „Hugo" auf seinem Weg zum Festland (Satellitenaufnahmen)*

Die USA – eine Weltmacht

Tornados

sind festländische, wandernde Wirbelwinde (riesige Windhosen) von wenigen 100 m Durchmesser, kurzer Lebensdauer, aber extremer Stärke. Es sind rotierende „Schläuche", gewaltige „Saugrüssel", in deren Windfeld die höchsten auf der Erde bekannten Windstärken auftreten. In ihrem Zentrum, dem „Auge", herrscht ein extremer Unterdruck, der Gebäude explosionsartig bersten lässt. Tornados legen keine langen Wege zurück. Sobald der Druckausgleich hergestellt ist, lösen sie sich auf.

Auf ihrem Wege hinterlassen sie eine Bahn der Verwüstung. Sie zerstören nicht nur Häuser, sondern entwurzeln auch Bäume und wirbeln Autos durch die Luft.

Tornados entstehen im Bereich von Luftmassengrenzen, an denen sich extrem warme und kalte Luftmassen gegenüberstehen.

Hurrikans

sind tropische Wirbelstürme mit Windstärken über 12. Sie erreichen Geschwindigkeiten von 300 km/h. Oft entstehen sie vor der Küste Westafrikas aus Tiefdruckgebieten, die über dem Atlantik und der Karibik feuchtwarme Meeresluft ansaugen. Diese liefert die Energie für den Wirbelsturm. Die langlebigen und – im Vergleich mit den Tornados – großräumig aktiven Hurrikans ziehen vom Meer in den Raum der Südstaaten der USA, wo sie vor allem im Küstengebiet große Schäden anrichten können. So raste im August 2005 z.B. der Hurrikan „Katrina" mit 220 km/h auf die Golfküste zu und verwüstete ein Gebiet von der Größe Belgiens. Der Wirbelsturm forderte hunderte Todesopfer, der Sachschaden betrug hunderte Milliarden Dollar.

Auf dem Festland lässt die Intensität der Hurrikans rasch nach, weil der Energienachschub aufhört.

Blizzards

sind Eis- und Schneestürme, die als Folge plötzlicher Kaltlufteinbrüche vom Norden her in der gemäßigten Klimazone Nordamerikas auftreten. Ihnen folgen oft Regenfälle nach, die gefährliche Eisbildungen zur Folge haben. Blizzards können das Leben ganzer Städte für Tage lahmlegen.

Northers

sind großräumige Kaltlufteinbrüche, die im Winter und Frühjahr auf dem amerikanischen Kontinent erfolgen. Die Kaltluft kann bis in die subtropischen Gebiete der USA vordringen und dort starke Temperaturstürze bis unter den Nullpunkt bewirken. Die Fröste können auf den Plantagen der Südstaaten große Schäden anrichten und sind deshalb dort besonders gefürchtet.

M4 *Tornado in Nord-Dakota*

Aufgabe

1 Erkläre, warum es in Nordamerika in der gemäßigten Zone zu extremen Wetter- und Klimaerscheinungen kommt.

Merke
Die nord- südlich verlaufenden Gebirge sind für das Klima Nordamerikas besonders bedeutsam. Sie ermöglichen den Winden aus Norden und Süden weit ins Land einzudringen und verhindern gleichzeitig, dass feuchte Luft von Westen her in das Innere des Kontinents vordringt.

Die Ureinwohner Nordamerikas

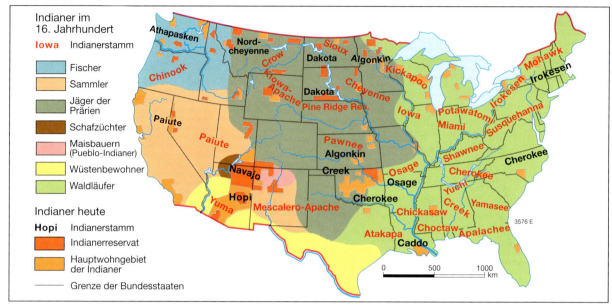

M2 *Siedlungsgebiete der Indianer im 16. Jahrhundert und heute*

Indianer – betrogen und bekämpft

Die Besiedlung des Westens, besonders der Bau der transkontinentalen Eisenbahnlinien, war eng verknüpft mit dem Raub von Indianerland. Alle Verträge, die die Regierung mit den Indianern schloss, wurden bald gebrochen – zumeist von Weißen. Die Indianer leisteten gegen die Zerstörung ihrer Existenzgrundlage erbitterten Widerstand, hatten aber gegen die besser bewaffneten Regierungstruppen keine Chance. Oft mussten die Überlebenden ihre heimatlichen „Jagdgründe" verlassen und wurden in Reservaten angesiedelt. Diese lagen oft in unfruchtbaren, wüstenhaften oder gebirgigen Gebieten. Damit ging den Indianern die Lebensgrundlage verloren. Viele starben an Hunger, Seuchen oder Krankheiten.

M1 *Gebiete der Indianer*

M3 *Indianersiedlung – Taos-Pueblo/New Mexico*

Die USA – eine Weltmacht

M4 *Officer der Navajo Tribal Police*

M6 *Pueblo-Indianer*

Hoffnungen auf eine bessere Zukunft

Der Südwesten der USA ist Indianerland. Arizona und New Mexico gehören zu den Staaten, in denen der Anteil indianischer Bevölkerung am höchsten ist. Schon vor 2 000 Jahren siedelten hier Ureinwohner. Heute bewohnen Navajos und Apachen, Zuni und Hopi sowie Pueblo-Indianer diesen Raum.

Erst 1924 wurden die Indianer als Bürger der USA anerkannt, 1948 erhielten sie das Wahlrecht und 1975 das Selbstverwaltungsrecht über ihre Reservate. Die größte Indianernation sind die Navajos. Ihr Reservat liegt zum größten Teil in Arizona. Die Navajos haben ein Parlament und eine eigene Polizei, die Navajo Tribal Police.

Viele Navajos versuchen heute vom wachsenden Tourismus zu profitieren. Touristen kaufen gern den von den Navajos gefertigten Silberschmuck, Körbe oder Webteppiche. Eine große Gewinnbeteiligung erhoffen sie sich künftig aus der Ausbeutung ihrer Bodenschätze. Bislang ist die Arbeitslosigkeit im Reservat noch sehr hoch.

Aufgaben

1 Informiere dich in Büchern aus der Bibliothek über das ursprüngliche Leben der Indianer und berichte.

2 Berichte, was du über die Verfolgung der Indianer und ihr Leben in der Gegenwart weißt.

3 Wo liegen die größten Reservate in den USA? (Atlas)

M5 *Von Indianern betriebenes Spielkasino*

Merke
Die Landnahme der europäischen Siedler führte zu einer Vertreibung der waffentechnisch unterlegenen Indianer. Noch heute leben viele der indianischen Nachkommen unter schlechten sozialen Bedingungen in Reservaten.

New York City

M1 *New York: Der Stadtteil Manhattan nach dem Attentat am 11. September 2001*

New York City – eine besondere Metropole

New York ist mit rund acht Millionen Einwohnern (20 Mio. im Großraum N.Y.) die größte Stadt der USA. Sie ist nicht das politische, aber das wirtschaftliche und kulturelle Zentrum des Landes. New York besitzt den größten Hafen der USA und die größte Börse. 70 Prozent aller Bankgeschäfte werden in der Wall Street abgewickelt, dem Bankenzentrum im Stadtteil Manhattan.

Die Stadt New York gliedert sich in fünf Stadtteile. Der älteste ist Manhattan. Hier liegt heute die eigentliche City der Stadt. Nirgendwo in der Welt finden sich so viele Museen (über 40), so viele Kinos und Theater (über 40 allein am Broadway), so viele Wolkenkratzer auf so engem Raum vereint. Der Broadway ist mit 25 km Länge eine der längsten Straßen der Welt. In New York leben viele Diplomaten, denn die Stadt ist Sitz der Vereinten Nationen (UNO). Diese Weltorganisation bemüht sich um die internationale Zusammenarbeit.

Bis zum 11. September 2001 standen in Manhattan auch die Twintowers des World Trade Centers (WTC; M1). Sie fielen einem terroristischen Attentat zum Opfer. Fast 3 000 Menschen kamen in den Trümmern ums Leben (M2).

Aufgaben

1 Berichte über die Gründung New Yorks und über die Namensfindung (Lexika, Internet).

2 Informiere dich über die Pläne zur Wiedererrechtung des World Trade Centers bzw. zur Neubebauung des Grundstücks. Folgende Adressen können dir weiterhelfen:
http://www.die-wolkenkratzer.de/freedomtower4.html
http://www.usa.de/Magazin/Archiv/index-b-84-2354.html

Die USA – eine Weltmacht

Stadt der Einwanderer

New York kann auch als Vielvölkerstadt bezeichnet werden. Hier leben Menschen, die etwa 170 Nationalitäten angehören. Ein Fünftel von ihnen wurde im Ausland geboren. Rund zwei Drittel der Einwohner sind Farbige (Colored People).

Einwanderer ohne Vermögen ziehen häufig in die Stadtteile, in denen bereits Landsleute wohnen. Diese Viertel werden als ethnic neighbourhoods oder auch als Gettos bezeichnet. Manche von ihnen sind zu Slums verkommen.

In New York sind davon besonders Harlem, die Bronx und Teile von Brooklyn betroffen. Hier leben besonders viele Schwarze und Hispanics. Diese Bereiche der Stadt sind auch die Zentren der Armut und somit der Kriminalität und des Drogenmissbrauchs.

Die zwischen Midtown und Downtown gelegenen neighbourhoods Chinatown, Little Italy, Little Korea und Little India ziehen mit ihren zahlreichen Restaurants und exotischen Shoppingangeboten vor allem Touristen an.

In Chinatown lebt etwa die Hälfte der über 200 000 New Yorker Chinesen, die oft weder Englisch sprechen noch verstehen. Östlich des Central Parks gibt es ein deutsches Viertel mit vielen deutschen Restaurants, Cafés und Geschäften.

M3 *Die Stadtteile von New York*

Aufgabe

2 Äußere dich zu folgender Aussage: New York hat wie jede Metropole zwei Gesichter, das eine strahlend, das andere grau.

www.citypopulation.de
www.newyork.de

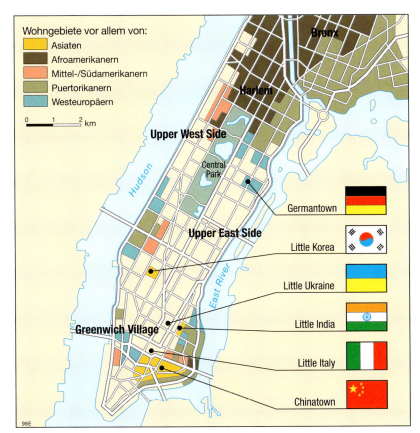

M2 *Minderheiten in Manhattan*

> **Merke**
> New York ist die größte Stadt der USA. Hier leben Menschen zahlreicher Nationalitäten. Ein Fünftel seiner Bewohner wurde im Ausland geboren. Rund zwei Drittel der Einwohner sind Farbige.

Wirtschaftsmacht USA

Unternehmen	Umsatz
1. Royal Dutch/Shell Group (NL/GB)	337,5
2. ExxonMobil (USA)	298,0
3. Wal-Mart (USA)	285,2
4. British Petroleum (GB)	285,0
5. General Motors (USA)	193,5
6. DaimlerChrysler (D/USA)	192,3
7. Toyota Motors (J)	173,3
8. Ford Motor (USA)	171,8
9. Total (F)	167,3
10. Mitsubishi (J)	159,9
11. General Electric (USA)	152,8

M1 *Die größten Unternehmen im Jahr 2004 (Umsätze in Mrd. US-Dollar)*

M2 *Konzernzentrale eines Autoherstellers*

Die Wirtschaft der USA im Überblick

Die USA sind die größte Wirtschaftsmacht der Welt. Daran sind die Land- und Forstwirtschaft (**primärer Sektor**) mit ca. zwei Prozent, die Industrie (**sekundärer Sektor**) mit 25 Prozent und der Dienstleistungsbereich (**tertiärer Sektor**) mit 73 Prozent beteiligt (2004).

Ein typisches Merkmal aller Industriestaaten wird an diesen Zahlen deutlich. Es ist der relativ geringe Anteil der Industrie und der Landwirtschaft am Volkseinkommen (Bruttosozialprodukt), das zum überwiegenden Teil vom Dienstleistungsbereich getragen wird. Damit hat der Dienstleistungsbereich auch schon lange die Industrie als wichtigsten Arbeitgeber abgelöst.

Die USA haben in den meisten Industriebereichen einen Spitzenplatz inne. Grundlage hierfür sind die Größe des Wirtschaftsraumes, die Ausstattung des Landes mit Bodenschätzen und ausreichend vorhandene Arbeitskräfte.

Aufgaben

1 Erkläre den Rückgang der Beschäftigtenzahlen in Industrie und Landwirtschaft in den Industrieländern der Erde.

2 Nenne Aufgabenfelder, die zum Dienstleistungsbereich gehören. Begründe den steigenden Anteil dieses Wirtschaftsbereiches an den Beschäftigtenzahlen.

Info

Die USA führen bei der Produktion von ...

Plastik	vor Japan, Deutschland	Kühlschränken	vor VR China, Italien
Aluminium	vor Russland, Kanada	Kunstfasern	vor VR China, Taiwan
Gummi	vor Japan, Russland	Papier	vor Japan, VR China
Bier	vor VR China, Deutschland	Elektroenergie	vor VR China, Japan

Die USA liegen bei der Produktion von folgenden Agrarprodukten an ...

erster Stelle: Mais (vor VR China), Milch (vor Russland), Käse (vor Frankreich), Rindfleisch (vor VR China), Sojabohnen (vor Brasilien), Holz (vor Kanada);

zweiter Stelle: Zitrusfrüchte (nach Brasilien), Baumwolle, Schweinefleisch, Weizen (jeweils nach VR China), Hirse (nach Indien)

Die USA – eine Weltmacht

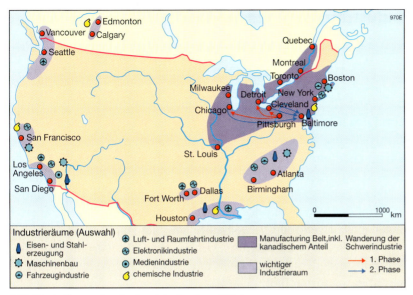

M3 *Verteilung der Industrie in den USA*

Wareneinfuhr	in Mrd. US-$
USA	1202
Deutschland	491
Japan	337
Großbritannien	335
Frankreich	308
VR China	295
Warenausfuhr	
USA	693
Deutschland	613
Japan	418
VR China	326
Frankreich	310
Großbritannien	276

M5 *Die führenden Welthandelsländer 2002*

Der Bedarf an Arbeitskräften geht in der Industrie zurück, weil Produktionssteigerungen über verstärkte Automatisierung und Robotereinsatz oder bessere Auslastung der Anlagen erfolgen.

Um Arbeitslosigkeit zu vermeiden sind die Menschen häufig bereit, ihren Wohnort zu wechseln. 25 Mio. US-Bürger leben in „mobil homes", in riesigen Wohnmobilen (nicht zu vergleichen mit europäischen Wohnwagen). Das ermöglicht einen raschen, recht einfachen Wechsel des Wohn- und Arbeitsortes. Amerikaner wechseln im Durchschnitt alle 6,7 Jahre die Arbeitsstelle bzw. den Beruf und damit häufig auch den Wohnort.

Neben Kanada sind die USA der weltweit größte Produzent und Exporteur landwirtschaftlicher Erzeugnisse. Sie sind Selbstversorger bei allen Agrarprodukten mit Ausnahme von Tropenfrüchten. Ein großer Teil der Ernte – zum Beispiel an Getreide, Ölfrüchten und Futtermitteln – wird für den Weltmarkt produziert.

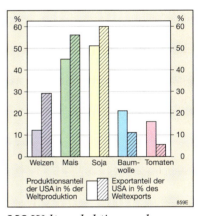

M6 *Weltproduktion und -export*

M4 *„mobile home"*

Merke
Die USA sind die größte Wirtschaftsmacht der Welt. Rund drei Viertel des Volkseinkommens wird im Dienstleistungsbereich, dem so genannten tertiären Sektor, erwirtschaftet.

Grundbegriffe
- primärer, sekundärer und tertiärer Sektor

M1 *Der Manufacturing Belt zu Beginn des 20. Jahrhunderts*

www.usembassy.de/usa/wirtschaft.htm

Aufgabe

1 Nenne Grundlagen für die wirtschaftliche Entwicklung des Manufacturing Belts (Text, M2).

Info

Manufacturing Belt
(Manufacture: Herstellung, Produktion; Belt: Gürtel)
Seit den 1920er Jahren war es in den USA üblich, wirtschaftlich zusammenhängende Räume als Belt zu bezeichnen. Den Anfang machte 1926 der Amerikaner Baker. Er untersuchte die Landwirtschaft der USA und gliederte zusammenhängende Regionen aus wie den ‚Dairy Belt' oder den ‚Cotton Belt'. Ein Jahr später bezeichnete der schwedische Geograph Sten de Geer einen großen Teil des amerikanischen Nordostens als ‚Manufacturing Belt' (Industriegürtel).

Industriezentren im Wandel

Manufacturing Belt – Entwicklung durch Rohstoffe

Die USA (United States of America) sind heute der bedeutendste Industriestaat und die größte Handelsnation der Erde. In keinem Land der Erde werden innerhalb eines Jahres wertmäßig so viele Produkte hergestellt wie in den Vereinigten Staaten. Über zwölf Millionen Menschen sind in der Exportindustrie beschäftigt, das heißt, sie arbeiten um Waren zu produzieren, die von den USA aus in alle Welt exportiert werden.

Diese herausragende wirtschaftliche Leistung beruht unter anderem auf dem Reichtum des Landes an Bodenschätzen. Ein Viertel der weltweit geförderten Rohstoffe befindet sich in den USA, ein Großteil davon in der Region zwischen der Ostküste und dem Mississippi sowie den Großen Seen und dem Ohio: in dem so genannten Manufacturing Belt.

Hier wurden vor über 100 Jahren in zahlreichen Orten Eisen- und Stahlwerke gegründet. Ähnlich wie im Ruhrgebiet entwickelte sich auf der Basis von Eisenerz- und Kohlevorkommen eine vielfältige Eisen- und Stahlindustrie. Das Zentrum dieser Montanindustrie befand sich in Pittsburgh und Umgebung. Hier wurde gegen 1900 etwa die Hälfte des amerikanischen Stahls erzeugt.

Während der Erschließung des riesigen Landes stieg die Nachfrage nach Eisen und Stahl schnell an. Das Material wurde gebraucht um daraus landwirtschaftliche Geräte, Fahrzeuge, Eisenbahnschienen oder Brücken herzustellen.

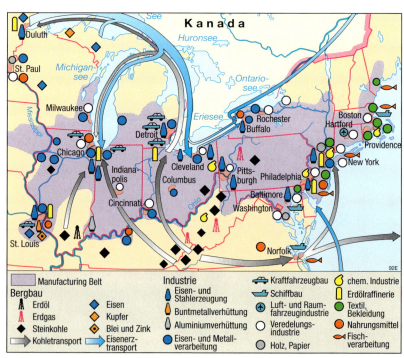

M2 *Der Manufacturing Belt – Bodenschätze und Industrie*

Die USA – eine Weltmacht

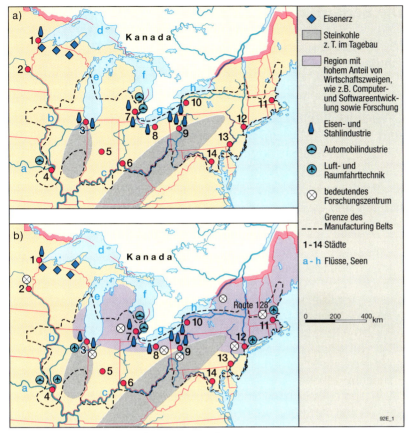

Aufgaben

2 Benenne die Städte, Flüsse und Seen aus M3.

3 Beschreibe den Wandel des Manufacturing Belts.

Merke
Die USA sind der bedeutendste Industriestaat der Welt. Zu den wichtigsten Industriezentren des Landes zählt der Manufacturing Belt, eine Region im Nordosten der USA. Hier wurden bereits vor 100 Jahren Eisen- und Stahlwerke gegründet.

M3 *Wandel des Manufacturing Belts:*
a) bis Ende der 1960er Jahre, b) bis heute

Manufacturing Belt – Ein altes Industriegebiet wandelt sich

Die einst blühende Region hat „Rost angesetzt". Ähnlich wie das Ruhrgebiet erlebte auch der Manufacturing Belt einen tief greifenden Wandel. Seit den 1950er Jahren wurden immer weniger Eisen und Stahl benötigt und produziert. Viele Menschen wurden hier arbeitslos. Sie wanderten in die aufstrebenden Industrieregionen im Süden und Westen der USA ab.

Mittlerweile erleben viele Städte im Manufacturing Belt einen erneuten Wandel. So sind zum Beispiel in Pittsburgh wegen umsichtiger Fördermaßnahmen und besserer Lebensbedingungen zahlreiche neue Hightechbetriebe angesiedelt worden, etwa in der Elektronikindustrie oder in der Kohlechemie. Viele dieser neuen Betriebe arbeiten eng mit den Universitäten und mit über 170 Forschungs- und Entwicklungslabors der Region zusammen.

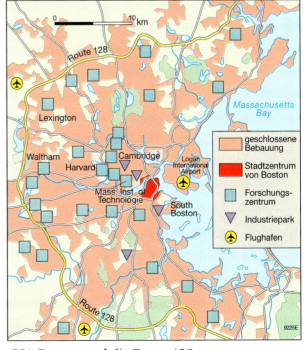

M4 *Boston und die Route 128*

Landwirtschaft in den USA

Die Bedeutung der Landwirtschaft

Die USA sind weltweit mit Abstand das Land mit dem größten Überschuss an Agrarerzeugnissen und das größte Agrarexportland. Die Landwirtschaft arbeitet hoch produktiv. Ein Farmer sichert die Ernährung von 90 Personen.

Wichtige Gründe für die Leistungsfähigkeit der Landwirtschaft sind der hohe Mechanisierungs- und Chemisierungsgrad und die ständige Rationalisierung der Produktion. Ein Hauptproblem der Farmer ist die Überproduktion bzw. die Schwierigkeit, die erzeugten Produkte zu einem angemessenen Preis zu verkaufen. Zu viele Farmen sind deshalb hoch verschuldet.

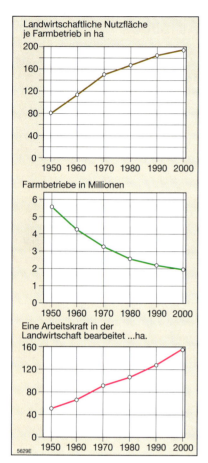

M1 *Daten zur Landwirtschaft*

> **„For sale"**
> Melvin und Liza Shultz bewirtschafteten eine Farm in Battle Creek (Iowa), rund 100 Kilometer östlich von Sioux City. Mehr als 20 Jahre lang haben sie den 190 Hektar großen Betrieb gemeinsam geführt. Weizen, Soja und Mais waren die wichtigsten Anbauprodukte. Die Rinderhaltung umfasste etwa 500 Tiere. Doch dann kam das Ende. Der Hof wurde versteigert.
> Als in den siebziger Jahren die Nachfrage nach Weizen stark zunahm, haben sie investiert. In den folgenden Jahren sanken die Weizenpreise aufgrund einer Überproduktion. Außerdem kürzte die Regierung die Subventionen für die Landwirtschaft. Die Einnahmen aus dem Verkauf der Ernte sanken drastisch. Daher konnte die Familie Shultz ihre Schulden nicht mehr zurückzahlen. Melvin arbeitet jetzt auf einem Schlachthof in Sioux City und seine Frau hat eine Anstellung in einem Supermarkt gefunden.

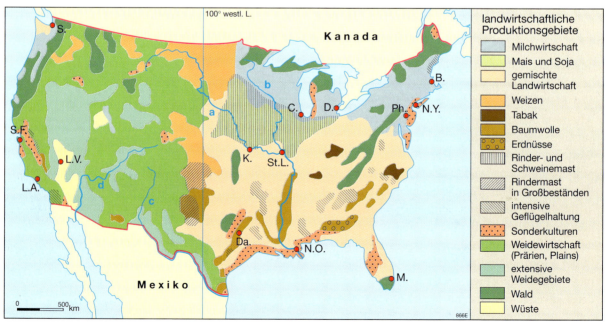

M2 *Landwirtschaftliche Produktionsgebiete in den USA*

Die USA – eine Weltmacht

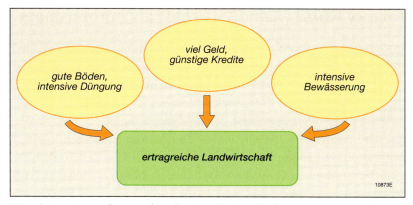

M3 *Günstige Faktoren für die Landwirtschaft in den Great Plains*

Die Great Plains – fruchtbar, aber trocken

In den Steppen der USA gibt es fruchtbare Böden. Dank dieser Böden wurden die Great Plains zur „Kornkammer der USA".

Mit viel Geld und unter Einsatz großer Maschinen haben die Farmer die weiten Grasländer in Ackerland umgewandelt. Die Erträge hängen allerdings stark von der jährlichen Niederschlagsmenge ab. Je weiter man sich den Rocky Mountains nähert, desto geringer und unzuverlässiger ist der Niederschlag. Es herrscht oft Dürre. Dagegen gehen die Farmer mit Bewässerung durch Grundwasser an. Neue Techniken ließen die Bewässerungslandwirtschaft ab den 1950er Jahren sprunghaft ansteigen und ermöglichten so auch den Anbau von Futterpflanzen, vor allem Mais. Diese waren die Grundlage für Rindergroßmastanlagen, so genannte Feedlots.

M5 *Die Lage der Great Plains in den USA*

Aufgaben

1 Nenne die Bundesstaaten der Great Plains (Atlas).

2 Erläutere folgende typische Aussage der Menschen in den Plains-Staaten: „No rain, no gain, much pain."

M4 *Anbau von Futtergetreide in den Great Plains*

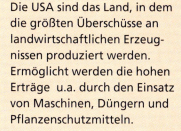

Merke
Die USA sind das Land, in dem die größten Überschüsse an landwirtschaftlichen Erzeugnissen produziert werden. Ermöglicht werden die hohen Erträge u.a. durch den Einsatz von Maschinen, Düngern und Pflanzenschutzmitteln.

M1 *Im Kuner Feedlot*

Factory Farms – Landwirtschaft als Agrobusiness

Das amerikanische **Agrobusiness** wird besonders deutlich an den hochmechanisierten Mastbetrieben, den **Factory Farms**. Sie haben ihren Namen, weil sie wie Industriebetriebe geführt und ihre Produkte als Massenware hergestellt werden.

Die Wirtschaftsweise ihrer Besitzer unterscheidet sich stark von der der traditionellen Family Farms. Die Factory Farms gehören fast ausschließlich großen Aktiengesellschaften. Die Betriebe verschlingen riesige Mengen Geld für Maschinen und teure Produktionsanlagen.

Info

Erstaunlich!
- Gegenwärtig werden in amerikanischen Factory Farms 13 Millionen Rinder gehalten und fast 98 Prozent des US-Geflügels produziert.
- Die Menge an tierischen Exkrementen aus der Landwirtschaft wird jährlich auf fünf Tonnen je Einwohner der USA geschätzt.
- Die Circle Four Farm in Milford, Utah, produziert mit ihren mehr als 600000 Mastschweinen so viel Abfall wie eine Stadt mit 1,8 Millionen Einwohnern.

M2 *Das Kuner Feedlot, Colorado, ist einer der größten Rindermastbetr*

Das Kuner Feedlot ist nicht nur einer der größten Rindermastbetriebe, sondern auch eine der größten Factory Farms der Vereinigten Staaten. Es liegt in der Nä von Greely an der Eisenbahnlinie von Denver nach Omaha. Das Feedlot ist ein gutes Beispiel für das amerikanische Agrobusiness.
Auf einer Fläche von über 200 Hektar mit rund 400 Mastbuchten können bis z 120000 Tiere untergebracht und schlachtreif gemästet werden. Da dies in durchschnittlich 130 Tagen geschieht, kann das Feedlot pro Jahr bis zu 300000 Schlachtrinder „produzieren".
Die Tiere werden das ganze Jahr im Freien gehalten, ohne Unterstand. Dieses i möglich, weil die klimatischen Bedingungen sehr günstig sind: geringe Luftfeuc tigkeit und wenig Niederschläge im Sommer; kalte, aber trockene Winter.

M3 *Das Kuner Feedlot – eine Factory Farm*

Aufgaben

1 Nenne wichtige Kennzeichen einer Factory Farm.

2 Stelle die Wirtschaftsweise des Kuner Feedlots in einem Schaubild dar. Betrachte dazu auch M4.

3 Nenne wesentliche Merkmale der amerikanischen Landwirtschaft und erläutere sie.

Die USA – eine Weltmacht

Immer weniger produzieren immer mehr

Immer mehr Factory Farms bewirken eine zunehmende Konzentration in der Landwirtschaft der USA auf immer weniger Betriebe. Knapp zwei Prozent der über zwei Millionen Betriebe erzeugen rund die Hälfte aller Agrarprodukte. Die in großen Mengen anfallenden tierischen Exkremente belasten die Umwelt in hohem Maße.

Die Verlierer dieser Entwicklung sind die Familienbetriebe. Sie müssen ihre Höfe entweder aufgeben und suchen sich eine andere Arbeit oder sie werden zu so genannten Hobby-, Freizeit- oder Rentnerfarmern.

Info

Agrobusiness
Factory Farms (Fabrikfarmen), die Produkte von mehr als einer Million US-$ pro Jahr erzeugen, bezeichnet man als Agrobusiness-Unternehmen.

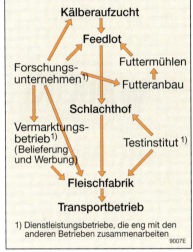

M4 *Agroindustrielle Betriebsführung (Beispiel)*

...lich fressen die Tiere etwa 1 200 Tonnen an zubereitetem Futter und nehmen ...ei rund 1,5 kg an Gewicht zu. Lediglich ein einziger Arbeiter bereitet das Futter ...iner automatischen Futtermühle zu. Zweimal täglich transportiert er es zu den ...stbuchten, wo es aus dem fahrenden Lkw in die Futtertröge gefüllt wird.
... Futterpflanzen wachsen auf bewässerten Feldern. Sie werden aus einem Um-
...s von mehr als 250 Kilometern aufgekauft und in der Futtermühle gelagert. Bei ... hohen Produktionskosten ist es billiger, Futterpflanzen wie Alfalfa
... Kleeart), Mais, Sojabohnen, Weizen, Hafer oder Kartoffeln zu kaufen, als sie
...er zu erzeugen.
...d die Tiere schlachtreif, werden sie in firmeneigenen Schlachthäusern ge-...achtet, verkaufsfertig portioniert und an Händler ausgeliefert.

Merke
Die US-Landwirtschaft ist durch die Leistungsfähigkeit von Großfarmen, die wie Industriebetriebe geführt werden, gekennzeichnet.

Grundbegriffe
- Agrobusiness
- Factory Farm

Tourismus in den USA

Touristenmagnet USA

Die USA besitzen für Touristen eine große Anziehungskraft. Das Verkehrsnetz ist gut ausgebaut. Auch entfernte Orte lassen sich problemlos per Flugzeug oder über das dichte Netz der Highways und Interstates erreichen. Für die Übernachtung stehen Hotels und Motels in großer Zahl und jeder Preislage zur Verfügung.

Die Route 66 ist die wohl berühmteste Straße der USA. Sie war die erste zusammenhängende Ost-West-Verbindung. Unzählige Menschen sind auf dieser Straße an die Westküste gezogen um dort ihr Glück zu machen. Die Berühmtheit dieser Straße wurde durch den Song von Bobby Troup: „Get your kicks on Route 66" (frei übersetzt: Hol dir den Kick auf der Route 66) begründet. Heute gibt es nur noch Teilstücke davon.

Aufgrund der klimatischen Bedingungen ist es sowohl in Florida als auch auf Hawaii möglich, ganzjährig im Ozean zu baden. Für beide Staaten ist der Tourismus zum bedeutendsten Wirtschaftsfaktor geworden. Touristenmagnete sind auch die großen Städte des Landes. New York und San Francisco, Chicago und New Orleans bieten eine Vielzahl von Attraktionen. In besonderem Maße locken die Nationalparks (siehe Seite 136/137) Touristen an.

Auch manche deutschen Schülerinnen und Schüler haben die USA bereits bereist. Im Bericht einer Hamburger Schülerzeitung heißt es unter anderem: „Mit meiner Familie durchquere ich in drei Wochen die Vereinigten Staaten von Ost nach West. Die Amerikaner, die wir trafen, waren sehr freundlich. Doch einiges war gewöhnungsbedürftig, wie zum Beispiel das Essen. Wir erhielten viele Fertigprodukte."

M1 *US-Autokennzeichen machen auf touristische Ziele aufmerksam*

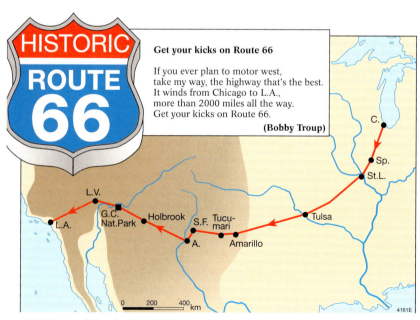

Get your kicks on Route 66

If you ever plan to motor west,
take my way, the highway that's the best.
It winds from Chicago to L.A.,
more than 2000 miles all the way.
Get your kicks on Route 66.

(Bobby Troup)

M2 *Verlauf der Route 66*

Aufgaben

1 Erläutere die Bedingungen, unter denen sich der Tourismus in den USA entwickeln konnte.

2 Bei Touristen erfreut sich die Route 66, die in Teilabschnitten weiter besteht, nach wie vor großer Beliebtheit (M2). Überlege, warum.

Die USA – eine Weltmacht

Touristenzentrum in der Wüste – Las Vegas

Einer der größten Touristenmagnete ist die Spielermetropole Las Vegas. Die Stadt entstand in einer lebensfeindlichen Umgebung im US-Bundesstaat Nevada.

Nur ausgefeilter Technik und einem hohen Verbrauch an Energie ist es zu verdanken, dass in der Stadt und ihrer Umgebung immer mehr Menschen ein bequemes und angenehmes Leben führen können. Ihren Reichtum verdankt die Stadt dem Glücksspiel und den Touristen. Mehr als 50 000 Angestellte bemühen sich in den Hotels rund um die Uhr allein darum, ihren Gästen den Aufenthalt in der künstlichen Unterhaltungs- und Erlebniswelt so angenehm und abwechslungsreich wie möglich zu machen.

Ein Beispiel dafür ist „The Venetian". Mit über 6 000 Suiten, rund 10 000 Angestellten und 2,5 Mrd. US-Dollar an Baukosten war es 2005 das größte und zugleich teuerste Hotel der Welt. Sein attraktiver Themenpark, ein Mix aus prächtigen Palästen, Plätzen, Wasserstraßen und Brücken, soll die zahlreichen Besucher in die italienische „Lagunenstadt" an der Adria versetzen.

Von den 20 größten Hotels der Welt befinden sich allein elf in Las Vegas. Jedes dieser Hotels vereint unter einem Dach neben den Übernachtungsmöglichkeiten ein Spielcasino, Attraktionen wie in einem Freizeitpark, mehrere Restaurants und Bars, einen Swimmingpool- und Fitnessbereich, Läden sowie einen „Show-Room". Um möglichst viele Spieler in die Casinos zu locken finden teilweise Shows mit weltbekannten Künstlern statt.

Das Glücksspiel in den Spielcasinos ist die Haupteinnahmequelle der Hotels und damit der Stadt Las Vegas.

M4 *Eines der bekanntesten Entertainment-Hotels in Las Vegas*

Aufgaben

3 Berichte über das Hotel „The Venetian". Informiere dich dazu auch im Internet (www.vegas-online.de).

4 Beschreibe die Bedeutung, die die großen Hotels für die Stadt Las Vegas haben.

M3 *Venedig findet man im „The Venetian" in Las Vegas*

Info

Las Vegas – Entwicklung

Die ersten weißen Siedler in diesem Gebiet waren Mormonen, die hier Mitte des 19. Jahrhunderts eine Kolonie errichteten. Mit dem Bau der Eisenbahn (1905) entstand das moderne Las Vegas.
Als Anfang der dreißiger Jahre des vergangenen Jahrhunderts der Hooverstaudamm in der Nähe der Stadt errichtet und das Glücksspiel legalisiert wurde, begann die Entwicklung Las Vegas zum Glückspiel und Unterhaltungszentrum.

M1 *Nationalparks in den USA*

M2 *Geysir im Yellowstone Nationalpark*

Aufgaben

1 Erläutere die Nationalparkidee.

2 Nenne Interessenkonflikte, die bei der Gründung eines Nationalparks auftreten können.

3 Fasse zusammen, was man bei einem Besuch eines Nationalparks beachten muss.

Nationalparks – Perlen des Naturraums

Die USA haben viele einmalig schöne Naturlandschaften. Die größten Attraktionen, die der Naturraum den Touristen zu bieten hat, liegen in den Nationalparks. Sie ziehen jährlich viele Millionen Menschen an. Schon frühzeitig tauchte die Frage nach dem Schutz der Natur vor Zerstörungen auf. Als Antwort darauf wurde bereits 1872 der erste Nationalpark der Welt, der Yellowstonepark, gegründet.

Mittlerweile gibt es rund 40 dieser Parks. Es sind zumeist großräumige Gebiete, die sich in Staatsbesitz befinden. In ihnen ist die Landnutzung eingeschränkt und jeder Besucher hat sich bestimmten Regeln zu unterwerfen. Auch heute versucht man die Zerstörung der Natur durch die Gründung von weiteren Nationalparks zu verhindern.

Arches Nationalpark

Der Name des Nationalparks weist auf das Wesentliche hin. Nahezu tausend Steinbögen, Felsbrücken und Felsfenster („Windows") wurden durch Regen und Wind aus dem roten Sandstein herausmodelliert. Einige sind weltberühmt geworden. Der Delicate Arch ist eines der Wahrzeichen des Südwestens. Der Landscape Arch ist mit 93 m Spannweite der zweitgrößte natürliche Steinbogen der Erde.

M3 *Arches Nationalpark: Delicate Arche*

Die USA – eine Weltmacht

Die Nationalparkidee

Die Nationalparkidee lautet kurz gefasst, die Natur den Menschen zugänglich zu machen und sie dabei zu erhalten. Deshalb ist es nicht erlaubt, Wege zu verlassen und Steine oder Pflanzen zu sammeln. Tiere dürfen nicht gefüttert werden. Untersagt ist der Abbau von Bodenschätzen, der Holzeinschlag und die Jagd.

Im Laufe der Zeit hat sich die Nationalparkidee weiterentwickelt. Einst meinte man „gute" vor „bösen" Tieren schützen zu müssen und schoss letztere ab. Heute gilt der Naturschutz umfassend und schließt das gesamte Ökosystem ein.

Im Zeitalter des Massentourismus deuten sich verschiedene Probleme an. In einigen Parks sind die Besucherströme so stark, dass sie die Natur gefährden. Den Yosemite Nationalpark besuchen jährlich rund vier Millionen Menschen. Diese halten sich zu 90 Prozent in einem 18 km² kleinen Tal auf. Das bedeutet, dass hier die Wanderwege ausgetreten werden und die Vegetation niedergetrampelt wird.

Hinzu kommen vielfältige andere Interessenkonflikte. Von „draußen" werden die Nationalparks durch Siedlungen, Industrieanlagen und Straßen, die immer näher an die Parkgrenzen heranrücken, eingeengt. An den Parkeingängen entstehen Hotels und Informationszentren.

Bei der heutigen Belastung der Parks sind in Zukunft mehr Naturschutzmaßnahmen erforderlich. So können die Parks bei Überfüllung zukünftig geschlossen werden. Die Eintrittspreise sollen erhöht werden um zusätzliche Einnahmen für den Naturschutz zu erwirtschaften.

M5 *Der Märchenwald des Bryce-Canyon*

Besucherentwicklung im Grand Canyon Nationalpark (gegründet 1919)

vor dem 2. Weltkrieg:	>100000
1965:	1,6 Mio.
2000:	4,0 Mio.
(Besucher pro Jahr)	

M4 *Die Wand des El Capitan – Ziel vieler Besucher (Yosemite N.P.)*

Merke
Nationalparks sind große Gebiete mit besonders schönen Naturlandschaften. Es gelten Schutzbestimmungen um die hier lebenden Tiere und Pflanzen in ihren Lebensräumen zu erhalten. Durch den starken Tourismus werden die Parks in ihrem Zustand verändert.

Russland – ein Land vor neuen Herausforderungen

Russland – räumliche Übersicht	**140**
Der Zerfall der Sowjetunion	**142**
Gewusst wie: Eine Karikatur auswerten	**143**
Der Naturraum Russlands	**144**
Sibirien – schwierige Rohstoffgewinnung	**146**
Die russische Landwirtschaft	**148**
Fahrzeugbau in Russland	**152**
Gewusst wie: Kartenarbeit	**154**

M1 Moskau-Marathon an der Basilius-Kathedrale
Moskau ist mit knapp 10 Millionen Einwohnern die größte Stadt Russlands. Von hier wird das Land regiert. Der Kreml ist die wohl bekannteste Sehenswürdigkeit der Stadt. In seiner unmittelbaren Nähe, direkt am Roten Platz, dem Mittelpunkt Moskaus, befindet sich die Basilius-Kathedrale, die Zar Ivan III 1550 errichten ließ.

Russland – räumliche Übersicht

M1 *Russland*

Russland – der größte Staat der Erde

Russland ist mit etwa 17 Mio. km² das flächenmäßig größte Land der Erde. Es ist fast doppelt so groß wie die USA und 48-mal so groß wie die Bundesrepublik Deutschland. Die Ost-West-Ausdehnung ist so gewaltig, dass sie sich über zwei Kontinente und elf Zeitzonen (siehe Seiten 14/15) erstreckt. Dämmert im Westen der Morgen, geht im Osten bereits der Tag seinem Ende zu. Wer das Land mit dem Zug durchqueren will, verbringt sieben Tage auf der berühmten Transsibirischen Eisenbahn. St. Petersburg liegt näher bei Montreal, Kanada, als bei Wladiwostok, der östlichen Endstation der Transsibirischen Eisenbahn.

Info

Russland...
- misst 9000 km in West-Ost-Richtung und 4000 km in Nord-Süd-Richtung.
- ist 48-mal so groß wie Deutschland.
- hat den kältesten bewohnten Ort der Erde (-77,8 °C in Oimjakon, gemessen 1938).
- besitzt die größten Mineralvorkommen und Rohstoffreserven aller Länder der Erde.
- hat mit der 12-Millionen-Stadt Moskau die größte Hauptstadt Europas.

M2 *Transsibirische Eisenbahn – Händler warten auf Reisende*

Im heutigen Russland leben viele unterschiedliche Volks- und Religionsgruppen miteinander. Oftmals kommt es auf Grund der großen kulturellen Unterschiede zu Unabhängigkeitsbestrebungen, denen nicht selten mit militärischer Gewalt entgegengetreten wird.

Aufgaben

1 Russland grenzt an vierzehn Nachbarstaaten. Liste sie mithilfe des Atlas auf (Karte: Asien – politische Übersicht).

2 Wenn es in Moskau 10 Uhr ist, wie viel Uhr ist es dann auf der Halbinsel Sachalin? Arbeite mit dem Atlas (Karte: Zeitzonen).

3 Beschreibe die fünf Großräume Russlands und benenne die jeweiligen Flüsse, Gebirge und Regionen. Wie lassen sich die Regionen abgrenzen?

M3 *Gesichter aus Russland – Einblick in die ethnische Vielfalt*

Russland – ein Land vor neuen Herausforderungen

Die naturräumliche Gliederung Russlands

Russland lässt sich in mehrere Großlandschaften gliedern. Das Osteuropäische Tiefland nimmt den größten Teil des europäischen Russlands ein. Hier befinden sich unter anderem mit Moskau und St. Petersburg auch die größten Städte des Landes. Im Süden liegen landwirtschaftlich besonders intensiv genutzte Gebiete (siehe Seite 148). Die östliche Grenze dieser Landschaft bildet der Ural, der Europa von Asien trennt. Das Gebirge ist etwa 2000 km lang und seine höchste Erhebung, die Narodnaja, erreicht 1895 m.

Nach Osten schließt sich das Westsibirische Tiefland mit ausgedehnten Sumpflandschaften von etwa 2,5 Millionen km² Fläche an.

Das Mittelsibirische Bergland kann als ein ausgedehntes, durch tief eingesenkte Flüsse zergliedertes Hochlandgebiet beschrieben werden. Im Süden markieren hohe Gebirgsketten seine Grenzen.

Östlich des Baikalsees, des tiefsten Binnensees der Erde, erstreckt sich das Ostsibirische Gebirgsland. Hier findet man ein abwechslungsreiches Relief mit Tiefebenen, Mittelgebirgen, Hochlandgebieten und über 3 000 m hohen Hochgebirgszügen.

Sibirien wird aufgrund seiner Größe in Russland auch als siebenter Kontinent bezeichnet. Die nordasiatische Großlandschaft ist ungefähr 27-mal so groß wie Deutschland, hat aber nur halb so viele Einwohner. Der wenig besiedelte Raum ist nicht nur reich an Bodenschätzen und Wäldern, sondern auch an Naturschönheiten (siehe Seite 146/147).

Aufgabe

5 Vergleiche die Karte (M4) mit einer Atlaskarte und trage die fehlenden Bezeichnungen in dein Heft ein.

> **Merke**
> Großlandschaften sind durch einheitliche Oberflächenformen gekennzeichnet. In Russland befinden sich Tiefländer insbesondere im europäischen Teil und in Westsibirien. Mittel- und Hochgebirge befinden sich im Zentrum sowie im Osten und am Südrand Sibiriens.

M4 *Naturräumliche Gliederung Russlands und Übungskarte (Maßstab 1:45 000 000)*

Der Zerfall der Sowjetunion

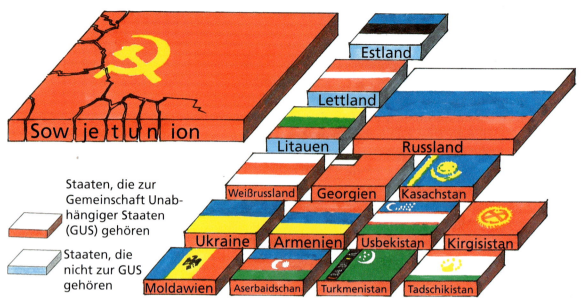

M1 *Zerfall einer Weltmacht – die Nachfolgestaaten der Sowjetunion (UdSSR)*

Info

Kommunismus, kommunistisches System

Der Kommunismus (von lateinisch: communis „allen gemeinsam") ist eine politische Lehre. Er strebt als politisches System eine Form der Gesellschaft an, in der der Einzelne zugunsten der Gemeinschaft weitgehend auf privates Eigentum verzichtet; alle sollen alles besitzen.

Aufgaben

1 Liste die Nachfolgestaaten der ehemaligen Sowjetunion in einer Tabelle auf. Ergänze in der Tabelle die Fläche, die Einwohnerzahlen und die Hauptstädte dieser Länder.

2 Die Karikaturen M2 – M4 behandeln den Zerfall der Sowjetunion.
a) Benenne die in M2 und M3 abgebildeten Personen.
b) Beschreibe jeweils die Inhalte der Zeichnungen und erläutere die „Meinung", die der Zeichner zum Ausdruck bringen will.

Ein Imperium zerbricht

Seit dem 16. Jahrhundert regierten Zaren (= Kaiser) von Moskau aus das Russische Reich. Durch Eroberungen und Unterwerfungen vieler Völker vergrößerten sie es, bis es von Polen bis zur Beringstraße und vom Eismeer bis Persien (Iran) reichte.

1917 stürzten Kommunisten den Zaren. 1922 wurde die Union der Sozialistischen Sowjetrepubliken (UdSSR) gegründet. Das Riesenreich wurde durch die kommunistische Partei von Moskau aus mit harter Hand regiert. Niemand durfte Eigentum an Grund und Boden haben, die Industrie wurde verstaatlicht, es gab weder Meinungsfreiheit noch freie Wahlen, keiner durfte seinen Wohnsitz frei wählen. Auch die Russifizierung wurde konsequent durchgesetzt. Jeder musste Russisch als Verkehrs- und Amtssprache lernen und die wichtigsten Ämter wurden mit Russen besetzt.

1985 leitete der damalige Parteichef Michael Gorbatschow erste Reformen ein, die aus der UdSSR einen modernen, auch westlich orientierten Staat machen sollten.

Seine Bemühungen um mehr Freiheit in der Gesellschaft („Glasnost") und um einen demokratischen Umbau von Politik und Wirtschaft („Perestroika") kamen jedoch zu spät. Als die kommunistische Partei an Macht und Einfluss verlor und sich Moskaus eiserner Griff lockerte, erklärten die Teilrepubliken 1991 ihren Austritt aus der Zwangsunion und ihre Unabhängigkeit. Das bedeutete das Ende der UdSSR.

Das sowjetische Imperium zerfiel in 15 Teilstaaten, von denen sich zwölf zur Gemeinschaft Unabhängiger Staaten (GUS) zusammenschlossen.

Eine Karikatur auswerten

Gewusst wie

Methode

Methode Karikaturen auswerten – Schrittfolge

1. Schritt: Orientierung
- Betrachte die Karikatur gründlich.
- Verschaffe dir zunächst einen Überblick und ordne die Karikatur einem Thema zu.
- Achte nun auf alle Details und überlege, welche Zusammenhänge dargestellt bzw. gemeint sind.

2. Schritt: Beschreibung
- Beschreibe den dargestellten Sachverhalt, achte auf Personen, Gegenstände und Handlungen sowie auf Gestaltungsmittel (Zeichnung, Text, gegebenenfalls Bildunterschrift).

3. Schritt: Erklärung
- Erkläre, wen oder was die Personen, Gegenstände oder Handlungen darstellen bzw. symbolisieren sollen.

4. Schritt: Wertung
- Lege dar, welche Personen, Handlungen oder Zustände aufgegriffen werden und was der Karikaturist aussagen und bewirken will.
- Prüfe, ob die kritische Sicht berechtigt und aktuell ist oder ob sie Fehler (z.B. unzulässige Verallgemeinerungen) enthält.
- Stelle dar, wie die Karikatur auf dich wirkt und welche Gedanken sie bei dir hervorruft.

M2 *Zerreißprobe*

M3 *… auf dem sinkenden Schiff „Sowjetunion"*

M4 *Carter, Reagan und Bush Sen. vor dem Denkmal einer Weltmacht*

Der Naturraum Russlands

Aufgaben

1 Nenne die Klima- und Vegetationszonen, an denen Russland Anteil hat.

2 Zeige am Beispiel von drei Vegetationszonen, wie die Natur der agrarischen Landnutzung durch den Menschen Grenzen setzt.

Die Natur setzt Grenzen

Die Staaten der Gemeinschaft Unabhängiger Staaten erstrecken sich über mehrere Klimazonen. Wenn an der Schwarzmeerküste die Badesaison beginnt, ist das gesamte Nordpolarmeer noch von einer geschlossenen Eisdecke überzogen.

Neben den klimatischen Bedingungen bestimmen die Böden mit ihren Nährstoffen die natürliche Vegetation sowie die landwirtschaftlichen Nutzungsmöglichkeiten.

Es existieren – je nach Klima und Böden – unterschiedliche natürliche Formen der Vegetation. Bei großräumiger Verbreitung und breitenparalleler Abfolge dieser Vegetationsformen spricht man von Vegetationszonen (M2).

Die ursprüngliche Pflanzenwelt wurde vom Menschen inzwischen stark verändert. In großen Teilen musste sie der landwirtschaftlichen Nutzung weichen. Allerdings sind die Bedingungen für die agrarische Landnutzung insgesamt ungünstig: auf drei Vierteln der Fläche der GUS liegen die Temperaturen mehr als acht Monate unter 0 °C. Auch die ausgedehnten Trocken- und Gebirgsräume lassen sich kaum nutzen.

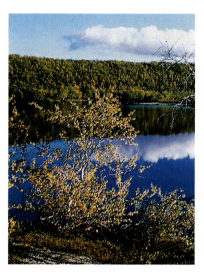

M1 *Taiga im Sommer*

> **Info**
>
> **Tundra, Taiga, Steppe**
>
> Das Wort Tundra war ursprünglich nur im Norden der Halbinsel Kola beheimatet. Es leitet sich vom finnischen Wort tunturi ab und heißt flache, waldlose Landschaft. Das Wort Taiga stammt aus Jakutien und lässt sich mit „dichter Nadelbergwald" übersetzen. Die Taiga existiert jedoch nicht nur im Bergland und auch nicht immer als dichter Wald. Insofern wird Taiga als „nördlicher Nadelwald" übersetzt. Das Wort Steppe stammt aus dem Russischen und bedeutet Grasland.

M2 *Vegetationszonen*

Russland – ein Land vor neuen Herausforderungen

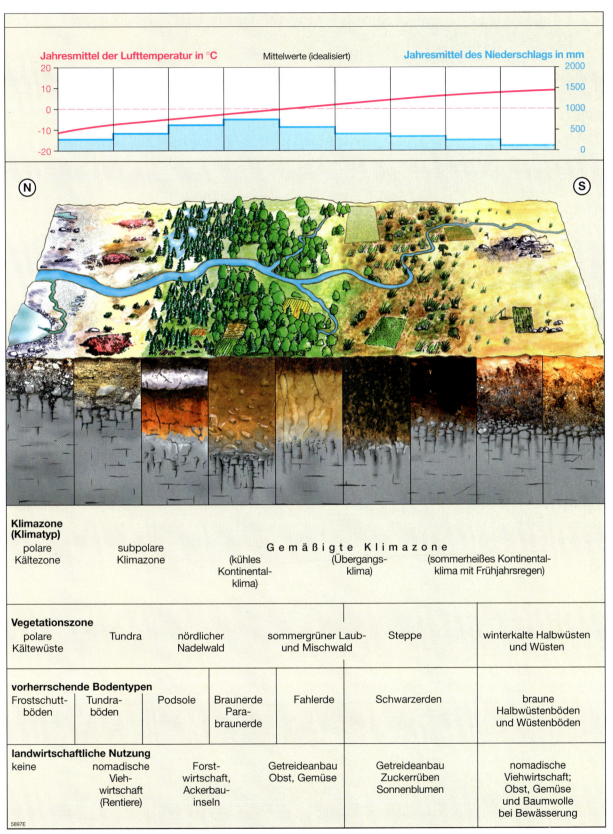

M3 *Klima- und Vegetationszonen Russlands im Überblick (idealisierter Nord-Süd-Schnitt)*

Sibirien – schwierige Rohstoffgewinnung

M1 *Russland mit Sibirien (Sibirien schraffiert)*

Fläche	57 %
Bevölkerung	17 %
Industrielle Produktion	25 %
Energieressourcen (Kohle, Erdöl, Erdgas, Wasser)	80 %
Export	49 %

M2 *Die Bedeutung Sibiriens*

Sibirien – eine wertvolle russische Region

Sibirien, eine der rohstoffreichsten Regionen der Erde, war schon immer begehrtes Objekt der russischen Herrscher. Auf Drängen der russischen Zaren und mithilfe der Kaufmannsfamilie Stroganow wurde seit dem 16. Jahrhundert der westliche Teil Sibiriens erschlossen – ein Gebiet, das mit 2,5 Mio. km² rund siebenmal so groß wie Deutschland ist. Die attraktivste Ressource bestand in den zahllosen Pelztieren, besonders den wertvollen Zobeln. Pelze waren als Bekleidung während der langen, kalten Winter sehr begehrt und sie bildeten den führenden Exportartikel.

Als der Reichtum an Pelztieren wegen Überjagung gegen Ende des 17. Jahrhunderts zur Neige ging, traten der Abbau und die Verhüttung von Erzen in den Vordergrund. Silber, Kupfer, Blei, Gold, Diamanten, aber auch Eisen, Zinn und Schwefel wurden im Ober- und Untertagebau gefördert.

Da die Entfernungen riesig und die Transportmöglichkeiten begrenzt waren, wurden zunächst nur die wertvollsten Erze wie Silber, Kupfer und Gold verhüttet. Bereits zur Mitte des 18. Jahrhunderts war Sibirien ein bedeutender russischer Wirtschaftsraum: der wichtigste Lieferant von Edelmetallen in Europa und der weltweit größte Produzent von Kupfer. Ab Mitte der 1960er Jahre wurden Erdöl- und Erdgasfelder entdeckt und ausgebeutet. Sie zählen zu den größten in der Welt.

M3 *Sibirien – Eine russische Schatzkammer*

Russland – ein Land vor neuen Herausforderungen

M4 *Abbau von Kohle im Tagebau Nerjungri*

M6 *Verlegen einer Pipeline*

Sehr kalte Winter und warme Sommer

Das extreme Klima macht die Erschließung Sibiriens und die Gewinnung seiner **Ressourcen** äußerst schwierig. Das Klima weist sehr lange Frostperioden und hohe Temperaturunterschiede im Jahr auf. So beträgt die Differenz zwischen kältestem und wärmstem Monat in Jakutien 60 °C. Hinzu kommt, dass das Land sehr dünn besiedelt ist und über wenig Verkehrswege verfügt. Ein großes Hindernis stellt der Dauerfrostboden dar. Er bedeckt etwa 80 Prozent Sibiriens und ist im Winter bis zu mehreren hundert Metern tief gefroren. Wenn er im Sommer an der Oberfläche auftaut (etwa bis zu einem Meter), wird der Boden so morastig, dass zahlreiche Siedlungen von der Außenwelt abgeschnitten sind.

Die klimatischen Bedingungen treiben die Kosten für die wirtschaftliche Erschließung und Nutzung der Rohstoffe in große Höhen.

Aufgaben

1 Beschreibe die naturräumliche Ausstattung Sibiriens:
a) Gehe ein auf Klima, Boden und Vegetation.
b) Beschreibe den Wandel des Klimas von Westen nach Osten.

2 Fertige eine Liste der Ressourcen Sibiriens an (M3, Atlas).

3 Die russischen Politiker treiben trotz hoher Kosten die wirtschaftliche Erschließung Sibiriens voran. Begründe diese Entscheidung.

M5 *Wohnungsbau für Ölarbeiter*

> **Merke**
> Sibirien ist eine der rohstoffreichsten Regionen der Erde. Allerdings wird die Gewinnung der Bodenschätze durch das extreme Klima und die schlechten Verkehrsverbindungen erheblich erschwert.
>
> **Grundbegriff**
> • Ressource

Die russische Landwirtschaft

Info

Schwarzerdeböden

Schwarzerdeböden sind die fruchtbarsten Böden der Erde. Sie verdanken ihre Fruchtbarkeit dem Löss und der dicken Humusschicht. Löss ist ein kalkhaltiges Gesteinsmehl, das während der letzten Eiszeit vom Wind abgelagert wurde.

Probleme der Landwirtschaft in der Steppe Südrusslands

Im Süden Russlands treffen wir auf die Steppenzone. Der Name Steppe kommt von dem russischen Wort *step* und bedeutet „Grasland". Die Winter in der Steppe sind kalt und schneearm, die Sommer dagegen heiß und trocken. Früher waren die Steppen weite Grasländer, in denen wegen der geringen Niederschläge nur wenige Bäume wuchsen. Die ursprüngliche Vegetation bestand vor allem aus Kräutern und Zwiebelgewächsen (z.B. Tulpen und Lilien). Sie bildete einen dichten Wurzelfilz, der den Boden vor der Abtragung durch Wind und den sturzflutartigen Regen im Sommer schützte. Im Hochsommer verdorrten die Gräser und wurden von den Mikroorganismen des Bodens zu Humus umgewandelt. Die Böden der Steppe (Schwarzerde) sind daher sehr fruchtbar. Die Steppenzone ist die Heimat unserer Getreidearten und sie gilt heute als „Kornkammer" der Ukraine und Russlands.

Missernten durch Dürre und Bodenerosion

In der Steppe herrscht keine Niederschlagssicherheit, das heißt, es kann zu wenig oder zum falschen Zeitpunkt regnen. Auf diese Weise entstehen Missernten durch Dürre.

Auch unzureichender Bodenschutz führt letztendlich zu Ernteausfällen. So liegen die großen, ausschließlich mit Getreide bestellten Ackerflächen nach der Ernte über mehrere Monate hinweg brach. In dieser Zeit ist der Oberboden ungeschützt der Erosion ausgesetzt. Unter diesen Bedingungen haben Winde bereits ein Drittel des nährstoffreichen Oberbodens abgetragen. Im Frühjahr, wenn die Schneedecke taut, kann das Schmelzwasser den Oberboden wegspülen. Schluchten, die Owragi (Sing. Owrag) heißen, entstehen.

Aufgabe

1 Erläutere naturbedingte und vom Menschen verursachte Gründe für die Versorgungsmängel.

M1 *Landwirtschaftliche Nutzung der Steppe*

M2 *Form der Bodenerosion – Owrag (Schlucht)*

Russland – ein Land vor neuen Herausforderungen

Versorgungsmängel

In der Vergangenheit wurden in Russland nicht immer genug Nahrungsmittel produziert. Dies hing mit der klimatischen Ungunst aber vielfach auch mit Mängeln der Planwirtschaft zusammen. Weil Kühlhäuser fehlten, verdarb Fleisch; weil die Ernte schlecht organisiert war oder weil Maschinen nicht einsetzbar waren, blieben die Erträge gering.

Nach dem Zusammenbruch der Zarenherrschaft waren die Kommunisten (siehe Seite 142) an die Macht gekommen. Danach, bis 1991, waren alle landwirtschaftlichen Betriebe in der Hand des Staates oder von Genossenschaften. Von Moskau aus wurde geplant, was in welcher Menge von den Kolchosen und Sowchosen produziert werden sollte. Die Eigeninitiative der landwirtschaftlichen Betriebe wurde nicht gefördert; auf die Wünsche der Verbraucher wurde wenig Rücksicht genommen.

Nach 1991 wurde die bisherige Planwirtschaft durch die Marktwirtschaft abgelöst. Privatbetriebe waren nun erlaubt; die Bauern traten aus den Kollektiven und Staatsgütern aus. Gefordert war nun, eigenes oder gepachtetes Land zu bewirtschaften. Doch viele ehemalige Kolchose- und Sowchosearbeiter hatten als zum Teil spezialisierte Arbeiter keine Erfahrung mit dieser Form des eigenverantwortlich handelnden Landwirts (siehe Seite 150/151).

> **Info**
> **Landwirtschaftliche Betriebe in der ehemaligen Sowjetunion**
>
> *Kolchose:*
> Landwirtschaftlicher Großbetrieb (über 6000 ha), der im Durchschnitt von über 450 Beschäftigten genossenschaftlich bewirtschaftet wurde. Der Boden gehörte dem Staat und wurde den Kolchosen zur Bewirtschaftung überlassen. Die Kolchosen arbeiteten für den regionalen Markt.
>
> *Sowchose:*
> Staatsgut mit etwa 16 000 ha und 470 Beschäftigten im Durchschnitt. Boden, Gebäude und Maschinen gehörten dem Staat, der Leiter war vom Staat eingesetzt. Sowchosen produzierten für den überregionalen Markt und waren stark spezialisiert.

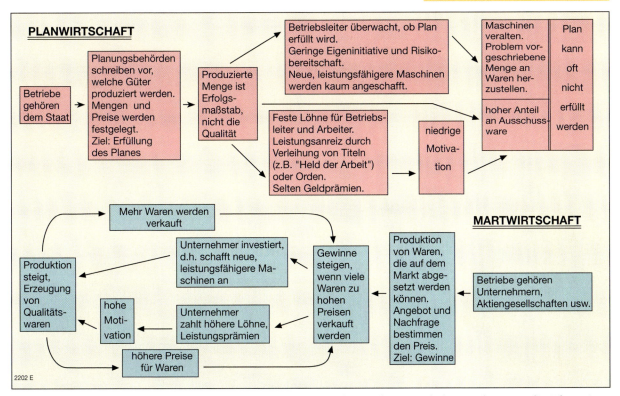

M3 *In Russland und seinen 14 Nachbarstaaten (ehemalige UdSSR) galt bis Ende 1991 die Planwirtschaft. Heute gehen die Staaten zur Marktwirtschaft über.*

Aufgaben

1 Nenne Schwierigkeiten, vor denen ein selbstständiger Landwirt heute in Russland steht.

2 Erkläre die Bedeutung der privaten Nebenwirtschaften.

3 Die Familie Guta hat für Russland einen Ausnahmebetrieb. Nenne Gründe für die Erfolgsgeschichte des Betriebes.

Privatisierung der russischen Landwirtschaft

Mit dem Zerfall der Sowjetunion gingen die ehemaligen landwirtschaftlichen Großbetriebe nach und nach in private Hände über. Das war für die Menschen nicht einfach.

Den ehemaligen Sowchose- und Kolchosemitarbeitern wurden bei der Auflösung der Betriebe Anteilsscheine an Land, Maschinen und Vieh zugeteilt. Es blieb ihnen überlassen, ihre Anteile zu verkaufen, sie als Mitarbeiter in einen neuen Großbetrieb zu stecken, bei dem sie angestellt waren oder damit einen eigenen Betrieb zu gründen.

Diese Umgestaltung ist jedoch schwierig. Oft änderte sich bei den Großbetrieben nur der Name, die alten Führungskräfte leiten die „neuen" Betriebe mit dem Unterschied weiter, dass sie jetzt alle Tätigkeiten des Betriebes selbst organisieren müssen. Immer wieder versuchen Menschen einen selbstständigen Familienbetrieb zu gründen. Sie müssen Kredite aufnehmen um Betriebsgebäude zu bauen und Maschinen, Saatgut und Düngemittel zu kaufen. Oft fehlt ihnen allerdings das Wissen, wie ein Betrieb geführt wird und wie man am besten die Produkte verkauft.

Info

Private Nebenwirtschaften

Um die Nahrungsmittel nicht teuer einkaufen zu müssen betreiben 90 Prozent der Land- und 60 Prozent der Stadtbevölkerung in ihren Gärten, auf gepachteten Ackerflächen oder auf illegal besetztem Land eine kleine Nebenwirtschaft zur Selbstversorgung. Auf diese Weise werden 91 Prozent der Kartoffeln, 76 Prozent des Gemüses und 55 Prozent des Fleisches in Russland erzeugt. Vor allem Rentner verkaufen am Straßenrand ihre selbst erzeugten Produkte um ihre bescheidenen Renten aufzubessern, die oft kaum zum Überleben reichen.

M1 *Misere in der Landwirtschaft – Pferde statt Traktoren*

Russland – ein Land vor neuen Herausforderungen

Der Sprung in die Privatisierung

Ivan Mikalaiovitsch Guta berichtet über seinen neu gegründeten Betrieb: „Letztes Jahr feierten wir das zehnjährige Jubiläum unseres Privatbetriebes. Alles begann, als ich 50 Hektar eigenes Ackerland zur Bewirtschaftung zugeteilt bekam. Ich taufte meinen Betrieb ‚Mrija' (Traum). Am Anfang habe ich alle Tätigkeiten im Betrieb selber ausgeführt. Meine Frau arbeitete noch auf der bestehenden Kolchose als Buchhalterin. Dadurch hatten wir zumindest für den Anfang ein kleines festes Einkommen.

Zuerst baute ich alles an, wie ich es früher von der Kolchose gewohnt war, mindestens 15 verschiedene Kulturen und das alles ohne eine Maschine. Mit einem Kredit von der Regierung konnte ich dann aber bald meine ersten Anschaffungen machen.

Durch Zufall traf ich einen holländischen Landwirt, der mir riet, Kartoffeln anzubauen. Ich war zuerst skeptisch, denn bei uns gab es überall zu viel Kartoffeln und verkaufen konnte man die nirgendwo. Er erklärte mir, ich solle beste Qualität liefern und durchhalten, bis man mich als zuverlässigen Lieferanten kenne. Ich hatte Glück: meine Kartoffeln fanden guten Absatz und ich dehnte meine Anbaufläche aus.

Da es für viele Leute schwierig ist, selber ihr Land zu bebauen, verpachteten sie mir ihre Flächen. So wuchs ‚Mrija' schnell. Heute bewirtschafte ich insgesamt 6000 Hektar Ackerland, mittlerweile auch mit anderen Feldfrüchten. 20 Prozent der Kartoffeln gehen in eine Verarbeitungsfabrik. Dort werden Kartoffelmehl und verschiedene Fertigprodukte hergestellt. Außerdem gehören Marktfahrer zu meinen Abnehmern. Meine Produkte haben eine gute Qualität und gute Lagereigenschaften, sodass ich die Konkurrenz nicht zu fürchten brauche. Ich bin froh, dass ich den Schritt in die Selbstständigkeit gewagt habe."

Betriebsspiegel der Familie Guta
- Die Familie Guta bewirtschaftet drei Betriebe mit insgesamt 6000 ha Ackerland.
- Betrieb Mrija: 50 ha eigenes Land und 2000 ha zugepachtet, ohne Tierhaltung. Kartoffeln 600 ha, Weizen 2500 ha, Brache 300-500 ha, Gerste ca. 2000 ha, Erbsen 300 ha, Raps/Weißer Senf 50 ha.
- Zwei weitere Betriebe mit je 2000 ha in Nachbardörfern mit 2000 Milchkühen und 200 Muttersauen.

M2 *Kartoffelanbau in Südrussland*

Merke
Privatbetriebe sind mittlerweile in der russischen Landwirtschaft erlaubt. Doch viele ehemalige Kolchose- und Sowchosearbeiter scheuen das Risiko, andere scheitern am fehlendem Fachwissen.

Fahrzeugbau in Russland

M1 *Ein Auto verändert sein Gesicht*

Russland wird mobil

Die Eisen- und Stahlindustrie (Schwerindustrie), der Maschinenbau, die Rüstungsindustrie und die chemische Industrie standen neben dem Bergbau in der ehemaligen Sowjetunion immer im Vordergrund des Wirtschaftslebens. Viele langlebige Konsumgüter wurden nur in geringem Umfang produziert und waren meist Nebenprodukte einiger Wirtschaftszweige.

Die Automobilindustrie stellte zum Beispiel zuerst Fahrzeuge für die sowjetische Wirtschaft und das Militär her (Pkw für den Verwaltungsapparat; Lkw, Traktoren, Busse für die Beförderung und den Transport von Menschen und Material in Industrie, Bergbau, Landwirtschaft und Militär). Danach wurde die Bevölkerung, wenn sie es sich leisten konnte und jahrelange Wartezeiten in Kauf nahm, mit privaten Pkw versorgt.

Es gab bei den Pkw auch nur wenige Modelle. Die bekanntesten waren der „Lada" und der „Wolga". Sie hatten in der Regel eine Einheitsausstattung und waren nur in wenigen Farben zu haben (z.B. grau, schwarz, beige, weiß oder dunkelgrün). Eine große Auswahl gab es demnach in der Sowjetzeit nicht.

1. San Marino	936
9. Italien	576
12. Frankreich	524
13. Deutschland	523
22. USA	482
29. Japan	411
33. Kuwait	396
34. Libanon	394
35. Estland	392
45. Litauen	345
54. Lettland	261
73. Weißrussland	157
74. Russland	155
82. Ukraine	128
103. Kasachstan	72
212. Äthiopien	1

(Die Zahlen vor dem Land geben den Platz im internationalen Vergleich an).
(Quelle: CIA World Factbook)

M2 *Motorisierung ausgewählter Staaten für das Jahr 2000 (PKW pro 1000 Einwohner)*

Info

Konsum- und Verbrauchsgüter
sind Waren, die verbraucht werden, das heißt, die nicht weiterverarbeitet werden. Man unterscheidet zwischen Konsumgütern des täglichen Bedarfs (z.B. Lebensmittel usw.) und langlebigen Konsumgütern (z.B. Möbel, Kleidung, Auto usw.). Die Motorisierung eines Landes ist abhängig von der Ausstattung mit Motorfahrzeugen (Pkw, Lkw, Motorrädern).

Die Wünsche ändern sich

Nach dem Zerfall der Sowjetunion wurden die Träume der Russen von einem „Lada" oder „Wolga" immer seltener. Das lag kaum daran, dass sie nicht begeisterte Autofahrer waren, im Gegenteil, die Westautos waren jetzt die Kassenschlager.

Die einheimischen Automobilhersteller melden Produktionseinbrüche und Autos stehen zu tausenden auf Halde. Auch der Durchschnittspreis von nur 5 000 Dollar für ein russisches Auto ist kein Kaufargument mehr. Eine steigende Zahl von Russen finanziert die ausländischen Autos mittlerweile mit einem Verbraucherkredit. Der Autoboom in Russland geht weiter.

Jelena Sachowa berichtet uns über ihre Kaufentscheidung für einen Westwagen: „Ein russisches Auto kostet mittlerweile fast genauso viel wie ein vergleichbar großer Westwagen. Ein Westauto hat eine schicke Form, man kann es in tollen Farben kaufen und die Innenausstattung ist freundlich. Außerdem gibt es von jeder Marke mehrere Modelle. Die neuen Autos sollen zudem auch haltbarer sein, aber das muss ich noch einmal abwarten. ....und schnell sind sie. Eigentlich kann ich mich zwischen den vielen neuen Angeboten gar nicht so recht entscheiden."

Die ausländischen Autofirmen drängen auf den russischen Markt und errichten Produktionsstätten im Land. Sie wittern einen riesigen Absatz und wollen außerdem nah bei der Kundschaft sein um sie schnell zu bedienen.

Aber auch der russische Gebrauchtwagenmarkt boomt. Im Jahre 2002 wurde erstmals mehr für Westautos ausgegeben als für russische Autos.

> **Produktionsstätten ausländischer Autofirmen in Russland**
> - Ford: bei St. Petersburg
> - BMW, Kia und GM: Kaliningrad
> - Renault: Moskau
> - GM: Togliatti
> - VW und DaimlerChrysler prüfen noch Standorte mit russischen Partnern

Aufgaben

1 Vergleiche die Motorisierung der russischen Bevölkerung mit der anderer Staaten (M2).

2 Begründe die geringe Motorisierung in der ehemaligen Sowjetunion.

3 Begründe den starken Verkauf von Westautos in Russland.

4 Erläutere, was die einheimische russische Autoindustrie machen muss um höhere Verkaufszahlen zu erreichen.

5 Trage die Automobilwerke Russlands in eine stummen Karte ein. Beschreibe, in welchen Regionen sie sich befinden.

6 Beschreibe die Probleme, die es bei einer zunehmenden Motorisierung in Russland geben wird.

M3 *Moskau im Stau*

Gewusst wie — Kartenarbeit

M1 *Brennender Ölsee in der Taiga. Ölfirmen versuchen auf diese Weise die Folgen von Pipelinebrüchen zu beseitigen und richten damit weiteren Schaden an.*

SOS – Umwelt in Not

Wie in Sibirien, so stand auch in allen anderen Teilen der ehemaligen Sowjetunion die Steigerung der industriellen Produktion im Mittelpunkt der Wirtschaftspolitik. Die Schätze der Natur sollten um jeden Preis nutzbar gemacht werden. Die Folgen der mit aller Macht vorangetriebenen Industrialisierung sind verheerend. Betriebe, die aus Kostengründen auf die Modernisierung der Produktionsanlagen verzichten, zum Beispiel auf den Kauf wirksamer Staubfilter oder auf den Bau von Kläranlagen, verschmutzen den Boden, die Luft und das Wasser. Heute gibt es über 300 stark belastete Gebiete im Raum der ehemaligen Sowjetunion und kaum eine Region, in der die Umwelt keinen Schaden genommen hat.

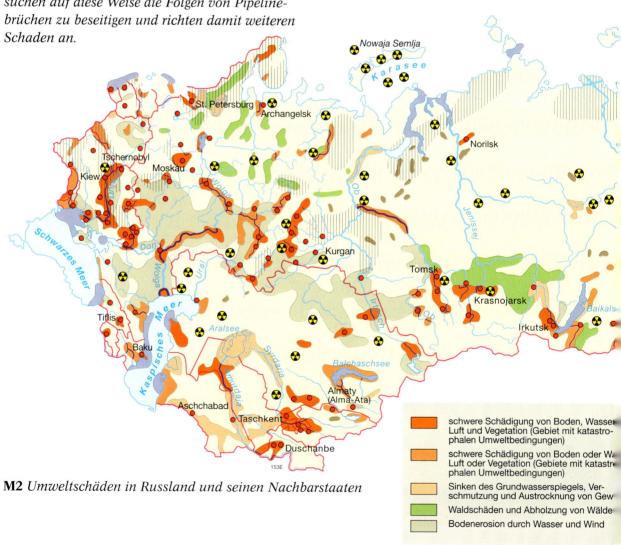

M2 *Umweltschäden in Russland und seinen Nachbarstaaten*

Gewusst wie

M3 *Häufig wird der Baikal als Müllkippe missbraucht*

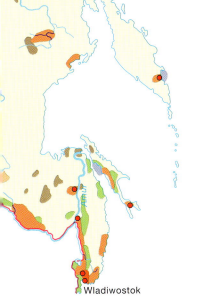

Wladiwostok

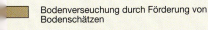 Bodenverseuchung durch Förderung von Bodenschätzen
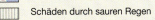 stark verschmutzte Flüsse, Seen und Meere
▯▯▯ Schäden durch sauren Regen
● Städte mit katastrophaler Luftverschmutzung
☢ atomare Verseuchung festgestellt bzw. vermutet

0   500   1000 km

Methode

Methode Kartenarbeit

Thematische Karten dienen der Darstellung bestimmter Themen. Die Farben in diesen Karten dienen nicht wie bei physischen Karten der Darstellung von Höhen, sondern zeigen zum Beispiel (wie in M2) die Verbreitung von Bodenverseuchung.

Schritte bei der Bearbeitung einer thematischen Karte

1. Beschreibung
- Um welchen Raum handelt es sich?
- Was wird in der Karte inhaltlich dargestellt? Kartenübersicht und Legende sind dabei wichtige Hilfen.
- Was ist im Zusammenhang mit der inhaltlichen Darstellung besonders interessant und/oder wichtig?

2. Auswertung
- Was will die Karte aussagen? Dazu müssen einzelne Inhalte zueinander in Beziehung gesetzt werden. Die Verbreitung, Häufigkeit und Größenordnung bestimmter Signaturen können hilfreich sein.
- Was kann man aus den Karteninhalten folgern?
- Fehlen für die Kartenauswertung Informationen oder sind zusätzliche Informationen wünschenswert? Wenn ja, welche und weshalb?

3. Zusammenfassung
- Schriftlich oder mündlich werden die wichtigsten Ergebnisse der Beschreibung und Auswertung kurz zusammengefasst.

4. Ergänzung (zusätzlich)
- Die Aussagen einer Karte können durch die Inhalte anderer Medien (hier eines Textes und Fotos) ergänzt werden.

China – Land im Umbruch

Die Großlandschaften Chinas	**158**
Bevölkerung	**160**
Ein hungriger Riese in Ostasien	**162**
China im wirtschaftlichen Aufbruch	**164**
Ungleiche Entwicklung	**168**
China in Hamburg – eine Projektidee	**170**
Gewusst wie: Projektarbeit im Team	**172**

M1 Das neue und das alte China – ein westlich orientierter Manager auf dem Platz des Himmlichen Friedens
Der knapp 40 ha große Platz des Himmlischen Friedens liegt im Zentrum Pekings. An seiner Nordseite steht das Tor des himmlischen Friedens, hinter dem sich der Kaiserpalast anschließt. Bis 1911 war der Platz nicht öffentlich zugänglich.

Die Großlandschaften Chinas

M1 *Die Lage der Großlandschaften in China*

China in Ostasien – ein vielfältiger Naturraum

Nur wenige Gebiete der Erde werden von so vielen unberechenbaren Naturkatastrophen bedroht wie Ostasien: Dürren, Taifune, sommerliche Starkregen und extreme Winterkälte, Überschwemmungen, Erdbeben und Vulkane. Die Natur dieses großen Raumes ist regional sehr unterschiedlich ausgeprägt.

Das Relief ist durch die Lage an den Rändern von Platten und deren Bewegungen gekennzeichnet. Häufig vergleicht man die Oberfläche Ostasiens mit einer Treppe, die vom Inneren des Kontinents bis an dessen Küste führt.

Das Klima wird wesentlich von der Breitenlage bestimmt. Innerhalb der gemäßigten Klimazone unterscheidet man maritim und kontinental geprägte Regionen. Auch Meeresströmungen, Höhenlage und Winde beeinflussen das Klima.

M2 *Die 8000er-Kette des Himalaya*

M4 *HanHai – im Tarimbecken*

M3 *Der Huang He bei Niedrigwasser in der Großen Ebene*

China – Land im Umbruch

Himalaya – „Heimat von Schnee und Eis"

Steil steigt der Himalaya aus dem Gangestiefland auf. Elf Gipfel ragen über 8000 Meter empor. Der höchste von ihnen ist der Mount Everest (Qomolangma – „Göttinmutter der Berge"). Die schroffe Bergwelt mit riesigen Gletschern und tief eingeschnittenen Tälern ist beeindruckend. Immer wieder lockt sie Bergsteiger an. Die eisige Kälte, orkanartige Stürme und die dünne Luft sind für sie gefährlich. Es gibt nur wenige hoch gelegene und nur im Sommer befahrbare Pässe.

Zusammen mit den Kunlunketten schließt der Himalaya das ausgedehnteste Hochland der Erde, das Hochland von Tibet, ein. Dieses riesige Hochland wird von zahlreichen Gebirgszügen zergliedert. Diese Gebirgswelt ist fast bevölkerungsleer. In den großen Längstälern züchten die wenigen Bewohner Yaks.

HanHai – „Trockenes Meer"

Die Chinesen fassen alle Landschaften nördlich des Kunlun unter dem Namen HanHai zusammen. In diesen meeresfernen, abflusslosen Trockengebieten werden lange, sehr kalte Winter von kurzen, heißen Sommern abgelöst. Weite Täler werden von hohen Bergketten eingerahmt. Mit ihren gewaltigen Sanddünen erwecken diese Wüstenlandschaften den Eindruck eines wogenden Meeres. Flüsse, die von den Gletschern der umliegenden Gebirge gespeist werden, verdunsten oder versickern im Wüstensand. Andere enden in Salzsümpfen oder flachen Salzseen.

Selbst Kamelkarawanen meiden die Kernräume der Trockengebiete. Die Trassen verlaufen an den Beckenrändern, dort gibt es Wasserplätze und Oasen. An solchen günstigen Stellen wächst eine schüttere Steppenvegetation.

Die Große Ebene

Am Unterlauf der nach Osten entwässernden Ströme breitet sich Tiefland aus. Es ist in der Welt einzigartig. Günstige klimatische Bedingungen und sehr fruchtbarer Boden machten es zum wichtigsten Lebensraum der Chinesen. Zugleich ist es eines der ältesten Siedlungsgebiete der Erde. Die Große Ebene ist vor allem das Werk des Huang He. Zu allen Zeiten hat er das Leben der Menschen stark beeinflusst. Unzählige große und kleine Dörfer sind über die Ebene verstreut. Dicht gedrängt lebt hier die Mehrzahl der Chinesen. Millionen von Kleinbauern bewirtschaften ihre kleinen Felder, es gibt kaum Wiesen und Weiden. Von oben sieht die Landschaft wie ein großes Schachbrett mit unregelmäßigen Feldern aus. Je weiter man nach Süden kommt, desto mehr überwiegt der Reis als wichtigste Anbaukultur.

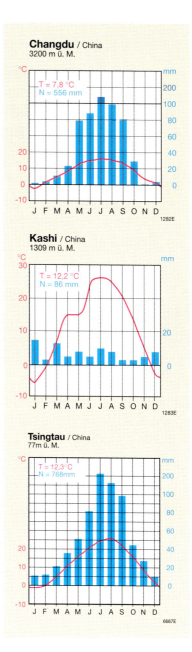

Merke
China besitzt vielfältige Landschaften. Hochländer und Gebirge nehmen 60 Prozent des Landes ein. Das Tiefland im Osten ist der wichtigste Lebens- und Wirtschaftsraum der Chinesen.

Bevölkerung

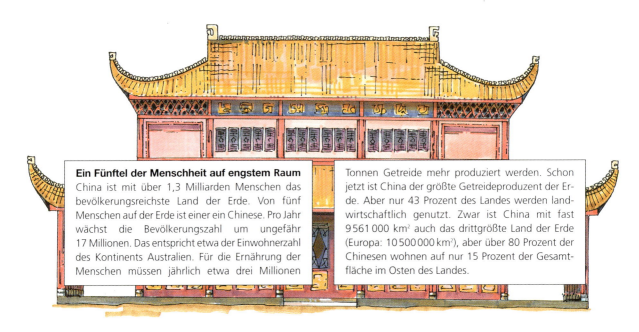

Ein Fünftel der Menschheit auf engstem Raum
China ist mit über 1,3 Milliarden Menschen das bevölkerungsreichste Land der Erde. Von fünf Menschen auf der Erde ist einer ein Chinese. Pro Jahr wächst die Bevölkerungszahl um ungefähr 17 Millionen. Das entspricht etwa der Einwohnerzahl des Kontinents Australien. Für die Ernährung der Menschen müssen jährlich etwa drei Millionen Tonnen Getreide mehr produziert werden. Schon jetzt ist China der größte Getreideproduzent der Erde. Aber nur 43 Prozent des Landes werden landwirtschaftlich genutzt. Zwar ist China mit fast 9 561 000 km² auch das drittgrößte Land der Erde (Europa: 10 500 000 km²), aber über 80 Prozent der Chinesen wohnen auf nur 15 Prozent der Gesamtfläche im Osten des Landes.

www.china-botschaft.de

Aufgaben

1 a) Beschreibe die Lage der Gebiete mit der größten Bevölkerungsdichte in China (M1).
b) Erkläre die ungleiche Bevölkerungsverteilung (Atlas, Karte: Ostasien/China).

2 a) Nenne Maßnahmen der Familienplanung.
b) Notiere Gründe, warum das Bevölkerungswachstum begrenzt werden soll.

3 Stimmt die Aussage „China – ein Volk ohne Geschwister"? Begründe deine Antwort.

4 Nenne Folgen, die die rigorose Bevölkerungspolitik für die chinesische Gesellschaft hat.

Ein Volk ohne Geschwister?

Aus vielen Sprichwörtern wird die Bedeutung der Kinder in China deutlich: „Viele Kinder – großes Glück", „Kinder sind das Juwel des Hauses". Dass viele Kinder etwas Gutes bedeuten, hat der Konfuzianismus, eine religiöse und moralische Lehre, tief in den Köpfen der Menschen verankert.

Auch aus wirtschaftlichen Gründen war eine große Bevölkerungzahl von den chinesischen Herrschern sehr erwünscht. Verwandelten sich doch die Kinder von heute in Steuerzahler und Arbeitskräfte von morgen.

Mitte der 1960er Jahre erkannte man dann allerdings in China die Gefahr einer Überbevölkerung und mit Beginn der 1970er Jahre wurden erste Maßnahmen zur **Familienplanung** eingeführt.

Diese Politik ist auch heute noch bestimmend. Im Fernsehen, in Zeitungen, Zeitschriften und auf Plakatwänden wird für die Ein-Kind-Familie geworben. Finanzielle und soziale Zuwendungen sollen die Einhaltung der Ein-Kind-Ehe durchsetzen, bei Nichteinhaltung drohen zum Beispiel auch Geldbußen. So müssen bei einem zweiten Kind 10 000 Yuan Strafe gezahlt werden, das sind zwei Monatsgehälter eines gut verdienenden Arbeiters. Die kostenlose Ausgabe von empfängnisverhütenden Mitteln sowie die kostenlose Durchführung von Schwangerschaftsabbrüchen sind weitere Maßnahmen der Familienplanung. Das Mindestalter für eine Heirat wurde 1980 für Frauen auf 20, für Männer auf 22 Jahre gesetzlich festgelegt.

In den Städten Chinas kann man bereits von einem „Volk ohne Geschwister" sprechen. Auf dem Land werden die Vorschriften zur **Geburtenkontrolle** nicht so konsequent beachtet.

China – Land im Umbruch

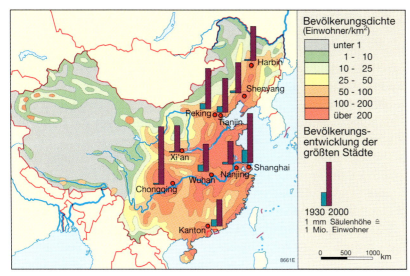

M1 *Bevölkerungsdichte und Städtewachstum*

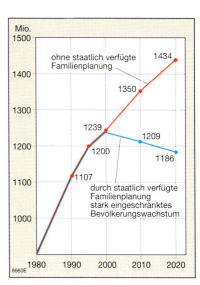

M2 *Bevölkerungsentwicklung*

Rigorose Geburtenkontrolle

„Familien mit Einzelkindern werden bei der Zuteilung von Wohnraum begünstigt. Familien mit mehreren Kindern sollen grundsätzlich keine größeren Wohnungen haben als Ein-Kind-Familien. Die Verwaltung des Bezirks, in dem man lebt, ist verpflichtet sich besonders um die Ehepaare zu kümmern, die nur ein Kind haben – wenn sie zu alt sind um selbst zu arbeiten oder wenn sie krank sind. Das macht es überflüssig, mehrere Kinder haben zu wollen um im Alter versorgt zu sein.

Familien, die zwei Kinder haben, sind deutlich schlechter gestellt. Einzelkinder haben weit bessere Chancen der Entwicklung, Ausbildung und beruflichen Eingliederung.

Mütter, die ein drittes Kind in die chinesische Welt setzen, erhalten während des Schwangerschaftsurlaubs keine Lohnfortzahlungen. Sie müssen die Inanspruchnahme von Gesundheitsdienst und Medikamenten bezahlen. Wenn ein Ehepaar ein drittes Kind bekommt, werden fünf Prozent des Gesamteinkommens von Mann und Frau einbehalten. Ehepaare, die sich sterilisieren lassen, bekommen finanzielle Zuwendungen und werden öffentlich ausgezeichnet."

(Schubnell, H.: Rigorose Geburtenkontrolle. – In: Das Parlament Nr. 36, gekürzt)

M3 *Werbung für die Ein-Kind-Familie in Peking*

Merke

China ist das bevölkerungsreichste Land der Erde. Mehr als 1,3 Mrd. Menschen leben hier. Um den Anstieg der Bevölkerungszahl zu verlangsamen, wirbt die chinesische Regierung bei der eigenen Bevölkerung für die „Ein-Kind-Familie".

Grundbegriffe

- Familienplanung
- Geburtenkontrolle

Ein hungriger Riese in Ostasien

Info

Schon gewusst?
Wusstest du schon, dass China ...
... rund ein Fünftel der weltweiten Getreide- und Kartoffelproduktion erzeugt?
... mit mehr als 170 Mio. t rund ein Drittel der Reisernte der Erde erbringt?
... einen Bestand von insgesamt rund 700 Mio. Schweinen, Schafen und Rindern hat und der mit großem Abstand führende Fleischerzeuger der Erde (ein Viertel der Weltproduktion) ist?

1,3 Milliarden Menschen wollen ernährt werden

Hungersnöte, früher eine Geißel der Chinesen, scheinen überwunden zu sein. Dennoch konnte China in manchen Jahren seine Bevölkerung kaum ernähren. Wo liegen die Ursachen?

1. Nur zehn Prozent des Landes können ackerbaulich genutzt werden. Wüsten und Hochgebirge im Westen lassen die landwirtschaftliche Nutzung kaum zu.
2. Der regenreiche Osten ist die „Getreidekammer" Chinas. Hier werden 50 Prozent der Ackerflächen bewässert. Das Gebiet ist aber anfällig für Dürren und Überschwemmungen.
3. Der Nahrungsbedarf steigt. Trotz der Ein-Kind-Ehe werden im Jahr 2035 1,5 Milliarden Menschen in China leben. Für sie wären dann etwa 370 Mio. t Getreide zu wenig vorhanden. Der Fleiß der chinesischen Bauern, die Verwendung von hochwertigem Saatgut und verstärkter Düngemitteleinsatz lösen dieses Problem nicht.
4. Die Regierung hat sich vorgenommen, die Ackerfläche um ein Fünftel zu erhöhen. Andererseits nimmt die landwirtschaftliche Nutzfläche durch Bodenerosion ab. Zudem weiten sich die Millionenstädte aus und „schlucken" fruchtbares Ackerland.

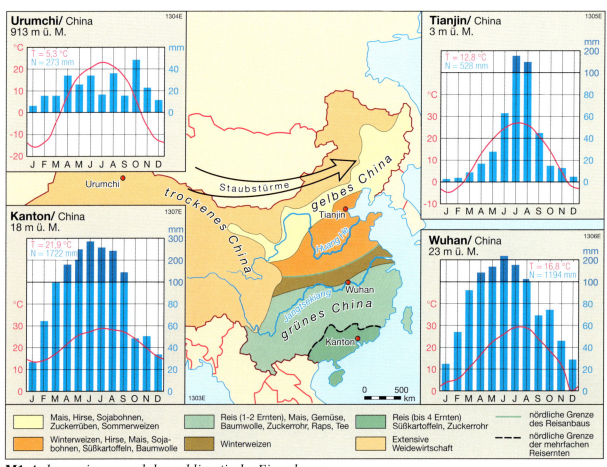

M1 *Anbauregionen und deren klimatische Einordnung*

China – Land im Umbruch

Wandel in der Landwirtschaft

Hunderte Millionen Chinesen wohnen auf dem Land. Jeder Dritte von ihnen muss mit weniger als umgerechnet 0,77 Euro am Tag auskommen. Nur wenige Menschen können ausreichend lesen und schreiben. Die 35 Yuan (3,13 Euro) Schulgeld im Jahr sind für viele zu teuer und die Kinder müssen schon früh mitarbeiten. Nicht einmal die Hälfte der Dörfer ist über Straßen zu erreichen. Ein Großteil hat weder elektrischen Strom noch fließendes Wasser. Früher bestimmte in China der Staat, was angebaut werden sollte. Nun können die Bauern Land zur privaten Bewirtschaftung pachten. In den stadtnahen Gebieten hat dies dazu geführt, dass sich die Betriebe auf Produkte spezialisiert haben, die in der Stadt gut verkauft werden können, wie Obst und Gemüse, aber auch Hühner.

Vier Prozent der gesamten Ackerfläche Chinas werden heute noch von Staatsbetrieben bearbeitet, aber auch sie richten ihre Produktion nach dem Absatzmarkt aus.

M2 *Gemüseanbau in der Großstadt Guilin*

Info

Märkte – ein Teil des chinesischen Alltagslebens

Der Marktort war und ist auch heute einer der Grundpfeiler der chinesischen Agrargesellschaft und des chinesischen Alltagslebens. Neben Standardmärkten gibt es noch Saisonmärkte oder Großmärkte in den Außenbezirken von Städten, wie zum Beispiel der „Glockentempelmarkt" im Nordwesten Beijings (Peking), der sich zur größten „Börse" für Agrarerzeugnisse und landwirtschaftliche Nebenprodukte in ganz China hat entwickeln können. Ein Viertel des heutzutage in Beijing verzehrten Gemüses kommt von diesem Markt, der täglich von rund 30 000 Groß- und Einzelhändlern besucht wird. Die meisten Verkäufer sind Bauern, die Mehrzahl der Kunden Straßenhändler. Sie decken sich hier am Morgen mit Gemüse und Obst ein, transportieren die Ware dann auf ihren Lastfahrrädern in die Stadt und verkaufen sie dort mit Gewinn weiter. Auf allen Märkten bewegt sich ein nie enden wollender Käufer- und Transportfahrräder-Strom zwischen den überdachten Ständen und zwischen den sorgfältig nebeneinander platzierten Handkörben hindurch. Überall geht es auch laut, ja ohrenbetäubend zu; doch niemand scheint sich daran zu stören, vor allem nicht die Verkäufer, die stets alle Hände voll zu tun haben und mit größter Geschicklichkeit Fische schlachten, Schweinehälften zerlegen, Zuckerrohr schälen oder an kleinen Ständen Essen zubereiten.
(nach Weggel, O.: Alltag in China, S. 26/27)

Aufgaben

1 Stelle die Lage der Gebiete fest, die landwirtschaftlich genutzt werden (Atlas, Karte: Asien – Landwirtschaft).

2 Beschreibe die Rolle, die Märkte im Alltag der Chinesen spielen.

Merke
Über eine Mrd. Menschen wollen täglich in China satt werden. Das ist eine gewaltige Herausforderung für die Bauern in den oftmals noch unterentwickelten ländlichen Gebieten Chinas.

China im wirtschaftlichen Aufbruch

M1 *Der Shanghaier Fernsehturm „Perle des Orients" ist mit 468 Metern der dritthöchste Fernsehturm*

Ein Wirtschaftsriese erwacht

1979 war für China das Jahr der Wende: Bis dahin hatte die Regierung das Land von der übrigen Welt völlig abgekapselt; kaum jemand kam aus China heraus, kaum jemand hinein. Die Menschen konnten sich zwar mit dem Lebensnotwendigsten versorgen, doch mussten sie auf viele Dinge verzichten, die für uns alltäglich sind, zum Beispiel einen Kühlschrank, ein Moped oder gar ein Auto. Die meisten Dörfer im Landesinneren waren nicht an das Telefon-, Elektrizitäts- oder Straßennetz angeschlossen.

Um den Wohlstand anzuheben und neue Arbeitsplätze für die wachsende Bevölkerung zu schaffen beschloss die Regierung 1979 die Industrialisierung mit allen Mitteln voranzutreiben. Die Küstenregion sollte zum größten Industriegebiet der Erde ausgebaut werden. Dazu richtete man Wirtschaftsförderzonen ein, in denen die Ansiedlung ausländischer Firmen besonders gefördert wird. Dies geschah zunächst an der Küste, später vereinzelt auch im Landesinneren.

Die Erfolge übertreffen alle Erwartungen. Das Durchschnittseinkommen der Chinesen hat sich seitdem mehr als verdoppelt, die Industrieproduktion vervielfacht. Die Küstenregion mit Weltstädten wie Hongkong und Shanghai hat das stärkste wirtschaftliche Wachstum weltweit. Völlig neue Städte für Millionen von Menschen werden hier aus dem Boden gestampft. Vorbild ist die zu Beginn der 1990er Jahre gegründete Retortenstadt Shenzhen bei Hongkong.

Aufgabe

1 Erläutere die räumliche Verteilung des Pro-Kopf-Einkommens (M2).

Info

Bevölkerungsverteilung in China

Die so genannte Aihui-Tengchong-Linie (siehe M2) teilt die Staatsfläche Chinas in zwei ungefähr gleich große Hälften. 85 Prozent der chinesischen Bevölkerung leben in der östlichen Hälfte. Der Westen ist nur sehr dünn besiedelt.

China – Land im Umbruch

Merke
Seit Ende der 1970er Jahre treibt die Regierung in China die Industrialisierung des Landes voran. Vor allem in der Küstenregion zeigen sich Erfolge dieser Bemühungen

der Welt.

M2 *Pro-Kopf-Einkommen und Wirtschaftsförderzonen in China*

Zusammenarbeit mit dem Ausland

Im Rahmen der neuen Wirtschaftspolitik wurde ab 1979 auch die Zusammenarbeit mit dem Ausland verstärkt. Gefördert werden dabei vor allem **Jointventures**. Das sind Firmen, die von Chinesen und Ausländern gemeinsam aufgebaut und geführt werden (z.B. die Shanghai-Volkswagen GmbH). Von ihnen erhofft sich die Regierung die Schaffung neuer Arbeitsplätze und die Einführung moderner Produktionsverfahren und Managementmethoden sowie die Ausbildung von Fachkräften.

Die bisher über 22 000 ausländischen Investoren reizen die billigen Arbeitskräfte sowie die Vorteile der **Sonderwirtschaftszonen** und der „offenen Häfen" (gute Infrastruktur, kostenloses Betriebsgelände, zum Teil mehrjährige Steuererleichterungen). Vor allem lockt natürlich der riesige chinesische Markt mit über einer Milliarde möglicher Käufer. Der Volkswagenkonzern, der bereits seit Jahrzehnten in China Autos produziert, will von China aus auch neue Märkte in Nachbarstaaten erschließen.

M1 *Geschäftsbeziehungen Deutschland-China*

Fertigwaren	85,2%
z.B. elektrotechnische Geräte	19,1%
Kleidung	17,1%
Lederwaren	7,4%
Büromaschinen	6,7%
Nahrungsmittel	5,1%
z.B. Südfrüchte, Gemüse, Fisch	
Rohstoffe	1,7%
Sonstiges	8,0%
z.B. Halbfertigwaren wie Bleche oder Kunststoffe	

M2 *Chinesische Exporte nach Deutschland (2004)*

Jointventure (gemeinsame Unternehmung)

Jointventure nennt man die Zusammenarbeit von Unternehmen mit unterschiedlicher Nationalität. Sie findet häufig zwischen Firmen aus Industrie- und Entwicklungsländern statt. Die Firmen gründen ein gemeinsames Unternehmen, weil sie sich Vorteile davon versprechen. Einerseits werden die Kenntnisse (Know-how) und die Technik eingebracht, andererseits werden eine Kosten sparende Fertigung und ein großer Absatzmarkt geboten.

M3 *Spielzeugherstellung in Shenzhen*

M4 *Jointventure mit dem Volkswagen-Konzern*

China – Land im Umbruch

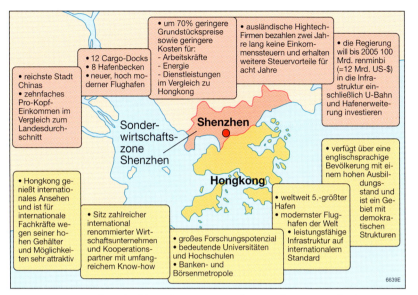

M5 *Die Doppelstadt Shenzhen – Hongkong, der Wirtschaftsmotor Chinas*

Aufgaben

1 Nenne Vorteile und mögliche Nachteile von Jointventures am Beispiel Chinas.

2 Nenne Gründe, weshalb sich das Wirtschaftswachstum vor allem in den Städten an der Küste vollzieht.

3 Erkläre den Begriff Sonderwirtschaftszone.

Info

Sonderwirtschaftszonen

Das sind staatlich ausgewiesene Räume, die wirtschaftlich besonders gefördert werden. Hierzu dienen: die Verbesserung der Infrastruktur, die Unterstützung der sich ansiedelnden Firmen durch günstige Kredite, niedrige Pachtgebühren, Steuerermäßigungen und andere Maßnahmen. Ziel ist es, möglichst viele Investoren anzulocken, die hier neue Arbeitsplätze schaffen und so für einen wirtschaftlichen Aufschwung sorgen. Dieser soll sich schließlich auch auf das ganze Land auswirken. Diese Zonen bilden zunehmend die Zentren großer Industrieregionen in China.

M7 *Deutsche Direktinvestitionen in China*

M6 *Neues VW-Werk in China*

Merke
Um die Wirtschaft des Landes zu fördern, wurden in den letzten Jahrzehnten zahlreiche Firmen gegründet, die von Chinesen und Ausländern gemeinsam geführt werden.

Grundbegriffe
- Jointventure
- Sonderwirtschaftszone

Ungleiche Entwicklung

„Alles ist neu hier", sagt Mister Wang. Draußen funkelt die Skyline von Shenzhen, der Schwesterstadt von Hongkong, im Abendlicht. „Vor 20 Jahren gab es hier nichts", sagt Mr. Wang, „nur Reis- und Gemüsefelder. Aber seit wir wirtschaften dürfen, wie wir wollen, sind wir reich geworden. Wir haben sogar einen Vergnügungspark."

Shenzhen ist gigantisch: Lichtreklamen an Wolkenkratzern, die genauso übergroß sind wie die Bildschirme der Karaoke-Bars; Golfplätze, die den neuen Millionären sechsstellige Dollarsummen als Aufnahmegebühr aus der Tasche ziehen; Bauprojekte wie das Liwan-Plaza, ein Gebäudekomplex aus acht 50-stöckigen Appartement-Blöcken plus Einkaufszentren mit Tiefgaragen, Swimmingpools und Parkanlagen.

Atemberaubend sind aber vor allem die Produktionsziffern der Industriebetriebe, die das ganze Küstengebiet überziehen.

Alles, was dort hergestellt wird, könnte Mr. Wang besorgen: „Was brauchen Sie? 60 000 Polohemden, 20 000 Bürostühle, 5 000 Ledersofas?" Der Handel ließe sich jederzeit einfädeln. „Morgen können Sie die Ware aussuchen und nächste Woche steht der vollgepackte Container im Hafen von Hongkong. Zum Festpreis." Und schon fuchtelt Mr. Wang mit dem Handy herum.

Schätzungen gehen davon aus, dass es bereits eine Million Yuan-Millionäre gibt. (Zum Vergleich: Der Durchschnittslohn in der Stadt beträgt 300 Yuan monatlich.) Für sie ist ein Handy kein Prestigeobjekt mehr. Tennis- und Golfschläger werden jetzt vorgezeigt, außerdem Eigentumswohnungen, winzige Luxushündchen, teure Autos. Die meisten sind als Privatunternehmer reich geworden – und zwar vor allem in folgenden Branchen: Immobilienhandel, Textil-, Schuh- und Möbelindustrie, Transportbetriebe, Reinigungen, Gärtnereien, Restaurants und Karaoke-Bars sowie feinmechanische und elektronische Fertigungsanlagen.

Optimisten sehen in dem möglicherweise bevorstehenden Konsum der 1,3 Milliarden Chinesen (2005) das einzige Mittel um das Land vom Entwicklungsland auf den Stand einer modernen Industrienation zu versetzen. China werde nicht nur zum größten Markt, sondern auch zur größten Wirtschaftsmacht der Welt.

(Nach R. Klingholz: Der Riese erwacht. In: Geo spezial 1/94, S. 45 ff.)

M1 *Boomtown Shenzhen*

M2 *Boomende Bauwirtschaft in der Wirtschaftsförderzone Shenzhen*

China – Land im Umbruch

Reiche Küste – armes Hinterland

Während an der Küste zahllose Fabriken und völlig neue Städte aus dem Boden schießen, ist im Landesinneren vielerorts die Entwicklung stehen geblieben. Hier wird deutlich, dass China noch immer ein typisches Entwicklungsland ist: Ein Drittel der 900 Millionen Landbewohner ist ständig unterbeschäftigt. 85 Millionen müssen mit weniger als 40 Euro im Jahr auskommen, und die **Landflucht** steigt in China an. In den Städten bieten 80 bis 150 Millionen Landbewohner als so genannte Wanderarbeiter ihre Dienste an. Sie arbeiten für sehr geringe Löhne und ohne Arbeitsvertrag. In Shanghai sind über eine halbe Million dieser **Wanderarbeiter** auf Baustellen beschäftigt, in Peking schätzungsweise drei Millionen – und der Zuzug aus dem Landesinneren setzt sich immer weiter fort.

Die Regierung versuchte zunächst mit Zwangsmaßnahmen die Landflucht zu stoppen. So mussten Ende der 1980er Jahre 18 Millionen Wanderarbeiter die Städte verlassen und wieder aufs Land zurückkehren. Nun versucht der Staat auch im Landesinneren Industrieansiedlungen zu fördern und dadurch Arbeitsplätze zu schaffen um hier die Lebensbedingungen zu verbessern.

Dennoch wissen sowohl Politiker als auch die Planer, dass man die Landflucht höchstens abschwächen, aber keinesfalls ganz verhindern kann. „Schätzungsweise 400 bis 500 Millionen Chinesen werden in den nächsten Jahrzehnten vom Land in die Städte ziehen", erklärt Professor Wu von der Shanghaier Tongji-Universität. „Die Verstädterung nimmt immer weiter zu."

Aufgaben

1 Shenzhen wird als „Boomtown" bezeichnet. Begründe.

2 Nenne Gründe für die Landflucht.

Merke
Viele Menschen verlassen den ländlichen Raum und ziehen in die Städte. Sie hoffen zumeist auf einen Arbeitsplatz. Um den unkontrollierten Zuzug zu bremsen fördert der Staat zunehmend auch im Landesinneren den Aufbau moderner Industrie.

Grundbegriffe
- Landflucht
- Wanderarbeiter

M3 Die Dörfer haben in der Regel weder Leitungswasser noch Stromanschluss; nicht einmal die Hälfte ist über Straßen erreichbar.

M4 Vor den Bahnhöfen lagern neu eingetroffene Wanderarbeiter. Sie warten darauf, dass sie jemand anspricht und ihnen Arbeit anbietet.

China in Hamburg – eine Projektidee

M1 *Ein chinesisches Restaurant in Hamburg*

China ist auch in Hamburg

Aus einem Projektprotokoll einer 8. Klasse aus Hamburg:
„Wir hatten uns im Unterricht anhand der Schulbuchthemen über China informiert, als die Idee aufkam, Chinesisches in Hamburg zu entdecken. Sofort fielen uns Standorte verschiedener China-Restaurants ein. Doch was gibt es noch? Das Generalkonsulat, Exponate im Völkerkundemuseum, die von der letzten Silvesterparty übrig gebliebenen Feuerwerkskörper,...

In Kleingruppen wurde die Spurensuche vorbereitet: Telefonbücher wurden durchgesehen, Museums- und Stadtführer studiert, Anfragen bei der Handelskammer und beim Generalkonsulat brachten weitere Hinweise. Ziel jeder Gruppe sollte es sein, eine kommentierte Fotomappe über die Ergebnisse der eigenen Recherchen zu erstellen. Die ausgewählten Fotomotive sollten also jeweils in einen selbstbestimmten Themenbereich eingebettet werden. Die in China produzierte und in einem Hamburger Kaufhaus entdeckte Baseballkappe konnte somit Anlass sein, sich beispielsweise über Arbeits- und Produktionsbedingungen in China, über die Bekleidung chinesischer Jugendlicher oder über Chinas Außenhandel mit Deutschland zu informieren.
Ausgerüstet mit der Kamera ging es dann in Kleingruppen aus zwei oder drei Personen auf Spurensuche. Vieles wurde dabei entdeckt:

• die chinesische Ärztin, die über Akupunktur informierte,
• das Atelier eines chinesischen Künstlers,
• das Reisebüro, das sich auf China spezialisiert hat,
• das Hamburg-Büro einer chinesischen Export- und Importfirma,
• das Hinweisschild „Made in China" auf vielen unterschiedlichen Produkten."

Projektauftrag:

China in Hamburg – Fertige eine Fotomappe an.

• Jede Gruppe präsentiert mindestens 12 eigene Fotos (Mindestgröße 9 x 13 cm), mit denen sich „Chinesisches" in Hamburg dokumentieren lässt.

• Jedes Foto wird für den Betrachter kommentiert. Wenn man vom Fotomotiv ausgeht, lassen sich in der Regel unterschiedliche Themenfelder finden, in die das Foto eingebettet werden kann. Den thematischen Schwerpunkt der jeweiligen Bildtexte wählt die Gruppe. Beachtet beim Abfassen der Texte die übliche Zitierweise.

• Jede Fotomappe enthält neben dem Deckblatt ein Inhalts- und Literaturverzeichnis.

China – Land im Umbruch

M2 *Chinesisches Containerschiff im Hamburger Hafen*

M3 *Das Generalkonsulat der Volksrepublik China in Hamburg*

China in Hanbao (Hamburg)

Das Fundament des deutschen und europäischen Wirtschaftsaustausches mit China wurde 1845 gelegt, als nämlich ein Hamburger Unternehmer erstmals eine europäische Firmenniederlassung in Guangzhou gründete.

Damals wie heute ist Hamburg ein Knotenpunkt des europäischen Handels mit China. Allein in Shanghai machen etwa 500 Hamburger Unternehmen Geschäfte und 50 von diesen Unternehmen haben dort sogar eine Niederlassung.

Die Mitarbeiter und Familien der über 320 chinesischen Firmen fühlen sich wohl in ihrem Hanbao. Viele von ihnen engagieren sich in Vereinen und Institutionen, die es sich zum Ziel gesetzt haben, den Hamburgern die faszinierende Kultur Chinas näher zu bringen. Hierzu gehört beispielsweise die Chinesisch-Deutsche Gesellschaft, die Ausstellungen, Vorträge und Theateraufführungen organisiert.

Ähnliche Ziele verfolgen die Hamburger China-Gesellschaft und die Hamburger Sinologische Gesellschaft, die eng verbunden sind mit dem bereits 1919 gegründeten Seminar für Sprachen und Kultur Chinas an der Universität Hamburg. Eine für die chinesischen Unternehmen wichtige Kommunikationsplattform bietet die Vereinigung der chinesischen Kaufmannschaft in Deutschland, die in Hamburg ihren Sitz hat. Unterstützung erfahren die wirtschaftlichen und kulturellen Beziehungen durch das in Hamburg ansässige chinesische Generalkonsulat.

Zahlreiche chinesische Firmen und Organisationen haben sich bereits für Hamburg entschieden und hier ihre Europazentrale errichtet. Demnächst wird in Hamburg eine chinesische Schule nach chinesischem Unterrichtsmodell ihren Betrieb aufnehmen.

(nach www.hk24.de, 28.8.2004)

Info

China an Alster und Elbe

Bereits 1890 siedelten sich in St. Pauli rund um die Schmuckstraße etwa 40 Asiaten an. In der im Volksmund „Chinesenkolonie" genannten Ansiedlung gab es zahlreiche Gemischtwarenläden und Restaurants, aber auch illegale Glücksspiellokale und „Opiumhöhlen". Heute leben ca. 3400 chinesische Staatsangehörige in Hamburg. Es gibt rund 200 chinesische Restaurants und Lebensmittelläden, 2,4 Prozent der ausländischen Gäste Hamburgs sind Chinesen. Als Zeichen der freundschaftlichen Beziehungen brachten 1989 Hamburger Kaufleute das erste „Drachenboot" in die Hansestadt. Zum 800. Hamburger Hafengeburtstag fand das erste offizielle Deutsche Drachenbootrennen auf der Binnenalster statt und wird nun jährlich wiederholt. Auch chinesische Kunst gibt es in Hamburg: Im Völkerkundemuseum sind z.B. Holzblockdrucke ausgestellt.

(nach: Welt am Sonntag vom 29.8.2004)

Gewusst wie

Projektarbeit im Team

Der Vorteil bei einer Gruppenarbeit liegt darin, dass viele Ideen zusammengetragen werden und alle Gruppenmitglieder bei der Lösung einer Fragestellung helfen. Aber eine Gruppenarbeit verläuft nur gut, wenn ihr eure Arbeit plant und jeder seinen Teil zum Gelingen beiträgt. Eine Gruppenarbeit durchläuft mehrere Phasen, vom Planungsgespräch bis zur Reflexion (M1). Mit der Bewertung eurer Arbeit durch euch selbst schließt ihr eure Arbeit ab. Dabei könnt ihr überlegen, was ihr bei der nächsten Gruppenarbeit verbessern könnt.

1. Phase Planungsgespräch
Wir planen den Ablauf der gesamten Arbeit innerhalb der Gruppe.

2. Phase Arbeitsphase
Jeder arbeitet an seinem Arbeitsauftrag bzw. an seiner Fragestellung.

3. Phase Koordination
Wir tragen die Einzelergebnisse vor und fassen sie zu einem Gesamtergebnis zusammen.

4. Phase Präsentation
Wir präsentieren je nach der gewählten Form der Präsentation die Ergebnisse der Gruppenarbeit.

5. Phase Reflexion
Wir überdenken unsere Arbeit und nehmen eine Bewertung der Arbeit vor.

M1 *Phasen der Gruppenarbeit*

So könnt ihr beim Planungsgespräch vorgehen:
- Vergabe der Aufgaben im Team (M4)
- Überblick: Thema, Materialrecherche, Methode (Vergabe von Themen oder arbeitsteilige Bearbeitung von Materialien?)
- Vergabe der Arbeitsaufträge
- Entscheidung darüber, wie jeder seine Ergebnisse der Gruppe vorstellen soll (Text, Diagramm, Tabelle, Fotocollage, Protokoll eines Interviews usw.)
- Entscheidung über die Form der Präsentation, notwendige Geräte und Materialien
- Zeitabsprachen

M2 *Verlauf des Planungsgesprächs*

So könnt ihr bei der Reflexion vorgehen:
- Jeder bewertet sich selbst, indem er auf dem Bewertungsstreifen mit einem Kreuz markiert, wie viel er in die Gruppenarbeit eingebracht hat.
- Danach kreuzen die anderen Gruppenmitglieder mit einer anderen Farbe auf seinem Streifen an, wie sie seine Arbeit einschätzen.
- Jeder kann nun vergleichen, ob seine Einschätzung mit der Bewertung durch die Gruppe übereinstimmt.
- Dann überlegt die Gruppe, wie sie insgesamt gearbeitet hat, indem sie auf dem Streifen für die Gruppe die Markierungen vornimmt.
- Überlegt zum Schluss, was ihr das nächste Mal besser machen könnt.

Hier bewertet jeder sich selbst:
Name:
Ich habe eingebracht:

sehr viel	viel	mittelmäßig	wenig	sehr wenig
❏	❏	❏	❏	❏

Hier bewertet sich die Gruppe:
Wir haben die Zeit ausgenutzt:

sehr gut	gut	mittelmäßig	wenig	sehr wenig
❏	❏	❏	❏	❏

Unsere Präsentation war:

sehr gut	gut	mittelmäßig	nicht gut	schlecht
❏	❏	❏	❏	❏

Wir bewerten unsere Gruppenarbeit mit:

sehr gut	gut	mittelmäßig	nicht gut	schlecht
❏	❏	❏	❏	❏

M3 *Tipps für die Reflexion*

Gewusst wie

Zeitwächter/in
Deine Aufgabe besteht darin, darauf zu achten, dass
- Zeitabsprachen eingehalten werden,
- du rechtzeitig auf das vereinbarte Ende der Bearbeitungszeit hinweist.

Schreiber/in
Deine Aufgabe besteht darin,
- nach Absprache im Team die Ergebnisse für die Präsentation zu notieren, z.B. auf Folie,
- noch notwendige Texte oder Überschriften zu schreiben, z.B. Plakat.

Sprecher/in
Deine Aufgabe besteht darin,
- die Diskussion in der Gruppe zu leiten,
- darauf zu achten, dass nicht alle durcheinander reden,
- darauf zu achten, dass sich alle an der Arbeit und der Diskussion beteiligen,
- Ansprechpartner für eure Lehrerin oder euren Lehrer zu sein.

Protokollführer/in
Deine Aufgabe besteht darin zu notieren,
- wer welche Arbeitsaufträge im Team übernimmt (M5),
- bis wann Arbeitsaufträge zu erledigen sind.

Redner/in
(eine oder mehrere Personen)
Deine Aufgabe besteht darin,
- bei der Präsentation die Arbeitsergebnisse eurer Gruppe vorzustellen.

M4 *Auftragskarten für die Verteilung der Aufgaben im Team*

was ?	wie ?	wo ?	wer ?	wann?
Notiert hier, welche Fragen/ Themen/ Probleme ihr bearbeiten wollt.	Notiert hier, wie ihr vorgehen wollt. Berücksichtigt dabei, dass ihr euch zunächst einen Überblick über den Raum verschaffen solltet (Atlas). Ergänzt Hinweise wie: Fotos, Zeichnung, Tabelle, Karte.	Notiert hier, wo ihr Materialien finden könnt.	Notiert hier, welches Gruppenmitglied für welche Aufgabe/ Tätigkeit zuständig ist. Ihr solltet auch festhalten, wer welche Recherche-Aufgabe übernimmt und wie jeder die Ergebnisse seiner Arbeit für die Gruppe zusammenstellen soll (Text, Diagramm, Tabelle, Fotocollage, Protokoll eines Interviews usw.).	Notiert hier, welche Zeit ihr für die jeweilige Arbeit voraussichtlich benötigen werdet. Auch Verabredungen könnt ihr hier eintragen.
Gliederung	Methode	Orts-/ Quellenangabe	Zuständigkeiten	Zeitdauer/Termine

M5 *Die fünf „W-Fragen" für das Aufstellen eines Arbeitsplanes*

Indien auf dem Weg in die Zukunft

Der Naturraum Indiens — 176

Der Monsun – eine klimatische Besonderheit — 178

Gewusst wie: Ein Profil auswerten — 180

Kinderarbeit in Indien — 182

Problem Bevölkerungsentwicklung — 184

Wachsender Nahrungsbedarf — 186

Landflucht und Verstädterung — 188

Hightech-Land Indien — 190

M1 Alltagstreiben in den Straßen Neu-Delhis.
Neu-Delhi ist die Hauptstadt Indiens. Mit der alten Hauptstadt Delhi bildet sie heute eine städtische Einheit.

Der Naturraum Indiens

M1 *Flaggen der Staaten Südasiens*

	Küstenregion	Westghats	Dekkan
Klimastation Durchschnittstemperatur, Jahresniederschlag		Mangalore (22 m) 27,2 °C, 3993 mm Regenzeit: April-November	Poona (559 m) 25 °C, 675 mm Regenzeit: Juni-Oktober
Landwirtschaft		Reis, Zuckerrohr, Kokospalme, Mango	Hirse, Hülsenfrüchte mittelmäßige Böden
Besiedlung in ländl. Gebieten		dicht	dünn

Naturbedingungen

Die Republik Indien gehört zum südasiatischen Erdteil, zu dem auch Bangladesch, Pakistan, Sri Lanka, Nepal, Bhutan und die Malediven zählen. Diese Länder haben eine gemeinsame Geschichte und eine ähnliche Kultur. Neben diesen Gemeinsamkeiten gibt es große landschaftliche Unterschiede. Indien allein wird in drei Großlandschaften eingeteilt:
- die Mittelgebirgslandschaft des Dekkan
- die Tiefländer von Ganges und Brahmaputra
- das Hochgebirge des Himalaya.

Dekkan heißt in der altindischen Sprache Sanskrit „Südland". Die größte Fläche nimmt hier ein leicht nach Osten abfallendes Hochland ein, das im Westen und Osten von zwei küstenparallelen Gebirgszügen begrenzt wird. Im Nordwesten des Dekkan verwittert junges Vulkangestein zu fruchtbaren Böden. Der östliche und südliche Teil hingegen eignet sich weniger zum Feldbau. Hier überwiegen steinharte ziegelrote Böden.

Mit der Hebung des Himalaya, die auch heute noch andauert, bildete sich eine Senke vor dem Hochgebirge aus. Sie wurde im Laufe der Zeit mit Sedimenten (Ablagerungen) der Flüsse aufgefüllt und bildet eine Tiefebene mit fruchtbarem Schwemmland. Unmittelbar an das Tiefland grenzt der Himalaya. Er bildet nach Norden eine Barriere und gehört zu einem System von Gebirgsketten, das sich von den Alpen bis nach Innerasien erstreckt. Im Verständnis der Einheimischen ist der Himalaya die Wohnung der Götter.

	Fläche in 1000 km²	Einwohner 2004 in Mio.	BSP pro Kopf 2002 in Mio. US$
Bangladesch	144	141,3	380
Bhutan	47	1,0	600
Indien	3288	1086,6	470
Malediven	0,03	0,3	2170
Nepal	147	24,7	230
Pakistan	796	159,2	420
Sri Lanka	66	19,3	850
Deutschland	357	82,6	22740

M2 *Südasien in Zahlen*

Indien auf dem Weg in die Zukunft

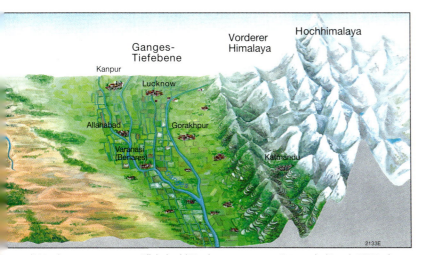

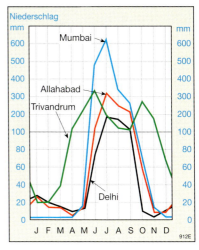

M4 *Der Jahresgang des Niederschlags*

gpur (312 m)	Allahabad (50 m)	Katmandu (Nepal, 1337 m)
3 °C, 1256 mm	28,1 °C, 733 mm	18,7 °C, 1394 mm
enzeit: Juni-September	Regenzeit: Juni-September	Regenzeit: Mai-September
se, Weizen, Reis, Bewässe- g mit in Stauteichen gesam- ltem Regenwasser, wenig chtbare Roterde	Reis, Bewässerung mit Flusswasser, fruchtbare Schwemmlandböden, z.T. drei Ernten	Reis u.a. Terrassenanbau, z.T. bewässert
n	sehr dicht	in den Tälern dicht

Aufgaben

1 Bestimme die Lage Südasiens im Gradnetz. Miss die Nord-Süd- und die Ost-West-Ausdehnung Südasiens im Atlas. Vergleiche mit Entfernungen in Europa.

2 Löse die Übungskarte (M3).

3 Ordne die Flaggen den Staaten Südasiens zu.

4 Zeichne in dein Heft eine Skizze mit den drei Großlandschaften des Subkontinents.

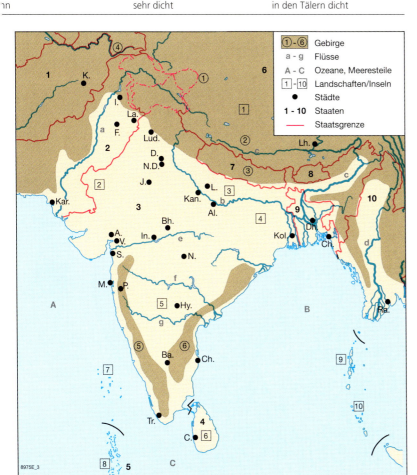

M3 *Übungskarte Südasien*

Merke
In Indien lassen sich mit dem Hochland des Dekkan, den Tiefländern der Flüsse Ganges und Brahmaputra sowie dem Himalaya drei Großlandschaften unterscheiden.

Der Monsun – eine klimatische Besonderheit

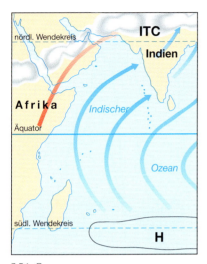

M1 *Sommermonsun*

Zauberwort Monsun

Wochen vorher schon bringen die Zeitungen telegrafische Nachrichten über den Tag und, wenn die Zeit näher rückt, über die Stunde seines Erscheinens. Jahr für Jahr erfasst die Menge dieselbe gespannte Erwartung nach den ersten schwarzen Wolken am Himmel, den Vorboten der Regenzeit.
Sobald der Monsun seinen ersten Regenschauer auf die Erde sendet, bekommt das ganze Land ein anderes Gesicht. Wo der Boden am Tag vorher gelb und dürr war, breitet sich schon nach zwei Tagen frisches Grün aus und innerhalb einer Woche sprießen überall Blumen hervor.
(aus: J.A. Sauter, Unter Brahmanen und Parias, Leipzig)

Monsun prägt Jahreszeiten

Die Monsunwinde sind Teil der großen Windgürtel der Erde. Seeleute gaben diesen Winden den arabischen Namen für Jahreszeiten „Mausim", weil diese im Sommerhalbjahr beständig aus Südwesten und im Winterhalbjahr aus Nordosten wehen. Das Leben der Menschen in Indien wird stark vom Monsun beeinflusst. Für sie ist der trockene Wintermonsun der „Hungerwind" und der feuchte Sommermonsun der „Regenbringer", von dem insbesondere die Landwirtschaft abhängig ist.

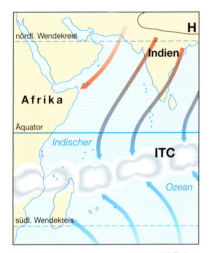

M2 *Wintermonsun (Die ITC ist eine schmale Tiefdruckzone, die mit dem Zenitstand der Sonne „wandert" und durch „Ansaugen" der Luft die Windrichtung bestimmt)*

Aufgaben

1 Erkläre die Entstehung und die Wirkung des Monsuns (Atlas).

2 Begründe, warum der Sommermonsun der „Regenbringer" und der Wintermonsun der „Hungerwind" ist.

3 Monsunzeiten = Jahreszeiten. Suche eine Erklärung (M3).

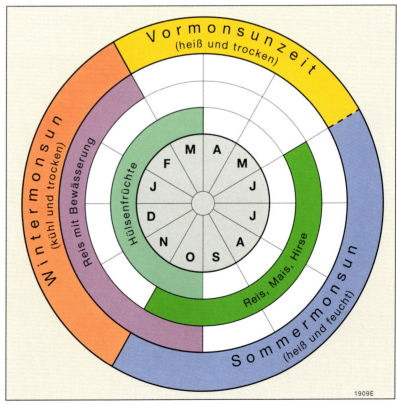

M3 *Anbaukalender*

Indien auf dem Weg in die Zukunft

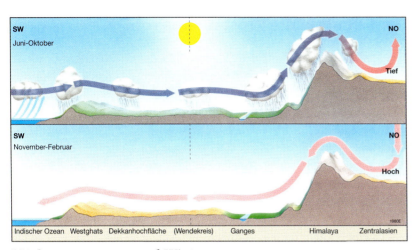

M4 *Sommermonsun und Wintermonsun*

Info

Monsun
So heißt eine halbjährlich die Richtung wechselnde Luftströmung. Der Monsun ist besonders ausgeprägt über Indien, dem festländischen Südostasien und dem Indischen Ozean. Hier weht im Winter ein Nordostwind. Im Sommer stellt sich dagegen eine Südwestströmung ein.

Die Unregelmäßigkeit dieser Niederschläge führt in manchem Jahr zu Trockenheit und damit zu Hungersnöten oder zu Überschwemmungen mit katastrophalen Folgen (Tote, Obdachlose).

In der Zeit des trockenen Wintermonsuns liegen die Felder brach oder es werden anspruchslose Hülsenfrüchte wie Bohnen und Erbsen angebaut. Da die Temperatur das ganze Jahr über einen Anbau ermöglicht, kann bei Bewässerung mehrmals geerntet werden (M3). Mit ausgeklügelten Bewässerungssystemen versuchen die Menschen sich von den Launen der Natur unabhängig zu machen. Überall, wo es möglich ist, leiten sie Flusswasser oder das während der Regenzeit in Staubecken gesammelte Wasser auf ihre Felder.

Darüber hinaus werden tiefe Brunnen bis zum Grundwasserspiegel gebohrt.

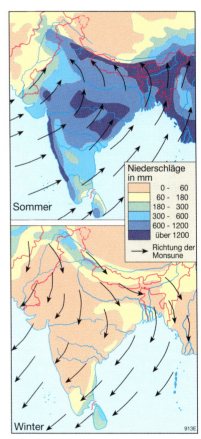

M6 *Winde und Niederschlagsverteilung in Südasien*

Merke
Der Monsun ist ein halbjährlich die Richtung wechselnder Wind. Im Winterhalbjahr weht der Monsun vom Land zum Meer; im Sommerhalbjahr vom Meer zum Land.

M5 *Monsunregen in Mumbai (Bombay)*

Gewusst wie

Ein Profil auswerten

Der Schnitt in die Kruste – ein Profil

Ein Profil ist ein Schnitt durch einen Teil der Erdkruste. Mit einer Profilzeichnung lassen sich Oberflächenformen (das Relief) eines Gebietes sehr anschaulich darstellen. Man kann so die Geländeformen, die Höhenlage bzw. Höhenunterschiede, die Hangformen und die Lageverhältnisse in Ergänzung zu einer Karte kenntlich machen.

Mithilfe so genannter Kausalprofile lassen sich darüber hinaus auch Zusammenhänge zwischen Relief, Klima, Vegetation und zum Beispiel der Landnutzung eines Raumes anschaulich darstellen.

Grundlage eines Profils ist immer eine physische Karte. Ähnlich wie in einer Karte lässt sich durch den Maßstab auch die Genauigkeit des Profils verändern. Je größer (oder kleiner) der Maßstab ist, desto kleinere (oder größere) Gebiete können dargestellt werden. Allerdings wird die Darstellung bei kleiner werdenden Maßstäben ungenauer, da man stärker generalisieren, das heißt Details weglassen muss.

Während das Profil einer topographischen Karte im Maßstab 1:25 000 die Landschaftsformen sehr detailliert darstellt, kann man in einem Profil auf der Grundlage einer Karte im Maßstab 1:16 000 000 (z.B. Atlaskarte West- und Südasien) nur eine grobe Darstellung des Reliefs erkennen.

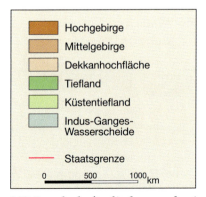

M1 *Profillinie zum Kausalprofil (M3)*

Aufgaben

1 Werte das Kausalprofil (M3) aus. Erkläre die Zusammenhänge zwischen Temperatur- und Niederschlagsänderung von West nach Ost. Berücksichtige dabei die Lage der Landmasse und der Meere.

2 Wie verändern sich natürliche Vegetation und Landnutzung von West nach Ost in Abhängigkeit vom Klima? Beschreibe.

3 Skizziere ein Kausalprofil entlang der Linie Mangalore – Nagpur – Allahabad – Himalaya (M1). Verwende dazu den Atlas und achte auf eine starke Überhöhung.

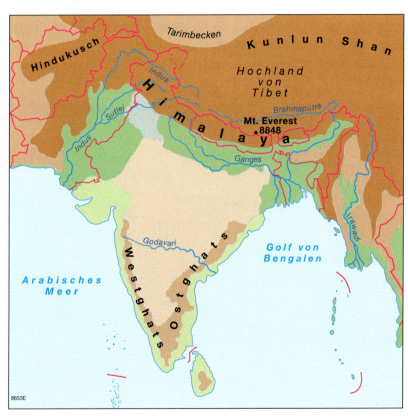

M2 *Landschaftsgliederung des indischen Subkontinents*

Gewusst wie

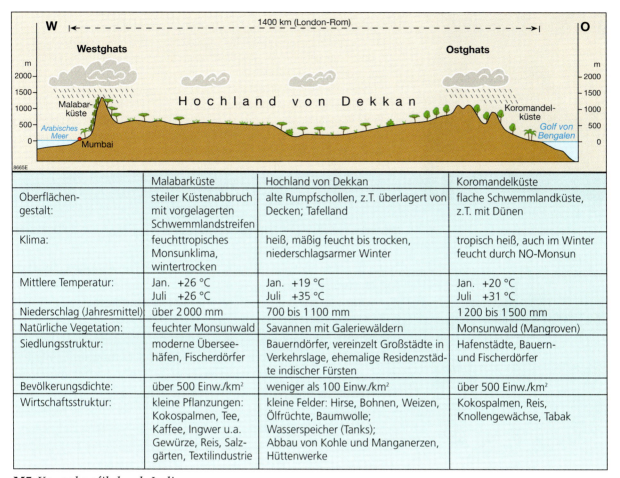

M3 *Kausalprofil durch Indien*

Der Maßstab

Im Gegensatz zu einer Karte hat ein Profil zwei unterschiedliche Maßstäbe: einen Längen- und einen Höhenmaßstab.

Der Längenmaßstab (waagerechte Achse) gibt an, in welchem Verhältnis die Natur in der Kartendarstellung verkleinert wird. Der Höhenmaßstab (senkrechte Achse) gibt dagegen das Verkleinerungsverhältnis der Relief- oder Höhendarstellung gegenüber der Natur an. Er ist immer größer als der Längenmaßstab.

Ein Beispiel: In einer Karte im Maßstab 1:100 000 entspricht 1 cm in der Karte einer Streckenlänge in der Natur von 1 Kilometer. Wollte man diesen Maßstab auch für die Darstellung der Höhen in einem Profil anwenden, müsste man einen Höhenunterschied von 1 000 m auf einer (Profil)strecke von ebenfalls 1 cm darstellen. Solch große Höhenunterschiede auf so kurzen Strecken gibt es in der Natur aber nur im Hochgebirge.

Deshalb wählt man für die Höhendarstellung einen größeren Maßstab. Ist der Höhenmaßstab 10-mal größer als der Längenmaßstab, spricht man von einer Überhöhung von 1:10.

Kinderarbeit in Indien

M1 *Kinder am Webstuhl*

Mainya Tamang: Eine Teppichknüpferin in Indien

Seit über zwei Jahren arbeitet die zehnjährige Mainya Tamang bei einem Knüpfstuhlbesitzer in der Nähe von Yaipur. Zwölf bis vierzehn Stunden täglich setzt sie mit immer gleichen schnellen Handbewegungen einen Knoten neben den anderen. Sie arbeitet sieben Tage in der Woche. Die Arbeit ist eintönig und anstrengend. Die Luft ist stickig und voller Wollstaub. Mainya hustet ständig. Sie arbeitet hastig, denn sie muss jeden Tag 6 000 Knoten schaffen, sonst wird ihr Tageslohn nicht bezahlt: 10 Rupien, etwa 0,36 Euro. Das reicht gerade um Lebensmittel für einen Tag zu kaufen. Ein Aufseher ist immer in der Nähe. Wenn sie einen Fehler macht, wird sie vom Aufseher geschlagen.

Kinder müssen mitverdienen

Nach Schätzungen indischer Entwicklungsorganisationen gibt es in Indien rund 65 Mio. Kinderarbeiter. Viele Familien könnten ohne die Mitarbeit der Kinder nicht überleben. Kinderarbeit verhindert jedoch eine Schulausbildung und damit eine spätere gut bezahlte Arbeit. Ein Ausweg wäre die Einführung und Durchsetzung der Schulpflicht. Dann wären die Kinder in der Schule und müssten nicht arbeiten. Allerdings wäre es dann auch notwendig, die Familien stärker zu unterstützen.

Kinderarbeit verursacht zudem häufig gesundheitliche Schäden. Bei der Arbeit auf dem Bau, auf Feldern und in Fabriken tragen Kinder oft schwere Lasten. Das schädigt ihre Wirbelsäule. In Fabriken atmen sie giftige Stoffe ein, die ihre Lungen schädigen.

Viele Kinder arbeiten 16 Stunden am Tag, und dies unter gefährlichen Bedingungen. Die schwere Arbeit hinterlässt körperliche und seelische Schäden. Neben dem Geldverdienen versorgen sie ihre jüngeren Geschwister, holen Wasser, sammeln Feuerholz, kochen Essen, helfen ihren Eltern auf dem Feld.

M2 *Armut und Kinderarbeit*

Info

RUGMARK

Es gibt auch eine „erfreuliche" Nachricht: Immer mehr Menschen und Organisationen tun etwas gegen die Missstände. So ist es zum Beispiel ein Fortschritt, dass es ein eingeführtes Warenzeichen gibt, das so genannte „RUGMARK – Siegel", welches auf Teppichen zu finden ist, die garantiert nicht von Kindern geknüpft wurden.

RUGMARK ist das einzige Warenzeichen für Teppiche ohne Kinderarbeit, das von einer branchenunabhängigen Institution vergeben wird und mit Kontrollen der Lizenznehmer verbunden ist. Andere firmeneigene Warenzeichen wie zum Beispiel „Kaleen" bescheinigen zwar, dass die Teppiche nicht von Kindern hergestellt wurden, doch sind solche firmeneigene Warenzeichen nicht mit unabhängigen Kontrollen verbunden.

Aufgaben

1 Nenne Ursachen der Kinderarbeit.

2 Erläutere Folgen der Kinderarbeit.

3 Diskutiert die Frage, ob das Rugmarkzeichen helfen kann.

Beispiele von Kinderarbeit

- Kinder müssen unter schlechten Bedingungen Teppiche knüpfen und sitzen den ganzen Tag in schlecht beleuchteten Räumen am Webrahmen.
- In Indien arbeiten ca. 100 000 Kinder in Streichholzfabriken. Sie sind sehr großer Hitze ausgeliefert und atmen giftige Chemikalien ein.
- In Glasfabriken stellen Kinder Glasschmuck her.
- In Steinbrüchen bauen Kinder Rohstoffe ab. Sie atmen den entstehenden Steinstaub ein und es ereignen sich sehr viele Unfälle.
- In Plantagen müssen Kinder aussäen und ernten. Sie atmen die Chemikalien von Unkraut- und Schädlingsbekämpfungsmitteln ein und verletzen sich an den Maschinen.
- Viele Kinder putzen Schuhe oder verkaufen Tee, Zigaretten, Zeitungen und Lebensmittel. Sie sind den Abgasen der Autos ausgesetzt.
- In Mumbai, der größten Stadt Indiens, leben über 100 000 Straßenkinder. Viele davon sammeln die noch verwertbaren Abfälle von der Straße auf um sie an Zwischenhändler zu verkaufen. Sie bekommen dafür, wenn sie Glück haben, bis zu 20 Rupien pro Tag. Dies reicht gerade so zum Überleben. Obwohl Mumbai ohne diese Müllsammler im Abfall versinken würde, werden sie von der Polizei verfolgt, geschlagen und für Tage und Wochen in Gefängnisse gesperrt, oft ohne klar erkennbaren Grund.

Körperliche Folgen der Kinderarbeit:
- Hautausschläge
- Vergiftungen
- Rückenschmerzen
- Augenkrankheiten
- Verbrennungen
- Atemwegserkrankungen
- seelische Störungen

Info

Kinderarbeit

Als Kinderarbeit wird die ständige berufliche Beschäftigung von Kindern unter 14 Jahren bezeichnet, die in der Regel strafbar ist.

Bonded labour (Schuldknechtschaft)

Eine besonders schlimme Form der Kinderarbeit ist die so genannte „bonded labour" (allein in Indien sind über 2,5 Mio. Kinder betroffen). Dies bedeutet, dass die Kinder von ihren Eltern als „Pfand" für geliehenes Geld bei Großgrundbesitzern oder Geldverleihern abgegeben werden. So müssen die Kinder die Schulden ihrer Eltern abarbeiten um später wieder frei sein zu können. Vielen ist dies allerdings nicht möglich, da die Eltern die Zinsen nicht zahlen können. So werden schon 5-Jährige in ein Leben in der Schuldknechtschaft verbannt.

M3 *In einer Zündholzfabrik*

Problem Bevölkerungsentwicklung

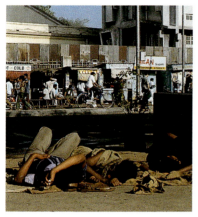

M1 *Mumbai – Obdachlosigkeit*

Aufgaben

1 Nenne die Gründe für eine hohe Geburtenrate.

2 Begründe ausführlich: Warum gibt es in vielen Entwicklungsländern Kinderarbeit?

3 Erkläre die Entwicklung der Sterberate in Indien.

Bevölkerungswachstum ohne Ende?

Südasien gehört mit über 1,3 Mrd. Menschen zu den dichtest besiedelten Großräumen der Erde. In den sieben Staaten Südasiens leben 22 Prozent der Weltbevölkerung. Innerhalb der letzten 100 Jahre hat sich die Einwohnerzahl vervierfacht.

Jedes Jahr wächst die Bevölkerung von Indien um 17 Millionen Menschen. Das heißt, jedes fünfte Kind der Erde wird hier geboren. Etwa ein Drittel der Bevölkerung ist jünger als 15 Jahre. Berechnungen haben ergeben, dass Indien voraussichtlich im Jahr 2045 China als bevölkerungsreichstes Land ablösen wird.

Kinderreich sind vor allem die armen Familien. Kinder sind wichtig für die gesamte Lebensplanung: In vielen Entwicklungsländern gibt es zum Beispiel noch keine Rentenversicherung, keine Arbeitslosen- und keine Krankenversicherung. Im Alter leben die Menschen bei ihren Kindern in der Großfamilie und werden von dieser mitversorgt. Nicht einmal jeder zehnte alte Mensch erhält eine Rente. Seniorenheime, wie sie in den Industrieländern üblich sind, gibt es nur in wenigen großen Städten. Werden die Eltern einmal krank, dann müssen sich die Kinder um sie kümmern. Sie müssen zum Beispiel die Feldarbeit erledigen und das Geld für nötige Medikamente erwirtschaften.

Viele Betriebe vergeben ihre Arbeit bevorzugt an Sechs- bis Fünfzehnjährige, weil ihre Stundenlöhne nicht mal halb so hoch sind wie die der Erwachsenen. Mit ihrem geringen Einkommen ernähren sie auch die oft arbeitslosen Eltern mit. So ist eine große Zahl von Kindern für viele arme Familien sehr wichtig, zumal sie dadurch auch in der Nachbarschaft Ansehen genießen.

M2 *Bevölkerungswachstum Indiens 1891 – 2001*

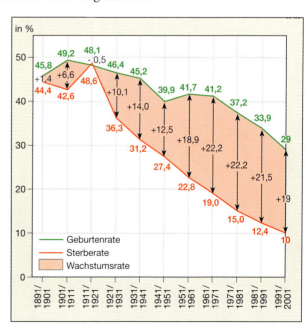

M3 *Geburten- und Sterberate Indiens*

184

Indien auf dem Weg in die Zukunft

Das Sinken der Sterberaten – Segen und Fluch

Bis zum Beginn des 20. Jahrhunderts führte die hohe Kinderzahl noch nicht automatisch zu einem hohen Bevölkerungswachstum, denn die meisten Menschen starben sehr früh. Die durchschnittliche Lebenserwartung war niedrig und die **Sterberate** war hoch. Immer wieder kam es zu Hungersnöten und aufgrund der schlechten hygienischen Verhältnisse kam es häufig zu Seuchen und Epidemien. So starben 1918 allein 18,5 Mio. Menschen während einer Grippe-Epidemie.

Erst seit Beginn der 1920er Jahre wurden die Lebensbedingungen besser: Es gab neue Medikamente und auch außerhalb der Städte ließen sich Ärzte nieder. Zudem konnten bei Dürrekatastrophen über ein verbessertes Verkehrsnetz schneller Hilfsgüter in entlegene Gebiete gebracht werden. So stieg die Lebenserwartung der Menschen und die Sterberate sank; die **Geburtenrate** blieb aber hoch – die Bevölkerungszahl begann zu „explodieren".

	GR	SR
Deutschland	9 ‰	10 ‰
Österreich	9 ‰	9 ‰
USA	14 ‰	9 ‰
Niger	55 ‰	29 ‰
Südafrika	23 ‰	14 ‰
Brasilien	20 ‰	7 ‰
China	13 ‰	6 ‰
Japan	9 ‰	8 ‰
(Datenstand 2004)		

M5 *Bevölkerungsentwicklung*

	gesamt	Stadt	Land
Tamil Nadu	3,4	3,5	3,4
Kerala	3,9	3,7	4,0
Rajasthan	5,1	4,6	5,2
Assam	5,1	4,2	5,3
Indien	4,3	3,9	4,4

M6 *Anzahl der Kinder pro Frau in einzelnen Bundesstaaten (Stand: 2001)*

Info

Bevölkerungskennziffern

Unter Geburtenrate versteht man die Zahl der Lebendgeborenen pro 1000 Einwohner in einem Jahr. Sterberate nennt man die Zahl der Gestorbenen pro 1000 Einwohner (‰) in einem Jahr. Wachstumsrate nennt man die Differenz von Geburten- und Sterberate. Ist die Geburtenrate höher als die Sterberate, hat man ein natürliches Wachstum. Die Wachstumsformel lautet: GR (Geburtenrate) - SR (Sterberate) = WR (Wachstumsrate).

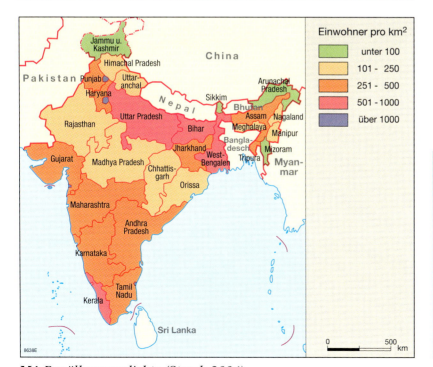

M4 *Bevölkerungsdichte (Stand: 2004)*

Merke
Die indische Bevölkerung wächst jährlich um 17 Millionen Menschen. Kinderreich sind insbesondere arme Familien. Durch Kinderarbeit wird häufig der Lebensunterhalt dieser Familien gesichert.

Grundbegriffe
- Sterberate
- Geburtenrate

Wachsender Nahrungsbedarf

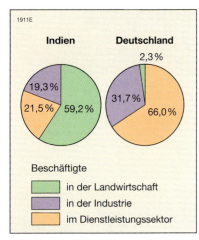

M1 *Beschäftigungsstruktur (2003)*

Ein Milliardenvolk muss ernährt werden

Indien ist auch heute noch ein Land der Dörfer. Über 75 Prozent der Menschen leben auf dem Land und noch 60 Prozent aller Beschäftigten arbeiten in der Landwirtschaft.

Die ständig wachsende Bevölkerung stellt Indien vor große Probleme, vor allem hinsichtlich der Ernährungssicherung. Auch wenn die Erntezahlen von Weizen und Reis im weltweiten Vergleich überdurchschnittlich gestiegen sind, sind Hunger und Unterernährung noch weit verbreitet. So leben neun von zehn Landarbeiterfamilien unterhalb der Armutsgrenze.

Weitere Gründe für die nicht ausreichende Versorgung der Bevölkerung mit Nahrungsmitteln:
- eine große Anzahl kleiner Betriebe zur Eigenversorgung der Großfamilie, es verbleiben kaum Überschüsse an Nahrungsgütern, die auf dem Markt zum Verkauf angeboten werden können.
- ein verstärkter Anbau von Exportkulturen (Weizen, Reis, Tee, Bananen), Vernachlässigung der Produktion von Hülsenfrüchten, die das Grundnahrungsmittel für die Masse der Bevölkerung sind (der Verzehr von tierischem Eiweiß ist auch aus Glaubensgründen bei den Hindus gering).
- viele Großgrundbesitzer verkaufen ihre Ernten ins Ausland, da auf dem Weltmarkt höhere Preise erzielt werden.
- eine große Anzahl landloser Arbeiter, die nur zur Erntezeit Arbeit finden.
- schwankende Ernteerträge durch den Einfluss des Monsuns und zu geringe Bewässerungsflächen, um Dürreverluste zu verhindern.

Aufgaben

1 Beschreibe die Lage jener Ackerbaugebiete, die durch die „Grüne Revolution" gefördert wurden.

2 Die „Grüne Revolution" bringt nur Bauern mit einer Ackerfläche über 2,5 ha Vorteile. Welche Auswirkungen hat das auf die Entwicklung der indischen Landwirtschaft?

3 Die Überschrift wirft eine Frage auf. Beantworte sie mithilfe des Textes. Weitere Materialien findest du im Internet unter www.diercke.de/methods/pro_contra/einf.html

M2 *Reisernte auf dem Land eines Großgrundbesitzers in Tamil Nadu (Südindien)*

Indien auf dem Weg in die Zukunft

Was brachte die „Grüne Revolution"?

In den sechziger Jahren des 20. Jahrhunderts beschloss die indische Regierung ein Programm, das die Getreideerzeugung erhöhen sollte. Schwerpunkt dieses Programms war die Verwendung von neu gezüchteten Hochertragssorten (Hybridsaatgut) bei Weizen und Reis, die mehr und größere Körner haben. Auf bewässerten Feldern können beim Einsatz dieser Sorten drei Ernten pro Jahr erzielt werden.

Die Regierung leitete eine Vielzahl von Maßnahmen ein. Dazu gehörte zum Beispiel die Beratung der Bauern, wie durch Mechanisierung, Bewässerung, den Einsatz von Pflanzenschutzmitteln und chemischer Düngung die Erträge erhöht werden können. Mit diesem Programm sollten Hungersnöte dauerhaft ausgeschlossen werden. In diesem Zusammenhang wird von der „Grünen Revolution" gesprochen.

Teure Bewässerungsanlagen, Maschinen, Dünge- und Pflanzenschutzmittel sowie Hochleistungssaatgut konnten sich jedoch nur reiche Bauern mit großem Landbesitz leisten. Für Millionen von Kleinbauern, die meist weniger als einen Hektar Land bewirtschaften, waren diese Investitionen zu teuer. Zudem konzentrierte die Regierung ihre Fördermaßnahmen vor allem auf die fruchtbaren Gebiete und die Großbetriebe.

Macht die „Grüne Revolution" eine Milliarde Menschen satt?

Erfolge:
- deutlich höhere Erträge bei Weizen, Reis, Mais auf bewässerten Flächen
- verbesserte Stromversorgung, ausgebautes Straßennetz
- neue Häuser (nur in einem kleinen Teil der 500 000 indischen Dörfer)

Misserfolge/Probleme:
- Ernteausfälle durch unregelmäßige Bewässerung, Düngung und Schädlingsbekämpfung
- für die Masse der Kleinbauern waren Saatgut, Technik, Düngemittel zu teuer → Verschuldung
- 90 Mio. Kleinbauern produzieren weiterhin nur für den Eigenbedarf → sie erzielen keine Geldeinnahmen
- Einsatz moderner Maschinen ersetzt zahllose Landarbeiter → Armut wächst
- ein Drittel der Inder kann sich nicht ausreichende Nahrungsmittel kaufen → Hunger

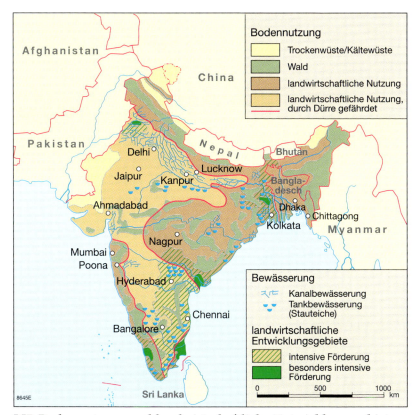

M3 *Bodennutzung und landwirtschaftliche Entwicklungsgebiete in Indien*

Merke
Um die Ernährung der eigenen Bevölkerung zu verbessern, hat die indische Regierung eine Vielzahl von Maßnahmen ergriffen, die sich unter dem Begriff der „Grünen Revolution" zusammenfassen lassen.

Landflucht und Verstädterung

	1960	2000
Stadtbevölkerung	= 22%	= 28%
Landbevölkerung	= 78%	= 73%

Bevölkerungszuwachs von Millionenstädten in zehn Jahren

Hyderabad	+ 69%
Mumbai	+ 53%
Delhi	+ 47%
Bangalore	+ 44%

M1 *Verstädterung in Indien*

Hoffnung auf ein besseres Leben in der Stadt

Etwa zwei Drittel der indischen Bevölkerung wohnen auf dem Land. Täglich verlassen jedoch tausende ihre Dörfer und wandern in die Großstädte ab. Sie hoffen hier auf Arbeitsplätze, günstigere Ausbildungschancen für ihre Kinder, bessere medizinische Versorgung und ein umfangreiches Warenangebot. Beeinflusst durch die Medien träumen viele der Zuwanderer von einem glücklicheren Leben.

Die Einwohnerzahl der Millionenstädte, zum Beispiel Hyderabad, Delhi, Bangalore, ist in den letzten zehn Jahren, insbesondere durch die Landflucht um die Hälfte gewachsen. Die Einwohnerzahl Mumbais (früher Bombay) wuchs um drei Millionen.

In den Städten sind Vielfalt und Gegensätze sichtbar: Wolkenkratzer, moderne Geschäftsviertel, mehrspurige Straßen, aber auch einfachste Hütten aus Strohmatten und zahlreiche Bettler am Straßenrand.

Licht ← Mumbai → Schatten

Licht: Mumbai ist die größte Stadt Indiens. Sie gilt als die europäischste der indischen Städte und wurde in den letzten zehn Jahren zum beherrschenden Wirtschaftszentrum und breitet sich immer mehr aus. 15 Prozent aller indischen Industrieanlagen und 45 Prozent aller Textilfirmen stehen in Mumbai. 50 Prozent des gesamten Außenhandels gehen über Mumbai und ein Drittel aller Steuereinnahmen bezieht der Staat von hier. Die erste indische Erdölraffinerie und der erste Atomreaktor wurden hier gebaut. Mumbai ist das Zentrum des Gold- und Schmuckhandels und nahezu die gesamte indische Motorrad- und Autoproduktion liegt in der weiteren Umgebung der Stadt. Ein Viertel aller in Indien registrierten Kraftfahrzeuge hat eine Mumbai-Nummer.

Schatten: Mindestens 60000 Wohnungen fehlen in Mumbai. Schätzungsweise 30 bis 60 Prozent der Bevölkerung leben in Slums. Diese liegen an Bahndämmen, in den Überschwemmungsgebieten der Flüsse oder bei Müllhalden. Wenn ein Wasserhahn vorhanden ist, muss er für bis zu 100 Familien reichen. Meist wird das Wasser jedoch in Tankwagen herangefahren und teuer verkauft. Das Abwasser läuft in Gräben, als Toiletten dienen der Straßenrand oder abgelegene Plätze. Schlechter geht es nur noch den 400000 Bewohnern Mumbais, die am Straßenrand schlafen, nur durch ein Stück Pappe geschützt. In den Elendssiedlungen gibt es 100000 Tuberkulosetote im Jahr und tausende Leprafälle, jedes vierte Kind stirbt im ersten Lebensjahr.

Indien auf dem Weg in die Zukunft

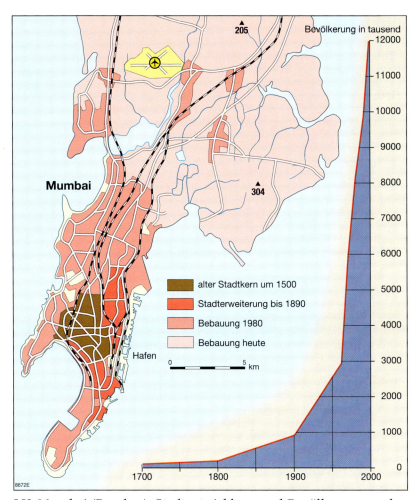

M2 *Mumbai (Bombay): Stadtentwicklung und Bevölkerungswachstum*

M3 *Jugend in Mumbai*

Info

Entwicklung Mumbais

Um 1500 kamen die Portugiesen und hundert Jahre später die Engländer nach Indien. Die indischen Fürsten erlaubten den Europäern aber nur Handelsniederlassungen an den Küsten zu bauen. Aus einer dieser Niederlassungen entwickelte sich Mumbai. Das Gebiet umfasste sieben Inseln, die um eine Lagune lagen. Mit dem Ausbau des Hafens kamen immer mehr Menschen in das ehemalige Fischerdorf. Weil der Platz geringer wurde, füllte man bis Mitte des 19. Jahrhunderts die Lagune auf, sodass eine zusammenhängende Fläche entstand.

Ab 1950 wuchs die Stadt nach Norden weiter. Der gute, verkehrsgünstig gelegene Hafen zog Industrieunternehmen an. Heute ist Mumbai die wichtigste Hafen- und Industriestadt Indiens. Zunächst entwickelten sich die Textilindustrie und der Baumwollhandel, später kamen die Atomindustrie und Software-Unternehmen als bedeutende Wirtschaftsbranchen hinzu. Darüber hinaus entwickelte sich Mumbai zum Finanzzentrum Indiens und zu einer internationalen Verkehrsdrehscheibe.

Merke

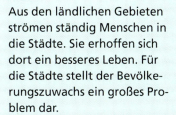

Aus den ländlichen Gebieten strömen ständig Menschen in die Städte. Sie erhoffen sich dort ein besseres Leben. Für die Städte stellt der Bevölkerungszuwachs ein großes Problem dar.

Hightech-Land Indien

Indische Messeexponate

1950: Teppiche, seidene Tücher, Seidenstoffe mit Brokatschmuck, Silberschmuck, altertümliche Waffen, Sandalen mit hochgebogenen Spitzen und reichen Verzierungen

2000: u.a. Autos, hochmoderne Textilerzeugnisse, vielseitige Elektronikprodukte, Kernreaktoren, Satelliten und Raketentechnik, Software, Rüstungsgüter

Hightech-Land Indien

Während der britischen Kolonialzeit (1858-1947) entstanden zunächst in den großen Hafenstädten Bombay (heute Mumbai), Madras (heute Chennai) und Kalkutta größere Industriebetriebe. Danach bildeten sich in der Nähe von Rohstofflagerstätten weitere Industriegebiete heraus. Günstig wirkte sich dabei das große Angebot an billigen Arbeitskräften aus. Besonders die Textilindustrie profitierte davon.

An weiten Landesteilen ging jedoch die Industrialisierung und damit der Fortschritt vorbei. Es entstand weder ein Telefon- noch ein Verkehrsnetz. Die Energie- und Wasserversorgung ist bis heute noch völlig unzureichend. Der Ochsenkarren blieb in vielen ländlichen Gebieten noch immer das wichtigste Fortbewegungsmittel.

Ein neues Zeitalter hat begonnen

Wenn vom modernen Indien die Rede ist, dann zumeist von einem Land, das zu den führenden Herstellern von Software gehört. Zur Herstellung von Software benötigt man kaum Rohstoffe und der Transport erfolgt über Datennetze. Was gebraucht wird, sind viele gut ausgebildete Menschen und diese gibt es in dem Eine-Milliarde-Volk der Inder reichlich. Alle weltweit tätigen Computerfirmen haben eine Niederlassung in Indien. Doch die Softwareindustrie ist nur ein Beispiel für die moderne Industrie Indiens. Auch im Bereich der Luft- und Raumfahrt, der Nukleartechnologie und der Biotechnologie ist Indien weit fortgeschritten. „Die Qualität indischer Ingenieure ist so gut wie die der deutschen", sagt der Direktor des indischen Siemens-Werkes.

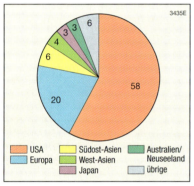

M1 *Abnehmerländer indischer Software (in Prozent)*

Aufgaben

1 Beschreibe die Lage von Bangalore.

2 Warum errichten viele Großbetriebe aus aller Welt Zweigwerke in indischen Hafenstädten?

3 Warum sind indische Software-Entwickler auch in Deutschland sehr gefragt?

M2 *Indien – ein Land mit starken Gegensätzen*

Indien auf dem Weg in die Zukunft

Bangalore – Superstadt (?)

Bangalore ist eine Stadt der jungen Generation. Hier arbeiten junge Leute, die mit 26 mehr auf dem Sparkonto haben als ihre Eltern nach einem langen Arbeitsleben. Sie kaufen den Alten nebenbei ein Haus. Sie fühlen sich als Elite im Global Village, reiten auf der Schaumkrone der Welle Informationstechnologie (IT).

Hier ist von den Beschäftigten der Software-Industrie, deren Zentrum die südindische Stadt Bangalore ist, die Rede. Tausende in- und ausländische IT-Firmen haben hier ihren Sitz in angenehmer Lage am Stadtrand. Hier stehen Hochglanz-Hightech-Paläste, wie zum Beispiel im Technik-Park Electronics City der Firma Infosys. Mehr als 100 000 Inderinnen und Inder bewerben sich jährlich allein bei diesem Unternehmen um einen „Traumjob" als Informatiker. Doch auf der Fahrt in die Innenstadt von Bangalore ändert sich rasch das Bild. Die Augen brennen; blau hängen die Abgaswolken über den verstopften Straßen. Bangalore ist auf fast sechs Millionen Einwohner angeschwollen, ständig fällt der Strom aus, die Wasserversorgung ist schlecht, die Infrastruktur eine Katastrophe.

„Wenn ich 35 bin, geh ich in Rente", erklärt ein Mittzwanziger fröhlich. Abends sind die Pubs gerammelt voll; junge Frauen tragen enge Jeans, fahren Moped, rauchen – alles unerhört für indische Verhältnisse.

„Wir erleben gerade eine soziale Revolution", sagt der Vater zweier Software-Ingenieurinnen. Die Kinder lassen sich nichts mehr sagen; ihr Gehalt wird zur Waffe gegen familiäre Bevormundung – Money speaks. Frauen wollen nicht mehr vom College weg in die Ehe marschieren, kämpfen gegen die Institution der arrangierten Hochzeit an, und manche jungen Aufsteiger stecken die Eltern sogar ins Altersheim – „das wäre vor einigen Jahren noch als Verbrechen angesehen worden".

Angesichts von Hungersnöten und Dürrekatastrophen, wie sie immer wieder den indischen Subkontinent heimsuchen, und mit Blick auf das Elend in den Slums der indischen Großstädte mutet der IT-Boom von Bangalore wie ein Wunder an. Aber eben dieser Kontrast kennzeichnet Indien. Ein kleiner Teil des Landes bewegt sich sehr schnell, der größere Teil bewegt sich überhaupt nicht.

Ein früherer Mitkämpfer des Staatsgründers Mahatma Gandhi drückt es so aus: „Die alte Welt bleibt stehen, und sie hat nicht einmal eine Ahnung, was in der neuen Welt geschieht."

nach: C. Wiedemann: „Ihr müsst mehr bieten als Amerika" in „Die Woche" vom 26.5.2000

Methode

Schrittfolge für das Analysieren eines Zeitungsartikels

1. Lies den Zeitungsartikel ein Mal im Ganzen durch.
2. Schreibe während eines zweiten Lesens wichtige Schlagworte heraus.
3. Gliedere den Text nach inhaltlichen Schwerpunkten und bilde Zwischenüberschriften.
4. Berichte, wodurch sich das Leben in Bangalore von dem auf dem Land unterscheidet. Nenne Folgen der Verstädterung.

Merke
Während in vielen ländlichen Teilen Indiens die Industrialisierung noch in den Anfängen steckt, erreichen in zahlreichen Städten Computer- und Biotechnologieunternehmen bereits Weltniveau.

Wirtschaftliche Verflechtungen

Entwicklungsstand der Staaten	194
Gewusst wie: Wir untersuchen ein Land	198
Gewusst wie: Power-Point-Präsentation	200
Welthandel	202
Entwicklungsländer im Welthandel	204
Die Tigerstaaten	208
Seeverkehr	210
Der eigene Konsum	212

M1 Teile des Hamburger Containerhafens
Der Hamburger Seehafen ist der größte Hafen Deutschlands und der zweitgrößte in Europa. Im Jahr 2004 wurden hier rund sieben Millionen Container umgeschlagen. Der Hafen bietet Liegeplätze für 320 Seeschiffe.

Entwicklungsstand der Staaten

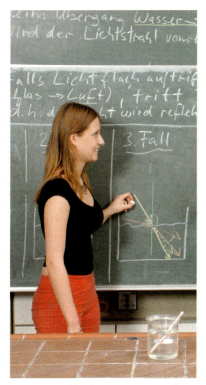

M1 *Jugendliche im Unterricht*

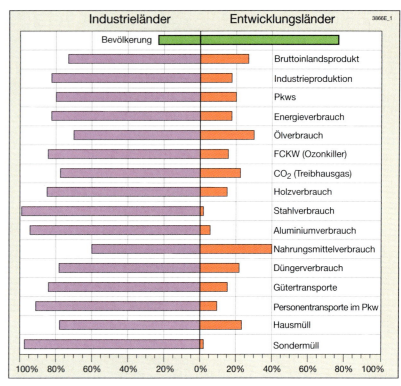

M2 *Industrie- und Entwicklungsländer im Vergleich*

Reiche Länder …

Die Lebensbedingungen sind in den Staaten der Erde sehr verschieden. Die enormen Unterschiede sind vor allem auf den Stand der wirtschaftlichen Entwicklung jedes einzelnen Landes zurückzuführen. Dieser wird mithilfe des **Bruttoinlandsprodukts (BIP)** ermittelt.

In den hoch entwickelten Staaten, allgemein **Industrieländer** genannt, sind die Grundbedürfnisse (ausreichend Trinkwasser, Nahrung, Kleidung, Bildung, medizinische Versorgung und menschenwürdige Wohnung) für den überwiegenden Teil der Bevölkerung erfüllt, weil Arbeitsteilung, Mechanisierung und Automation in Industrie und Landwirtschaft für hohe **Produktivität** und damit guten Verdienst sorgen.

Aufgaben

1 Das Bruttoinlandsprodukt eines Staates gilt als ein Zeichen für seinen wirtschaftlichen Wohlstand. Vergleiche die Werte in M4.

2 Vergleiche die Situation in den Industrieländern mit jener in den Entwicklungsländern.

3 Informiere dich im Geschichtsbuch und/oder Internet über Kolonialpolitik und ihre Folgen für die heute unabhängigen Staaten. Berichte.

Info

Bruttoinlandsprodukt (BIP)
Darunter versteht man den Gesamtwert der erzeugten Güter in Industrie, Handwerk, Landwirtschaft sowie den Dienstleistungen eines Landes in einem Jahr. Dividiert man diesen Wert durch die Zahl der Einwohner, ergibt sich der Pro-Kopf-Wert.

Produktivität
(übersetzt: Ergiebigkeit) So nennt man in der Wirtschaft das Verhältnis des Einsatzes (z.B. von Arbeitskraft) zum Ergebnis (z.B. zur erzeugten Menge an Waren). Eine hohe Produktivität ergibt sich bei geringem Einsatz und hohem Ergebnis.

Wirtschaftliche Verflechtungen

M3 *Jugendliche im Steinbruch (Madagaskar)*

Staat	US-Dollar
Laos	1 700
Nepal	1 400
Kenia	1 000
Tansania	600
Sierra Leone	500
Somalia	500
Indien	2 700
China	4 600
Peru	5 000
Türkei	6 400
Norwegen	37 800
Australien	32 900
Japan	28 200
Deutschland	27 600
USA	37 800
Schweiz	32 700

M4 *Bruttoinlandsprodukt (BIP) pro Einwohner in ausgewählten Ländern 2004*

… und arme Länder

In den wenig entwickelten Staaten, oft **Entwicklungsländer** genannt, leidet der größte Teil der Bevölkerung darunter, dass seine Grundbedürfnisse kaum erfüllt werden können. So ist zum Beispiel oft die Trinkwasser- und Stromversorgung völlig unzureichend. Auch der Zugang zu Bildung, Arbeit und politischer Mitbestimmung bleibt für viele Menschen ein Wunsch. Es fehlen Schulen und Ausbildungsplätze.

Die Staaten spüren auch heute noch die Folgen der langen Kolonialzeit, während der die Wirtschaft in der Regel auf Rohstofflieferungen an die Kolonialmacht ausgerichtet war. Das änderte sich auch nach der Kolonialzeit nur langsam.

Info

Infrastruktur
Dazu zählen alle Einrichtungen, die zur Entwicklung und Versorgung eines Gebietes notwendig sind wie Verkehrswege, Wasser- und Stromleitungen, Entsorgungsanlagen, Bildungs- und Erholungseinrichtungen, Krankenhäuser usw.

Kolonie
Darunter versteht man eine auswärtige Besitzung eines Staates, der so genannten Kolonialmacht. Die meisten der heutigen Entwicklungsländer waren bis in das 20. Jahrhundert Kolonien europäischer Staaten.

Merke
Die Lebensbedingungen der Bevölkerung sind in den einzelnen Staaten der Erde sehr unterschiedlich. Die Unterschiede sind insbesondere auf den Stand der wirtschaftlichen Entwicklung jedes Landes zurückzuführen.

Grundbegriffe
- Industrieland
- Bruttoinlandsprodukt (BIP)
- Produktivität
- Entwicklungsland

M1 *Sitz der UN in New York*

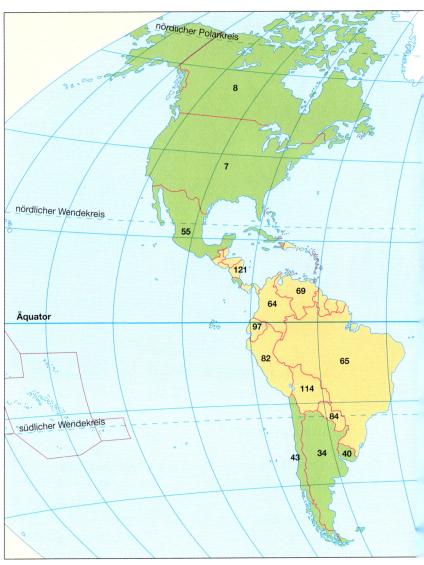

M2 *Die Länder der Erde nach ihrem Entwicklungsstand 2003*

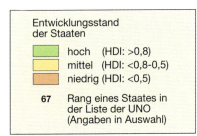

UN-Liste über den Entwicklungsstand der Staaten

Die Vereinten Nationen (UN) bestimmen in jedem Jahr den Entwicklungsstand aller Länder der Erde. Dazu untersuchen sie in jedem Land vor allem die Lebenserwartung, den Anteil der Analphabeten und das jährliche Einkommen je Einwohner.

Auf Grundlage dieser Werte wird dann eine Liste erstellt, in der alle Staaten der Erde nach ihrem Entwicklungsstand aufgeführt sind. Dies tun die UN unter anderem deshalb um Hilfsmaßnahmen für ärmere Staaten begründen zu können.

Zu berücksichtigen ist aber, dass es sich jeweils um Durchschnittswerte handelt. Das bedeutet, dass es in allen Staaten große Unterschiede im Lebensstandard zwischen einzelnen Teilen der Bevölkerung gibt.

Aufgabe

1 a) Benenne mithilfe des Atlas aus jeder der drei in M1 dargestellten Gruppen – sofern vorhanden – zwei Länder je Kontinent.
b) Liste mithilfe des Atlas die in der Karte gekennzeichneten Staaten zwischen Rang 1 – 20 sowie zwischen Rang 160 – 174 auf.

Wirtschaftliche Verflechtungen

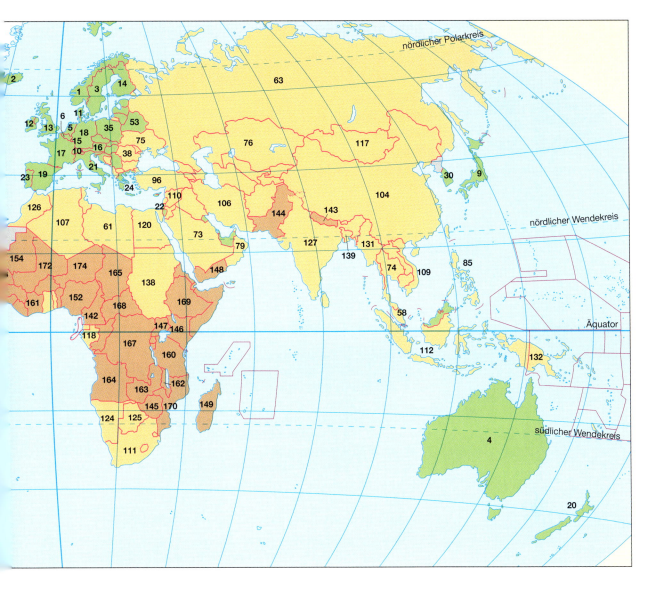

Info

Die Vereinten Nationen (UN)

Die Vereinten Nationen wurden im Jahre 1945 gegründet. Ihr Hauptsitz ist in New York. Fast alle Staaten der Erde gehören ihnen als Mitglied an. Die wichtigsten Aufgaben sind die Sicherung des Friedens, die Förderung der Entwicklungszusammenarbeit und der Schutz der Menschenrechte. Die UN hat zahlreiche Sonderorganisationen, zum Beispiel:

- UNICEF – Weltkinderhilfswerk
- UNHCR – Flüchtlingshilfswerk
- WHO – Weltgesundheitsorganisation
- UNESCO – Organisation für Erziehung, Wissenschaft und Kultur
- UNCTAD – Handels- und Entwicklungskonferenz
- WFP – Welternährungsprogramm

M3 *Das Logo der UN*

Gewusst wie

Wir untersuchen ein Land

Ein Land unter der Lupe

Fast 180 Staaten gibt es auf der Erde. Einige davon sind euch aus dem Unterricht, aus Fernsehen oder Zeitschriften bekannt, andere habt ihr sogar schon im Urlaub besucht. Informationen über unbekannte Staaten könnt ihr im Rahmen des Geographieunterrichts selbstständig beschaffen. Dazu betrachtet ihr die Merkmale, die einen geographischen Raum prägen (M2).

Die Untersuchung eines Staates erfolgt in drei Schritten. Dieses Vorgehen eignet sich zum Beispiel auch für ein Bundesland, eine Insel oder eine Stadt.

M1 *Ein Land unter der Lupe*

So untersucht ihr ein Land

1. Schritt: Arbeitsplanung

Klärt zuerst gemeinsam die folgenden Fragen:
– Sollen die verschiedenen Merkmale eines ausgewählten Staates (M2) arbeitsteilig in Gruppen untersucht werden oder soll sich jede Gruppe für einen Staat (M5) entscheiden?
– Sollen verschiedene Staaten nach einem ausgewählten Gesichtspunkt (z.B. Tourismus, Bevölkerung) oder nach einem verabredeten Schema (M7) untersucht werden?
– Welche Informationsmöglichkeiten gibt es (M3)?
– Wie viel Zeit steht insgesamt zur Verfügung und wie sollen die Ergebnisse präsentiert werden (M4, M5, M6, M8)?

Bildet Kleingruppen und legt fest, wer für welche Arbeit verantwortlich ist und wie viel Zeit jeweils dafür benötigt wird. Haltet eure Absprachen stichwortartig in einem Ablaufplan fest.

2. Schritt: Beschaffung und Auswertung von Materialien

– Sammelt rechtzeitig Informationsmaterialien. Schreibt zum Beispiel an die Botschaft oder das Fremdenverkehrsamt des gewählten Landes. Besucht Büchereien und nutzt auch Computer-Lexika und das Internet.
– Ordnet die Materialien den Punkten der Gliederung (M7) zu.
– Schreibt oder schneidet die wichtigsten Informationen heraus. Vermeidet es, lange Texte wörtlich zu übernehmen. Fasst stattdessen die Texte in eigenen Worten zusammen oder notiert das Wichtigste stichwortartig mit Gedankenstrichen.
– Ergänzt möglichst aktuelle Ereignisse aus der Tagespresse oder aus Nachrichtensendungen.

3. Schritt: Darstellung und Präsentation der Ergebnisse

– Wählt Darstellungen aus, die zur Art der Präsentation und zum vorgesehenen Publikum besonders gut passen (z.B. Bilder und große Schrift für ein Plakat, Filmvorführung für einen Elternabend).
– Veranschaulicht Wichtiges durch Karten, Diagramme und Bilder. Dabei könnt ihr auch den Computer benutzen.
– Versucht das Typische oder Besondere des gewählten Landes in eurer Gesamtpräsentation zu verdeutlichen.

Kultur
Religion, Sprache, Tradition, Bauweise, Kleidung

Politik und Geschichte
politische Verhältnisse, geschichtliche Entwicklung

Verkehr
Kraftfahrzeug-, Eisenbahn-, Luft- und Wasserverkehr

Wirtschaft
Landwirtschaft, Bergbau, Industrie, Dienstleistungen, Tourismus

Bevölkerung
Bevölkerungsdichte, Bevölkerungsverteilung, Städte und Dörfer, soziale Aspekte (z. B. Einkommen, Altersaufbau)

Naturraum
Oberflächenformen, Boden, Gewässer, Klima, Pflanzen- und Tierwelt

Raum

M2 *Merkmale, die einen Raum prägen*

Gewusst wie

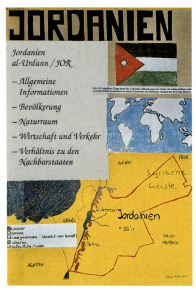

M3 *Ländersteckbrief*

M6 *Bevölkerungsvergleich*

Bücher
- Atlanten
- Lexika/ Länderlexika
- Sachbücher
  (z.B. aus Büchereien)
- Länder- und Reisemagazine (z.B. GEO, Merian, HB-Bildatlas)
- Reiseführer

weitere Druckmedien
- Reisekataloge
- Zeitungen/ Zeitschriften
- Landesinformationen
  (erhältlich z.B. bei der Botschaft eines Landes)

Bildmedien
- Reisemagazine im Fernsehen
- Reisevideos
- PC-Lexika (z.B. MS Encarta)
- Internet-Adressen (z.B. www.auswaertiges-amt.de, www.klimadiagramme.de)

M7 *Möglichkeiten der Informationsbeschaffung*

1. Allgemeine Informationen
z.B.: Lage, Nachbarstaaten, Flächengröße, Einwohnerzahl, Hauptstadt, wichtige Städte, Währung, Staatsform, geschichtliche Entwicklung, Entwicklungsstand

2. Bevölkerung
z.B.: Bevölkerungsdichte, -verteilung und -wachstum, Altersaufbau, Analphabeten, Sprache, Religion

3. Naturraum
z.B.: Gewässer, Gebirge, Landschaften, Böden, Klima, Tier- und Pflanzenwelt

4. Wirtschaft und Verkehr
z.B.: Landwirtschaft, Rohstoffe, Bergbau, Industrie, Handel, Dienstleistungen, Tourismus, Verkehrswege, Land-, Wasser- und Luftverkehr

5. Spezialthema
z.B.: Touristenattraktionen, Reiseplanung, Naturkatastrophen, aktuelle Ereignisse

M4 *Beispiel für ein Untersuchungsschema*

- Bildschirmpräsentation (z.B. Power-Point)
- Referat
- Reiseprospekt
- Buch
- Videofilm
- Collage
- Wandzeitung
- Ausstellung
- Diavortrag
- Filmvortrag

M5 *Möglichkeiten der Präsentation*

- Karte
- Foto
- Bild
- Zeichnung
- Säulendiagramm
- Kurvendiagramm
- Kreisdiagramm
- Klimadiagramm
- Bevölkerungspyramide
- Tabelle
- kurzer Text

M8 *Möglichkeiten der Ergebnisdarstellung*

Gewusst wie

Power-Point-Präsentation

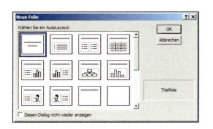

M1 *Wahl einer Folienvorlage (AutoLayout)*

Eine Präsentation mit Power-Point erstellen

Power-Point ist ein Computerprogramm zur Erstellung von Präsentationsfolien auf dem Bildschirm. Mithilfe eines so genannten „Beamers" (to beam: strahlen) können Folienpräsentationen auf einen weißen Hintergrund im Klassenzimmer projiziert werden.

So gehst du vor

1. Schritt: Öffnen des Programms
Starte Power-Point. Nach dem Start erscheint ein Fenster, in dem du zwischen „*Autoinhalt-Assistent*", „*Entwurfsvorlage*" und „*leere Präsentation*" wählen kannst. Wähle die Option „*leere Präsentation*" und bestätige mit „*OK*". (Sollte sich dieses Fenster nicht öffnen, dann gehe in der Menü-Leiste auf „*Einfügen*" und wähle hier „*Neue Folie*".) Es öffnet sich ein Fenster mit „*AutoLayout*"-Vorschlägen (M1).

2. Schritt: Erstellen von Folien
Lege zunächst eine Titelfolie an. Wähle hierzu aus dem „*AutoLayout*"-Fenster eine passende Vorlage und bestätige mit „*OK*". Klicke mit der Maus in die Textfelder um deinen Text einzufügen.
Um weitere Folien zu erstellen wähle im Menü „*Einfügen*" die Option „*neue Folie*" (M2).

3. Schritt: Speichern
Gehe auf „*Datei*" und dann auf „*Speichern unter*". Wähle einen Dateinamen und einen Speicherort und bestätige mit „*Speichern*". Um deine Arbeit im weiteren Verlauf zu speichern genügt ein Klick auf das Diskettensymbol in der Menü-Leiste.

4. Schritt: Starten der Präsentation
Wähle in der Menü-Leiste „*Bildschirmpräsentation*" die Option „*Bildschirmpräsentation vorführen*". Durch Klick auf die Leertaste erscheint die nächste Folie. Weitere Einstellungen kannst du unter „*Bildschirmpräsentation einrichten*" vornehmen.

M2 *Anlegen weiterer Folien*

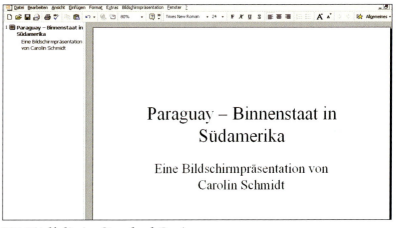

M3 *Titelfolie im Standard-Design*

Gewusst wie

Tipps für zusätzliche Gestaltungsmöglichkeiten

- **Einfügen von ClipArts aus Power-Point:** Wenn dir keine Abbildungen für deine Präsentation zur Verfügung stehen, hält das Programm eine Vielzahl von ClipArts für dich bereit. Wähle im Menü *„Einfügen"* die Option *„Grafik"*. Es öffnet sich ein weiteres Fenster. Wähle hier die Option *„ClipArt"*. In der folgenden Auswahl findest du verschiedene Ordner. Durch Klick auf die jeweiligen Ordner werden die verfügbaren Grafiken des Ordners angezeigt. Klicke mit der rechten Maustaste auf deine ausgewählte ClipArt und wähle in dem sich zeigenden Untermenü die Option *„Einfügen"* (M5).
- **Einfügen von eigenen ClipArts:** Um Grafiken, Bilder und Symbole aus anderen Dateien einzufügen wähle in der Menü-Leiste *„Einfügen"*, *„Grafik"* und dann die Option *„aus Datei"*. Hier kannst du dann den entsprechenden Ordner, in dem sich deine Bilder befinden, anwählen.
- **Äußere Gestaltung der Präsentation:** Damit deine Präsentation ansprechender aussieht, kannst du sie mit einem Design (äußere Gestaltung) versehen (M4). Klicke auf *„Format"* in der Menü-Leiste und dann auf *„Entwurfsvorlage übernehmen"* (M6). Wähle ein Design aus und klicke dann auf *„Übernehmen"*. Deine gesamte Präsentation hat nun dieses Design.

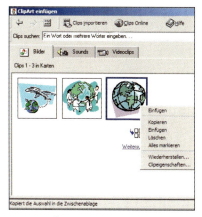

M5 *Einfügen von ClipArts*

> Nüzliche Tips:
> - Lege vor der Erstellung der Präsentation eine Gliederung an.
> - Bei Referaten sollten sich die Informationen auf den Folien und dein mündlicher Vortrag gut ergänzen.
> - Bedenke, dass bei Präsentationen mit einem Beamer Texte und Bilder ausreichend groß sein müssen.
> - Überlade die einzelnen Folien nicht mit Detail-Informationen. Vermeide Nebensächlichkeiten.

M4 *Folie mit ClipArt im Ringbuch-Design*

M6 *Übernehmen von Entwurfsvorlagen*

Welthandelsströme

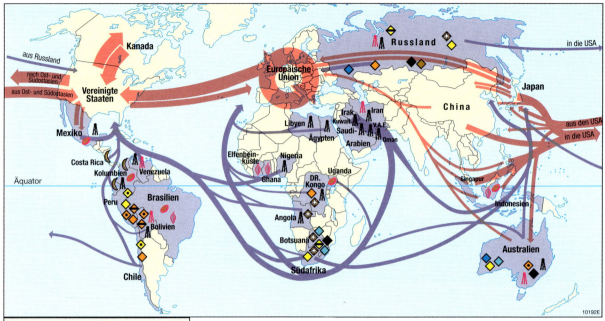

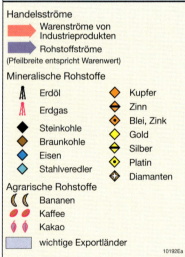

M2 *Welthandelsströme*

Einseitiger Handel schafft Abhängigkeiten

Der Handel mit anderen Staaten ist für jedes Land lebensnotwendig. Die Industrieländer sind oftmals arm an Rohstoffen, die sie vorwiegend aus den Entwicklungsländern importieren.

Mithilfe dieser Rohstoffe werden eine Vielzahl von Fertigwaren produziert. Ein großer Teil dieser Waren wird wiederum in die Entwicklungsländer exportiert. Die industrielle Produktion und der Export hochwertiger Industriewaren bringen den Industrieländern Wohlstand.

Die Entwicklungsländer leben vorwiegend vom Verkauf ihrer Rohstoffe. In diesen Ländern sind häufig noch 80 Prozent der Erwerbstätigen in der Landwirtschaft beschäftigt. Neben Bodenschätzen werden vor allem tierische oder pflanzliche Rohstoffe (z.B. ungerösteter Kaffee, getrocknete Kakaobohnen) exportiert. Manche Länder können nur ein oder zwei Produkte auf dem Weltmarkt anbieten.

Die Einseitigkeit im Welthandel ist ein Erbe der Kolonialzeit. Fast alle Entwicklungsländer waren einmal Kolonien. Für die Kolonialmächte waren die Kolonien vor allem günstige Rohstoff-Lieferanten. Sie hatten keine Möglichkeit, eigene Industrien oder eine gute Infrastruktur (z.B. Straßen, Schulen, Krankenhäuser) aufzubauen.

Nach dem Zweiten Weltkrieg (1939-1945) und zum Teil erst nach 1960 erreichten fast alle Kolonien ihre Unabhängigkeit. Sie leiden allerdings großenteils noch heute an den Folgen des Kolonialismus.

Land	Produkt	Anteil
Burundi	Kaffee	76 %
Liberia	Eisenerz	51 %
Sambia	Kupfer	64 %
Mauretanien	Eisenerz	58 %
Tschad	Baumwolle	42 %
Gambia	Erdnüsse	68 %
Pakistan	Textilien	65 %
Uganda	Kaffee	63 %
Deutschland	Kraftwagen	20 %
	Maschinen	15 %
	chem. Erzeug.	12 %

M1 *Die wichtigsten Exportprodukte ausgewählter Länder in Prozent ihres gesamten Exports*

Wirtschaftliche Verflechtungen

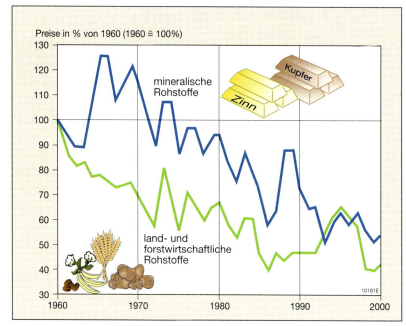

M3 *Die Entwicklung der Rohstoffpreise*

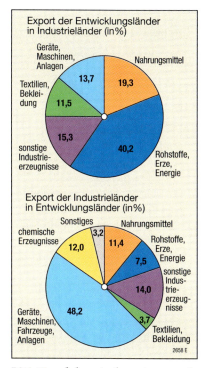

M5 *Handel zwischen Arm und Reich*

Schwankende Rohstoffpreise – nachteilig für die Entwicklungsländer

Die Weltmarktpreise für viele Rohstoffe sind niedrig. Außerdem sind sie ständigen Schwankungen ausgesetzt, je nach Angebot und Nachfrage. Erzeugerländer für Kaffee, Tee, Kakao, Bananen und Zucker bieten oftmals mehr dieser Rohstoffe auf dem Weltmarkt an als weltweit verbraucht werden. Andererseits sind die Preise für Industriewaren wie zum Beispiel Maschinen, Autos und Elektrogeräte ständig gestiegen.

Deshalb klagen die Entwicklungsländer darüber, dass sich die Tauschwerte ihrer Exportprodukte gegenüber Industriegütern, die **Terms of trade**, laufend verschlechtern. Da aber die Entwicklungsländer auf Industriegüter nicht verzichten können, haben sie sich bei Banken in den Industrieländern Geld geliehen um eine Infrastruktur und neue Fabriken bauen zu können. Die Kredite kosten Zinsen, sodass die Verschuldung ständig zunimmt. In manchen Entwicklungsländern Afrikas und Lateinamerikas verbrauchen allein die Zinszahlungen über die Hälfte der Exporteinnahmen.

Aufgaben

1 Beschreibe die Warenströme von Industrieprodukten und Rohstoffen (M2).

2 a) Beschreibe die Entwicklung der Preise für Rohstoffe (M3).
b) Welche Folgen hat diese Entwicklung für ein Land, das seine Landwirtschaft mechanisieren will?

> **Merke**
> Die Weltmarktpreise vieler Rohstoffe sind großen Schwankungen unterworfen. Das erschwert den Ländern, die solche Produkte exportieren, eine langfristige Planung.
>
> **Grundbegriff**
> • Terms of trade

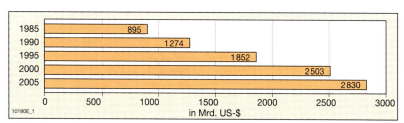

M4 *Die Schulden der Entwicklungsländer*

Entwicklungsländer im Welthandel

Info

Heimat des Kaffees

Die Heimat des Kaffees ist Äthiopien. Die ersten Kaffeetrinker sollen die Bewohner des äthiopischen Berglandes Kaffa gewesen sein; der Name Kaffee wurde davon abgeleitet.
Kaffee wurde ab dem 15. Jahrhundert von den Arabern im Jemen angebaut. Sie handelten mit Kaffee. Der bekannteste Hafen, von dem aus Kaffee in andere arabische Länder verschifft wurde, war der jemenitische Hafen Mocha. Daher stammt der Name Mokka.
Erst seit dem 17. Jahrhundert ist der Kaffee in Europa bekannt. Holländische Kaufleute brachten ihn aus Arabien mit.

Kaffee – Angebot und Nachfrage

New York, Dienstag, 7. Oktober, 10 Uhr: Im großen Saal der Börse treffen sich Kaffeehändler aus vielen Ländern der Welt. Sie beobachten die zahlreichen Monitore, über die ständig neue Informationen flimmern: Mengen und Preise von Kaffeebohnen, die in Brasilien, Kolumbien, Indonesien oder an der Elfenbeinküste geerntet werden.

Einer der Händler ist Frank Brusius aus Bremen. Er ist an 300 Sack kolumbianischen Kaffeebohnen interessiert. Er kann diese sofort an eine bekannte Handelskette weiterverkaufen. Deshalb bietet er für die 300 Säcke mehr Geld als alle anderen Händler. Er erhält den Zuschlag und macht ein gutes Geschäft. Noch vor einer Woche hätte er für die gleiche Menge Kaffee umgerechnet 2500 Euro mehr gezahlt.

Der Kaffeepreis verändert sich ständig. Er steigt, wenn weltweit weniger Kaffeebohnen angeboten als verbraucht werden; dann müssen die Kaffee-Röstereien auf ihre Vorräte zurückgreifen. Der Preis fällt, wenn die Kaffee-Ernten sehr gut ausfallen. Dann gibt es weltweit mehr Kaffeebohnen als gekauft werden.

Eine Schlüsselrolle spielt das wichtigste Kaffee-Anbauland der Erde: Brasilien. Dort wird über ein Viertel des gesamten Kaffees der Welt geerntet. Kommt es in Brasilien zu Rekord- oder Missernten, wirkt sich dies auf den Preis aus.

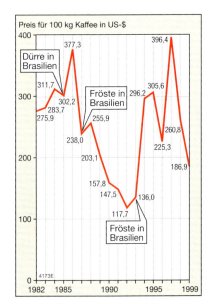

M1 *Kaffeepreisentwicklung*

M2 *In der Börse von New York*

Handel schafft Abhängigkeiten

Für die Entwicklungsländer sind Erdöl und Kaffee die wichtigsten Handelsprodukte. Jedes Jahr wird beim Welthandel Rohkaffee im Wert von rund zehn Milliarden Dollar verkauft beziehungsweise gekauft.

Die wirtschaftliche Grundlage vieler Staaten und ihrer Einwohner hängt davon ab, welcher Preis für den Kaffee bezahlt wird. Die Kaffee-Exportländer sind auf die Einnahmen aus dem Kaffeehandel angewiesen. Damit kaufen sie Industriegüter, bauen Verkehrswege, Krankenhäuser und Schulen.

Für die Exportländer ist es deshalb wichtig, dass die Nachfrage nach Kaffee in den Industrieländern groß ist und für den Kaffee ein hoher Preis gezahlt wird.

Sinkt der Kaffeepreis, gehen den Staaten der Dritten Welt Einnahmen in Millionenhöhe verloren. Uganda zum Beispiel würde pro Jahr umgerechnet rund 15 Mio. Euro weniger einnehmen, wenn der Preis für Kaffee nur um drei US-Dollar pro 100 kg zurückginge. Brasilien müsste sogar Einbußen in Höhe von 92 Mio. Euro verkraften.

Die Kaffee-Importländer dagegen wollen guten und zugleich preiswerten Kaffee. Die Händler der großen Importfirmen versuchen daher den weltweit angebotenen Kaffee so günstig wie möglich einzukaufen.

Aufgaben

1 Beschreibe die Entwicklung des Kaffeepreises (M1).

2 Nenne mithilfe von M1 drei Zeitspannen, in denen
a) das Angebot an Kaffee größer war als die Nachfrage,
b) die Nachfrage größer war als das Kaffeeangebot.

3 Der Kaffee ist eine Nutzpflanze, die nicht überall auf der Welt angebaut werden kann. Erläutere.

4 Vom Rohkaffeepreis hängt das Wohl zahlreicher Entwicklungsländer ab. Erkläre.

Kaffee – Von der Pflanze bis zur Bohne

(a)

(b)

(c)

Kaffeepflanzen gedeihen am besten bei Temperaturen zwischen 17 und 23 Grad Celsius. Sie brauchen 1000 bis 2000 mm Niederschlag pro Jahr. Die jungen Pflanzen wachsen zu Sträuchern heran, die nach drei Jahren zum ersten Mal blühen. Aus den Blüten entwickeln sich Früchte (a). Diese sind zunächst grün. Wenn die Früchte nach ungefähr elf Monaten leuchtend rot sind, werden sie per Hand gepflückt. Nach der Ernte wird das rote Fruchtfleisch entfernt. Im Innern der Kaffeekirschen sitzen die Bohnen (b). Sie werden getrocknet (c). Die Rohkaffee-Bohnen müssen geröstet werden. Das Rösten des Exportkaffees geschieht in den Industrieländern.

M1 *Lage von Costa Rica*

Kaffee von Kleinbauern – fair gehandelt

„Ich baue auf meinem vier Hektar großen Stück Land Kaffee an. Bis vor fünf Jahren habe ich die Bohnen an einen Plantagenbesitzer verkauft. Das Geld reichte aber kaum aus um meine Familie zu ernähren", erzählt Felipe Vargas.

Felipe lebt mit seiner Frau und seinen vier Kindern in Costa Rica. Er ist ein Kleinbauer wie viele andere auch. Felipe hat sich mit 220 anderen Kleinbauern zusammengetan. Sie haben eine **Genossenschaft** gegründet. Jedes Mitglied der Genossenschaft baut Kaffee an. Die Ernte verkaufen sie direkt an die Organisation **TransFair** in Deutschland. Allerdings müssen sie die Kaffeesäcke selbst zum Hafen von Limón bringen.

Die Genossenschaft hat sich Geld bei der Bank geliehen und davon einen gebrauchten Lastwagen gekauft. Die Bauern verdienen jetzt mehr als früher, denn TransFair zahlt für den Kaffee einen Mindestpreis in Höhe von 278 US-Dollar pro 100 kg; dieser Preis liegt normalerweise über dem Weltmarktpreis. Die Familie von Felipe Vargas und die anderen Genossenschaftsfamilien haben ein gesichertes Einkommen.

Aufgaben

1 Beschreibe die Zusammensetzung des Kaffeepreises (M2).

2 Erkläre, warum „faire" Kaffeepreise für die Kleinbauern in den Entwicklungsländern wichtig sind (M3).

3 a) Liste die wichtigen Kaffee-Exportländer auf (M5) und nenne den Kontinent, auf dem sie liegen.
b) Nenne die wichtigen Kaffee-Importländer (M5).

Plantagenarbeiter	5,1 %
Plantagenbesitzer	8,5 %
Exporteur	3,7 %
Staat: Exportsteuer	17,2 %
Reederei: Seefracht	1,4 %
Staat: Zoll	1,8 %
Staat: Kaffeesteuer	18,4 %
Staat: Mehrwertsteuer	6,1 %
Importeur	7,6 %
Rösterei	6,5 %
Einzelhändler	23,7 %
Ladenpreis	100,0 %

M2 *Wer verdient was an unserem Kaffee?*

TransFair ist ein Bündnis von über 30 kirchlichen, entwicklungspolitischen und sozialen Organisationen in Deutschland.

Anschrift:
Remigiusstraße 21,
50937 Köln

Die Kaffeetrinker freut es, wenn der Kaffee billig ist. Für die Kaffeebauern bedeuten niedrige Verkaufspreise jedoch Armut. Kaffeemarken, die das TransFair-Siegel auf ihrer Verpackung haben, sind etwas teurer. Der Mehrpreis kommt aber garantiert den Bauern zugute. Heute hat TransFair-Kaffee schon einen Marktanteil von über zwei Prozent. Das bedeutet: rund 5 000 Tonnen Rohkaffee werden zu fairen Preisen verkauft. Die Kaffeebauern bekommen deutlich mehr für ihre Ernte und die Kaffeetrinker bezahlen nur wenige Cent mehr pro Tasse.
Das TransFair-Siegel gibt es auch für Tee, Honig, Schokolade und Bananen. So wird 500 000 Menschen in vielen Ländern Südamerikas, Afrikas und Asiens geholfen.

M3 *„TransFair" – höhere Preise für die Kaffeebauern*

Wirtschaftliche Verflechtungen

Merke
Einige Kaffeebauern haben sich in Genossenschaften organisiert und verkaufen ihre Ernte zu Mindestpreisen an die Organisation TransFair, die sich zum Ziel gesetzt hat, die Situation der Kleinbauern zu verbessern

Grundbegriffe
- Genossenschaft
- TransFair

M4 *„Faire" Kaffeemarken*

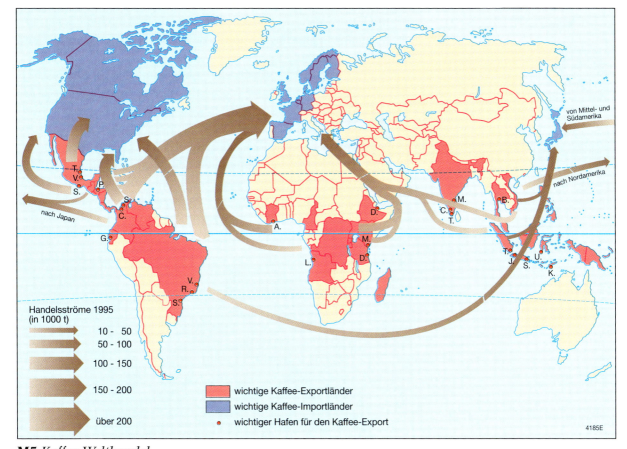

M5 *Kaffee-Welthandel*

Die Tigerstaaten

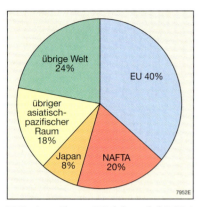

M1 *Anteil am Welthandel 2004*

M3 *Die Skyline von Singapur*

Aufgaben

1 Begründe, warum der asiatisch-pazifische Raum als das „asiatische Wirtschaftswunder" bezeichnet wird.

2 Erkläre das Modell von den „fliegenden Wildgänsen" (M4).

3 Erläutere Ursachen und Hemmnisse für die Entwicklung der Staaten des asiatisch-pazifischen Raumes (M4, M5).

Wirtschaftsraum mit großem Potenzial

Während der letzten Jahrzehnte rückte der asiatisch-pazifische Raum immer stärker in den Blickpunkt der Öffentlichkeit. Die Staaten, angeführt von Japan und gefolgt von den so genannten **Tigerstaaten** Taiwan, Südkorea, Singapur und Hongkong (seit 1997 zu China) verzeichneten ein rasantes Wirtschaftswachstum. Trotz der schnellen Bevölkerungszunahme führte das zu einem gewaltigen Rückgang der Armut. Grundlagen für diese Entwicklung waren auch die Übernahme westlicher Technologien und sozialer Ideen, Bildungshunger und Zukunftsoptimismus.

Der Aufstieg und die industrielle Entwicklung der Länder des asiatisch-pazifischen Raumes sind eng miteinander verflochten. Für die bisherige Entwicklung wurde das Modell von den „fliegenden Wildgänsen" geprägt. Es soll zeigen, dass sich die wirtschaftlich aufstrebenden Länder zwar in die gleiche Richtung bewegen, aber auf verschiedenen Entwicklungsebenen, die dem Grad ihrer Industrialisierung entsprechen. Höher entwickelte Länder überlassen im Laufe ihrer Entwicklung durch steigende Lohnkosten und veränderte Wettbewerbsbedingungen unrentabel gewordene Produktionsformen und Technologien den Ländern der nächsten Generation.

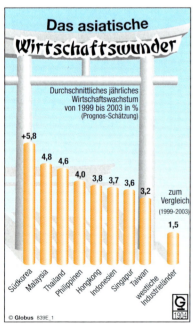

M2 *Wirtschaftsentwicklung*

M4 *Modell der fliegenden Wildgänse*

Wirtschaftliche Verflechtungen

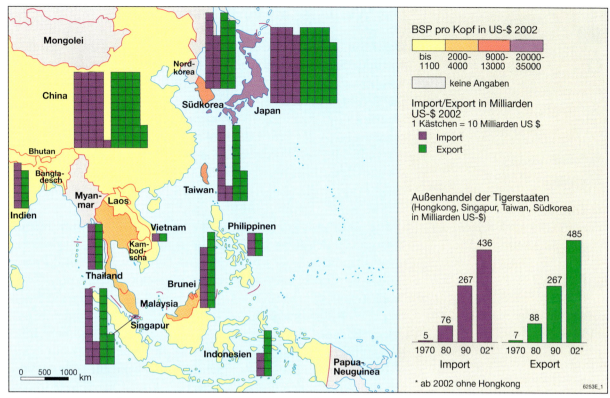

M5 *Südostasiatische und ostasiatische Staaten, Außenhandel und Bruttosozialprodukt*

Neue Tiger schärfen ihre Krallen

Noch vor 30 Jahren waren Taiwan, Südkorea, Hongkong und Singapur Entwicklungsländer. Inzwischen haben sie Industrien aufgebaut und bieten moderne Industrieprodukte wie Kraftfahrzeuge, Computer und Heimelektronik auf dem Weltmarkt an. Diese besitzen eine gute Qualität. Sie sind meist preiswerter als vergleichbare Güter aus den Industrieländern, da die Firmen aufgrund niedriger Löhne, Steuern, Energie- und Transportkosten billiger produzieren können. Heute gehören die „Tigerstaaten" zu den 15 größten Handelsnationen der Erde. Durch ihre wirtschaftlichen Erfolge haben sie den Anschluss an Industrieländer wie Japan, die USA und Deutschland geschafft und werden als Newly Industrializing Countries (NIC) bezeichnet.

Gegen Ende des 20. Jahrhunderts hat sich die Zahl dieser Länder trotz der Wirtschaftskrise in Asien, die gerade diese Staaten heimsuchte, stark erhöht. Nun setzt die nächste Generation der Tigerstaaten zum Sprung an. Zu ihnen gehören Malaysia, Indonesien, Thailand und die Philippinen. Auch hier entsteht eine international wettbewerbsfähige Industrie. In den Städten dieser Länder vollzieht sich ein schneller Übergang zur Industriegesellschaft, während die Bevölkerung im ländlichen Raum noch größtenteils von der Landwirtschaft lebt.

4 Nenne die Tigerstaaten und erkläre, warum sie so bezeichnet werden.

5 Beschreibe die Entwicklung des Außenhandels der vier Tigerstaaten. Vergleiche den Umfang der Importe und Exporte mit dem anderer Staaten (M5).

Merke
Viele Staaten des asiatisch-pazifischen Raumes verzeichnen in den letzten Jahrzehnten ein erstaunliches Wirtwachstum.

Grundbegriff
- Tigerstaat

Seeverkehr

M1 *Die wichtigsten Billigflaggenländer nach Anzahl der Schiffe und Ladung in Mio. t*

Aufgaben

1 Ordne die Häfen in M2 Ländern zu (Atlas).

2 Beschreibe kurz den grundlegenden Wandel im Weltseeverkehr und nenne die Gründe.

3 Errechne die Kosten des Aufenthalts der „DAL Kalahari" in Hamburg (M4).

Das Weltmeer als Verkehrsraum

Das Ausmaß des Weltseeverkehrs ist das Ergebnis der weltweiten wirtschaftlichen Zusammenarbeit und der Verteilung der Rohstoffvorkommen sowie des Rohstoffbedarfs in den einzelnen Ländern. Die Schifffahrtswege sind deshalb in erster Linie auf Europa, Nordamerika und Japan ausgerichtet, welche die drei großen Wirtschaftszentren der Erde bilden. Weitere wichtige Schifffahrtslinien verbinden die Erdölförderregion am Persischen Golf mit den wichtigsten Ölverarbeitungszentren der Welt. Der Panama- und der Suezkanal sowie die Malaccastraße in Südostasien bündeln den Seeverkehr.

Die Welthandelsflotte transportiert jährlich etwa 800 Millionen Tonnen Handelsgüter. Das ist mehr als die Gütertransportleistung aller Eisenbahnen der Erde. Moderne Funknavigation und immer größer werdende, spezialisierte Hochseeschiffe tragen stark zum Wachstum des Seehandels bei. 400 m lange Riesentanker, auf deren Deck drei Fußballfelder passen, oder Schiffe, die 5000 Container tragen, verringern die Transportkosten erheblich. Containerschiffe lösen immer mehr die Stückgutfrachter ab, da Container durch die weltweit gleichen Maße ein schnelles Umladen auf alle anderen Verkehrsträger erlauben und somit die Liegekosten der Schiffe in den Häfen senken.

Die Zunahme der Schiffsgrößen führt aber auch zur Bevorzugung bestimmter Hafenstandorte. Superschiffe können nur wenige Tiefseehäfen anlaufen, zum Beispiel Rotterdam.

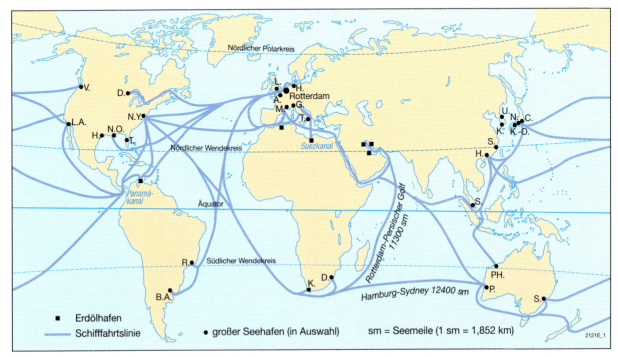

M2 *Wichtige Seehäfen und Schifffahrtsrouten*

Wirtschaftliche Verflechtungen

M3 *Beladung von Supertankern im Arabischen Golf*

Welthandelsflotte

Derzeit liegt das Durchschnittsalter der Welthandelsflotte bei 15 Jahren. Der Zustand jedes fünften Tankers wird als schrottreif eingestuft. An den Schiffen und ihren Besatzungen wird gespart. Die meisten Schiffe fahren heute unter so genannten Billigflaggen. Um Kosten zu sparen lassen auch europäische Schiffseigner ihre Schiffe in Panama oder Liberia registrieren. Diese Billigflaggenländer halten sich kaum an die internationalen Vorschriften zur Schiffssicherheit oder zum Umweltschutz. Ihre wenig qualifizierten Schiffsbesatzungen sind bunt zusammengewürfelt und schlecht bezahlt. Seeleute bezeichnen die umgeflaggten Schiffe als „Seelenverkäufer", denn der Sicherheitsstandard ist oft sehr gering. Immer wieder lösen solche Schiffe wegen Sprachproblemen, Übermüdung und Überbelastung ihrer zu kleinen Mannschaften, aber auch durch technische Mängel Schiffsunglücke und damit Umweltkatastrophen aus.

Merke
Über das Weltmeer werden viele Güter transportiert. Da Container ein schnelles Umladen auf andere Verkehrsträger erlauben, finden sie zunehmend Verwendung. Um Kosten zu sparen fahren viele Schiffe unter so genannten Billigflaggen.

Das Vollcontainerschiff „DAL Kalahari" gehört der Hamburger Reederei „Deutsche-Afrika-Linie" und ist in Liberia registriert. Die „DAL Kalahari" ist 258 m lang und kann rund 3000 TEU (Twenty Feet Equivalent Unit = 20x8x8 Fuß) laden. Die Unterhaltskosten des Schiffes betragen 14 000 € am Tag.
1:00 Uhr: Das Schiff fährt von England kommend in die Elbmündung ein.
1:30 Uhr: An der Elbmündung geht ein Seelotse an Bord. Wegen des engen Fahrwassers der Elbe besteht Lotsenpflicht *(Lotsenkosten: 6010 €)*.
5:30 Uhr: Mit der Einfahrt der „DAL Kalahari" in den Hafen wird eine Hafengebühr fällig *(Hafengeld: 9459 €)*.
6:15 Uhr: Ein Hafenlotse kommt an Bord. Er ist Spezialist für das Manövrieren und Festmachen des Ozeanriesen im engen Hafenbecken. Zwei Hafenschlepper übernehmen die „DAL Kalahari" und drehen das Schiff, dann schleppen sie es an den Liegeplatz am Kai *(Lotsenkosten: 955 €, Schlepperkosten: 7056 €)*.
6:45 Uhr: Festmachen der Leinen am Terminal Buchardkai *(Festmachkosten: 1345 €)*.
7:00 Uhr: Sofort beginnt das Be- und Entladen der Container. Ein Schiffsmakler sorgt unter anderem für Proviant und die Öl- und Müllentsorgung *(Maklergebühren: 4499 €)*.
7:00 Uhr am nächsten Tag: In den vergangenen 24 Stunden sind über die automatischen Greifer der Containerbrücken 632 Container be- und entladen worden. Die an Deck neu gestauten Container sind mit Spannschrauben und Stahlseilen gesichert *(Kaibenutzungsgebühren: 6222 €, Be- und Entladen der Container: 45 344 €)*.
7:15 Uhr: Die Lotsen sind an Bord. Die Leinen werden losgeworfen, die Schlepper ziehen an, die „DAL Kalahari" verlässt den Hamburger Hafen *(Losmachen: 897 €, Lotsenkosten: 6965 €, Schlepperkosten: 3528 €)*.

M4 *Protokoll einer Abfertigung im Hamburger Hafen*

Der eigene Konsum

M1 *Bevor ein Jogurt im Supermarktregal steht, hat er bereits einen langen Weg hinter sich*

Produkte des täglichen Lebens

Der Fruchtjogurt steht bei vielen Menschen täglich auf dem Frühstückstisch. Welche Geschichte liegt bereits hinter ihm? Wer hat ihn in den Lebensmittelladen gebracht? Wer hat ihn wo hergestellt? Wer hat die Zutaten produziert?

Die unterschiedlichen Bestandteile eines Produkts entstehen oft in verschiedenen Ländern. Viele Unternehmer prüfen die Produktionsbedingungen in verschiedenen Regionen der Erde und erkennen so, was wo am vorteilhaftesten hergestellt werden kann.

Wo ist die Energie billig? Wo gibt es preisgünstige Rohstoffe oder besonders qualifizierte Fachkräfte? Wo sind die zu zahlenden Löhne niedrig?

Auf den ersten Blick scheint ein solches Vorgehen sinnvoll zu sein. Nicht berücksichtigt sind dabei allerdings der manchmal riesige Transportaufwand und seine unerwünschten Folgen für die Umwelt.

Die einzelnen Teile eines Autos werden zum Beispiel oftmals in mehr als 100 verschiedenen Orten produziert. Sie werden dann von dort ins Autowerk transportiert und dort nur noch zusammengesetzt. Auspuff oder Zündschloss – zwischen den Herstellungsorten können zehntausende Kilometer liegen. Ähnliches können wir beim anfangs erwähnten Jogurt beobachten. Inwieweit ist auch unser Fruchtjogurt ein „globales" Produkt?

Bestandteile eines Fruchtjogurts und ihre Wege bis Stuttgart		Energiebilanz der Jogurtherstellung
Grundstoffe		Dieselkraftstoffverbrauch eines Lkw pro 100 km je nach Geschwindigkeit: 28 bis 45 l
Milch	36 km	
zubereitete Früchte	1246 km	
Jogurtkulturen	920 km	Mindestkraftstoffaufwand für den Transport von 250 Erdbeerjogurts zu je 150 g bis zum Endverkauf: 1 l Diesel
Zucker	107 km	
Jogurtverpackung		
Glas	746 km	
Alu-Platine	864 km	Umweltbilanz der Jogurtherstellung In einer Lkw-Ladung (4 t) Erdbeerjogurt stecken 1000 Lkw-km, bis der Jogurt im Laden steht.
Etikett	948 km	
Transportverpackung		
Pappsteigen für die Gläser	402 km	
Zwischenlagen für die Pappsteigen	647 km	Abgase eines Lkw, der 34 t Erdbeerjogurt über 1 km transportiert:
Folie	406 km	775 g Stickoxid
		68 g Schwefeldioxid
Leim	1373 km	51 g krebserregender Dieselruß

Aufgaben

1 Untersuche die Herkunft verschiedener Brotsorten in einem Supermarkt. Fertige eine Karte an, in der du die möglichen Transportrouten einträgst. Zu welchen Schlussfolgerungen gelangst du?

2 Wähle in einem Supermarkt ein Produkt aus und vergleiche die Preise verschiedener Erzeuger miteinander (z.B. 4 Sorten Erdbeermarmelade). Finde heraus, ob eines dieser Produkte in Hamburg erzeugt wurde und stelle fest, ob es sich preislich von den übrigen Produkten unterscheidet.

3 Ermittle die Gesamtentfernung aller Bestandteile für einen Jogurt. Berechne Transportaufwand, Energie- und Umweltbilanz für durchschnittlich 900 000 t Fruchtjogurtverbrauch.

4 Wie viele Jogurts verbraucht ihr zu Hause pro Woche? Wie viel Kraftstoff muss für den Transport eines Erdbeerjogurts von Stuttgart nach Hamburg aufgewandt werden?

Wirtschaftliche Verflechtungen

M2 *Jogurt – der lange Weg zum Verbraucher*

Weltbevölkerung und Welternährung

Bevölkerungswachstum	**216**
Bevölkerungswachstum und Hunger	**218**
Welternährungslage	**220**
Welternährungsprobleme	**222**
Gewusst wie: Streitgespräch	**226**
Gewusst wie: Hilfe organisieren	**229**
Unsere Aktion	**230**

M1 Pilger auf einem religiösen Fest in Kerala am Arabischen Meer
Kerala ist der am dichtesten besiedelte Unionsstaat Indiens. Auf einer Fläche, die etwa so groß ist wie Baden-Württemberg, leben 33 Millionen Menschen.

Bevölkerungswachstum

M1 *Erdbevölkerung nach Ländern (Auswahl)*

M2 *Dhaka an einem Werktag um 7.00 Uhr*

Die Bevölkerung der Erde „explodiert"

Gegenwärtig leben auf der Erde über sechs Milliarden Menschen. Jede Woche kommen etwa 1,5 Mio. Menschen dazu. Das entspricht fast der Einwohnerzahl von Hamburg. Im Jahr 2050 rechnen Fachleute mit einer Weltbevölkerung von rund zehn Milliarden Menschen. Etwa 4000 Jahre dauerte es, bis auf der Erde drei Milliarden Menschen lebten. Die Verdoppelung auf sechs Milliarden dauerte nur 40 Jahre. Diese Entwicklung bezeichnet man als „Bevölkerungsexplosion". Sie findet nicht in den Industrieländern statt, sondern in den Entwicklungsländern, in der so genannten Dritten Welt. Familien mit fünf bis acht Kindern sind dort keine Seltenheit. Da die medizinische und technische Versorgung in diesen Ländern erheblich verbessert wurden, sterben weniger Menschen als früher. So verfügen heute zum Beispiel durch den Bau zusätzlicher Wasserleitungen viele Familien über einen Zugang zu sauberem Trinkwasser.

Info

Dritte Welt – Eine Welt

Der Begriff **Dritte Welt** geht auf eine alte Einteilung der Erde in drei Welten zurück.
Die Erste Welt bilden die reichen Industrieländer.
Als Zweite Welt bezeichnete man früher die ehemaligen kommunistischen Länder in Osteuropa.
Die Länder der Dritten Welt sind die so genannten Entwicklungsländer.
Wir alle jedoch leben in der Einen Welt und sollen uns mitverantwortlich fühlen für die Zukunft unserer Erde.

| Chr. Geburt | 500 n.Chr. | 1000 | 1500 | 1700 | 1900 | 2000 |

Weltbevölkerung und Welternährung

Eden

... lebt in Äthiopien und ist eines von neun Kindern.

Ihr Alter: 13 Jahre
Sie kann nicht lesen. Eine Schule hat sie nie besucht.

Ihr Alter: 16 Jahre
Eden heiratet und bekommt ihr erstes Kind. Familienplanung kennt sie nicht.

Ihr Alter: 18 Jahre
Ihr zweites Kind stirbt als Säugling.

Ihr Alter: 26 Jahre
Während ihrer sechsten Schwangerschaft treten schwere medizinische Komplikationen auf.

Ihr Alter: 31 Jahre
Nach der Geburt ihres achten Kindes hat sie die Möglichkeit Familienplanungsdienstleistungen in Anspruch zu nehmen. Sie bekommt keine weiteren Kinder mehr.

Ihr Alter: 36 Jahre
Eden wird Großmutter.

Ihr Alter: 54 Jahre
Eden stirbt.

Julia

... lebt in Deutschland und ist das jüngste von zwei Kindern.

Ihr Alter: 13 Jahre
Sie kann lesen und schreiben. Sexualaufklärung ist Thema im Unterricht.

Ihr Alter: 16 Jahre
Julia geht noch zur Schule.

Ihr Alter: 18 Jahre
Sie beginnt eine Ausbildung und startet ins Berufsleben. Sie benutzt Verhütungsmittel.

Ihr Alter: 26 Jahre
Sie heiratet und wünscht sich zwei Kinder.

Ihr Alter: 31 Jahre
Sie hat zwei Kinder. Ihre Familie ist jetzt komplett.

Ihr Alter: 36 Jahre
Julia beginnt wieder in ihrem Beruf zu arbeiten.

Ihr Alter: 54 Jahre
Julia wird Großmutter.

Ihr Alter: 79 Jahre
Julia stirbt.

Info

Familienplanung
Mit Familienplanung bezeichnet man alle Maßnahmen um die Zahl der Kinder in einer Familie zu beschränken. In denjenigen Entwicklungsländern, in denen die Bevölkerung über die Vorteile der Familienplanung und die Verwendung von Verhütungsmitteln aufgeklärt wurde, gingen die Zahl der Kinder und die Kindersterblichkeit zurück.

Aufgaben

1 Die Bevölkerung der Erde „explodiert". Erläutere.

2 Lies die Lebensläufe von Eden und Julia. Wodurch unterscheiden sie sich?

	Welt	Industrieländer	Entwicklungsländer
Zahl	6 396 207 000	1 205 876 000	5 190 331 000
Geburten			
pro Jahr	136 051 693	13 356 335	122 695 358
pro Monat	11 337 641	1 113 028	10 224 613
pro Tag	372 744	36 593	336 152
pro Stunde	15 531	1 525	14 006
pro Minute	259	25	233
pro Sekunde	4,3	0,4	3,9
Todesfälle			
pro Jahr	55 827 495	12 444 282	43 383 213
pro Monat	4 652 291	1 037 024	3 615 268
pro Tag	152 952	34 094	118 858
pro Stunde	6 373	1 421	4 952
pro Minute	106	24	83
pro Sekunde	1,8	0,4	1,4

M3 *Daten zur Bevölkerungsentwicklung 2004*

Merke
Gegenwärtig leben rund 6,5 Mrd. Menschen auf der Erde. Jährlich vergrößert sich diese Zahl um etwa 80 Millionen. Fast der gesamte Zuwachs geht auf die Entwicklungsländer zurück.

Grundbegriffe
• Dritte Welt

Bevölkerungswachstum und Hunger

Info

Hungergürtel

Die Gebiete, in denen große Teile der Bevölkerung häufig oder immer unterernährt sind, liegen in einem Gürtel, der sich um die Erde zieht.

Ursachen des Hungers sind vor allem eine unterentwickelte Wirtschaft, eine zu hohe Bevölkerungsdichte im Vergleich zu den natürlichen Verhältnissen (z.B. der Möglichkeit Nahrung zu produzieren) und Armut.

Aufgaben

1 Interpretiere M1.

2 Nenne zehn Staaten und jeweils den Kontinent, auf dem sie liegen,
a) mit sehr hohem Bevölkerungswachstum (> 3 %);
b) mit sehr niedrigem oder keinem Bevölkerungswachstum (< 0,5 %).

3 Beschreibe die Ausdehnung des Hungergürtels (M1).

4 Nenne das Land mit Unterernährung außerhalb des Hungergürtels.

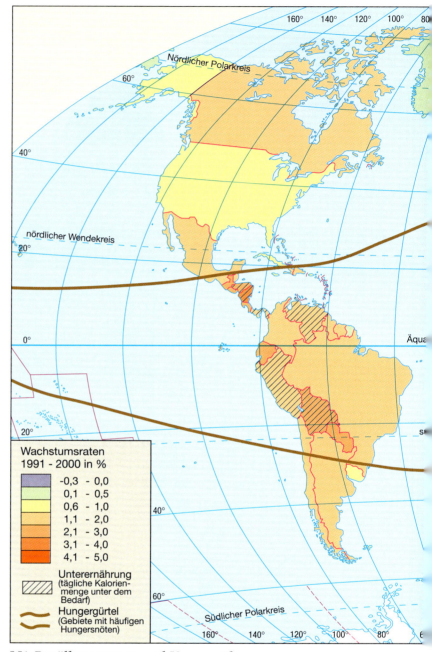

M1 *Bevölkerungstum und Unterernährung*

Bin ich denn der Hüter meines Bruders? (Gen 4,9.)

Gestern starben weltweit

36 000 Kinder

an den Folgen des Hungers.

Die Beerdigungen haben in aller Stille stattgefunden. Von Beileidsbekundungen bitten wir Abstand zu nehmen. Wir wussten nicht, wie wir ihren Tod hätten vermeiden können.

Die reichen Verwandten im Norden der Erde

Bevölkerungswachstum und Hungergürtel

Die Weltbevölkerung insgesamt wächst rasch. Allerdings ist dieses Wachstum regional außerordentlich unterschiedlich.

In den Ländern mit einem hohen Entwicklungsstand wächst die Bevölkerung kaum noch oder geht sogar zurück. Dagegen ist in den wenig entwickelten Ländern das Bevölkerungswachstum nach wie vor hoch. In diesen Ländern herrscht auch überwiegend Unterernährung.

Weltbevölkerung und Welternährung

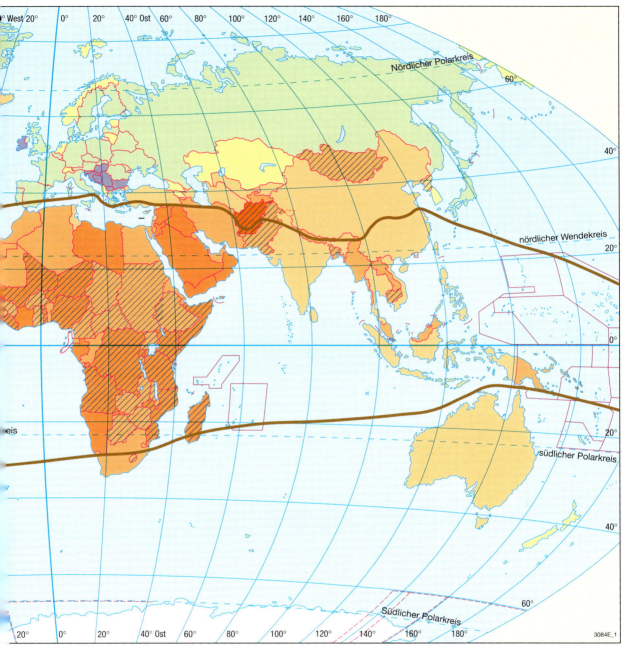

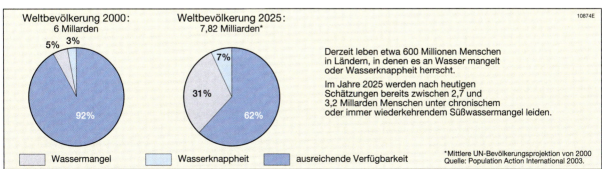

M2 *Weltbevölkerung und Wasserknappheit*

Welternährungslage

M1 *Unterernährtes Kind*

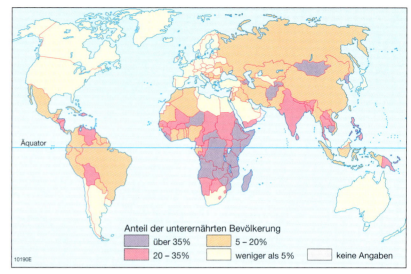

M3 *Hunger in der Welt*

Aufgaben

1 Definiere den Begriff Hunger.

2 Erkläre Auswirkungen der Unterernährung (M1, M2, M4, Text).

3 Nenne die Staaten und Regionen, in denen der Anteil der unterernährten Bevölkerung über 35 Prozent liegt (M3).

4 Erläutere Folgen der Überernährung (M5, Text).

Welt der Hungernden

Auf der Erde leiden 800 Millionen Menschen an **Hunger**. Dieser Hunger hat nichts mit unserem Hungergefühl vor einer Mahlzeit zu tun. Ein Hungernder hat nach der Definition der Vereinten Nationen weniger zu essen, als er täglich braucht um sein Körpergewicht zu erhalten und zugleich leichte Arbeit zu verrichten. Die dafür erforderliche tägliche Nahrungsmenge liegt bei 8000 kJ.

Ein dauernder Nahrungsmangel lässt den Körper abmagern. Der Körper gleicht die Unterernährung dadurch aus, dass Aktivitäten eingeschränkt und das Wachstum verhindert werden. Die Betroffenen sind dann anfällig für Krankheiten, dauernd müde und wirken teilnahmslos. Den Hungernden fehlt deshalb oft die Energie, sich selbst aus Armut und Unterernährung zu befreien.

Jede Sekunde ein Toter

Genf (dpa). Alle ein bis fünf Sekunden stirbt ein Mensch an den Folgen der Unterernährung. 24 000 bis 100 000 Menschen sind es jeden Tag, 10 bis 30 Millionen jedes Jahr. Der Hunger bleibt die Todesursache Nummer eins in der Welt: Noch immer sterben mehr Menschen an Unterernährung als an AIDS, Malaria und Tuberkulose zusammen. Der Hunger fordert auch mehr Opfer als alle Kriege.

(Weilheimer Tageblatt vom 16.10.2004)

M2 *Zeitungsartikel*

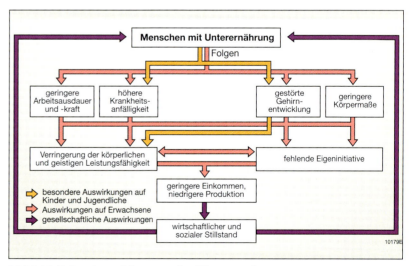

M4 *Mögliche Auswirkungen der Unterernährung*

Weltbevölkerung und Welternährung

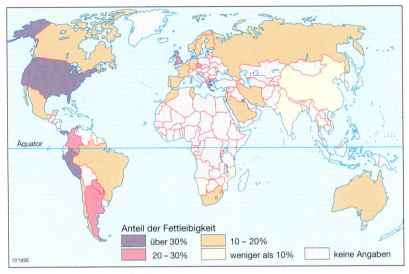

M5 *Weltproblem Fettleibigkeit*

M7 *Überernährte Menschen*

Welt der Satten

Während in den Entwicklungsländern der Hunger seine Opfer fordert, werden Millionen von Menschen in den Industriestaaten krank, weil sie zu viel essen oder sich falsch ernähren.

Seit zwanzig Jahren steigen Übergewicht und Fettsucht in den Industriestaaten dramatisch an. Die Folgen sind so genannte „Zivilisationskrankheiten" wie Herzinfarkt, Krebs, Zuckerkrankheit oder orthopädische Störungen. Übergewicht und ernährungsbedingte Krankheiten verursachen heute ein Drittel der Kosten im Gesundheitswesen in Deutschland. In den Industriestaaten gelten 20 Prozent der Menschen als übergewichtig. Sieben bis acht Prozent der Kinder in Deutschland sind fettsüchtig. Als zu dick gilt sogar jedes fünfte Kind und jeder dritte Jugendliche.

Aufgabe

5 Liste auf, in welchen Ländern mehr als 20 Prozent der Menschen an Fettleibigkeit leiden (M5).

Multipliziere den Wert deiner Körpergröße (in m) mit dem gleichen Wert. Teile dann dein Körpergewicht in kg durch das Ergebnis. So erhältst du deinen Body-Maß-Index (BMI).
Beispiel: 80 kg (Gewicht) durch 3,24 (1,80 m x 1,80 m Größe) = 24,7 BMI.
Als fettleibig gelten Menschen mit einem BMI über 30. Junge Menschen haben ab BMI 24 Übergewicht, über 45-Jährige ab BMI 27.

M6 *Berechnung des persönlichen Body-Maß-Index*

Info

Nahrungsbedarf
Nahrungsmittel enthalten Grundnährstoffe, die für Wachstum, Wohlbefinden und Gesundheit unentbehrlich sind. Der Nahrungsbedarf der Menschen ist abhängig vom Energieverbrauch, der von den körperlichen Aktivitäten bestimmt wird.
Der Energieverbrauch wird in Kilojoule (kJ) gemessen. Ein sehr gebräuchliches Maß für die Energiemenge ist auch Kilokalorie (kcal). 1 kcal entspricht 4,1868 kJ.

Merke
Rund 800 Millionen Menschen leiden an Hunger. Der dauernde Nahrungsmangel führt zu körperlichen Schäden. Gleichzeitig leiden in Industriestaaten Millionen Menschen an Übergewicht.

Grundbegriffe
• Hunger

Welternährungsprobleme

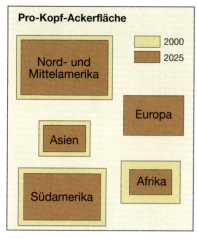

M1 *Ackerfläche pro Kopf 2000 und 2025*

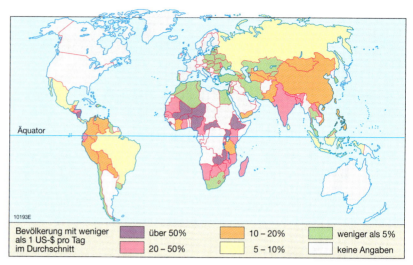

M3 *Armut in der Welt*

Genug Nahrung – ungleich verteilt

Das weltweit produzierte Getreide würde ausreichen um jedem Menschen genügend Nahrung zu verschaffen. Dennoch hungern 800 Millionen Menschen auf der Erde.

Hauptursache für den Hunger ist die Armut. 1,3 Milliarden Menschen müssen mit weniger als einem Dollar am Tag leben. Sie können sich nicht genügend Nahrungsmittel leisten.

In einigen Entwicklungsländern ist ein wichtiger Grund für Armut und Hunger die ungleiche Verteilung von Grund und Boden. Großgrundbesitzer bauen auf den landwirtschaftlichen Flächen statt der benötigten Nahrungsmittel Produkte für den Weltmarkt (z.B. Kaffee, Tee, Baumwolle) an. So erzielen sie höhere Einnahmen.

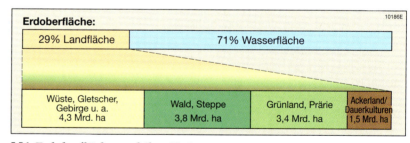

M4 *Erdoberfläche und ihre Nutzung*

Aufgaben

1 Beschreibe, in welchen Regionen der Erde Armut vorherrscht (M3).

2 Werte M1 aus. Gehe dabei ein auf die Größenverhältnisse zwischen den Erdteilen und die Größenentwicklung der Pro-Kopf-Ackerfläche. Nenne Gründe für die Entwicklung.

3 Erkläre anhand ausgewählter Beispiele, wie die in M2 genannten Ursachen zum Hunger führen.

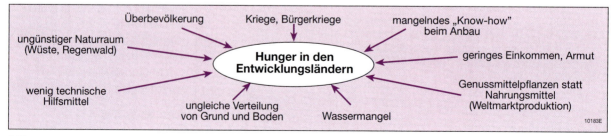

M2 *Einige Ursachen des Hungers in Entwicklungsländern*

Weltbevölkerung und Welternährung

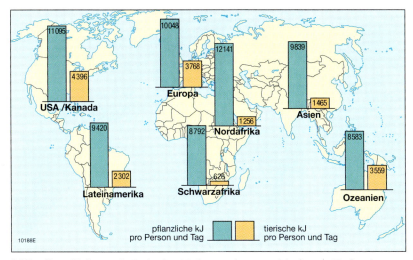

M5 *Pflanzliche und tierische Nahrung in verschiedenen Erdregionen*

Ernährungslage in der Zukunft

Die Anbauflächen auf der Erde sind begrenzt. Die Erträge pro Hektar sind auch mit modernen Anbaumethoden kaum noch zu steigern. Aber der Bedarf an Nahrungsmitteln wird wegen des anhaltend hohen Bevölkerungswachstums besonders in den Entwicklungsländern stark ansteigen.

38 Prozent der gesamten Getreideernte werden heute „veredelt", das heißt an Schlachttiere verfüttert. Würde man das verfütterte Getreide statt des daraus entstehenden Fleisches essen, hätte man je nach Tierart drei- bis zwölfmal mehr Nahrung.

Der Bedarf an Nahrungsmitteln wächst schnell. Deshalb werden die Preise steigen. Das wird die Spaltung der Weltbevölkerung in Satte und Hungernde noch verschärfen.

Während die Menschen in den Industriestaaten Nahrungsmittel im Übermaß produzieren und die Überschüsse teilweise vernichten, fehlen Nahrungsmittel in vielen Entwicklungsländern.

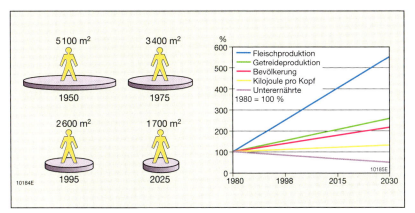

M6 *Links: landwirtschaftliche Nutzfläche weltweit pro Kopf; rechts: Nahrungsmittelproduktion und Bevölkerung der Entwicklungsländer*

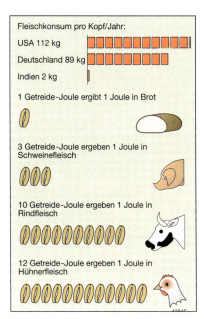

M7 *Fleischkonsum und Verbrauch von Getreide zur Erzeugung von Nahrungsmitteln*

Aufgabe

4 Fasse zusammen, wie sich die Ernährungslage in Zukunft entwickeln könnte (M4 – M8, Text). Begründe.

Merke
Die weltweit produzierten Nahrungsmittel würden ausreichen um alle Menschen satt zu machen. Trotzdem hungern viele Millionen Menschen, weil sie sich nicht genügend Nahrungsmittel leisten können. Zudem werden Nahrungsmittel vernichtet oder als Futtermittel für Tiere verwendet.

223

M1 *Bewässerung eines Reisfeldes in Indien*

M3 *Nahrungsmittelhilfe in Sambia*

Aufgaben

1 Erkläre die Bedeutung des chinesischen Sprichworts für die Nahrungsmittelhilfe: „Gib einem Hungernden einen Fisch und er wird einen Tag lang satt. Lehre ihn fischen und er wird nie verhungern."

2 a) Berechne den prozentualen Anteil der Anbaufläche mit Genpflanzen an der gesamten Nutzfläche (M4).
b) Zeige Möglichkeiten und Gefahren der Gentechnik auf (Internet).

Maßnahmen gegen den Hunger

Gentechnik

Eine Soforthilfe mit Nahrungsmitteln lindert nur kurzfristig den Hunger. Langfristig müssen die Entwicklungsländer in die Lage versetzt werden sich selbst zu helfen. Dazu dienen die Ausbildung der einheimischen Bevölkerung und technische Hilfe.

Zunächst in Indien, dann aber auch in vielen anderen Entwicklungsländern werden neue Anbaumethoden angewandt, die als Grüne Revolution (siehe Seite 189) bezeichnet werden. Die Flächenerträge können durch gezielte Düngung und Bewässerung, angemessenen Pflanzenschutz sowie neue Pflanzensorten erhöht werden.

Einige Ernährungswissenschaftler richten ihre Hoffnung auf die Gentechnik. Gentechniker versuchen Pflanzen zu entwickeln, die zum Beispiel ertragreich und widerstandsfähig sind, Kälte oder Trockenheit gut überstehen. Es ist zur Zeit allerdings nicht bekannt, welche gesundheitlichen Gefahren für die Menschen gentechnisch veränderte Pflanzen in sich bergen.

M2 *Im Genlabor*

Land	Landwirtschaftliche Nutzfläche in Mio. ha	Anbaufläche gentechnisch veränderter Pflanzen in Mio. ha
China	555,3	2,1
Kanada	74,9	3,5
Argentinien	177,0	13,5
USA	411,3	39,0

M4 *Anbauflächen mit gentechnisch veränderten Pflanzen 2002*

Weltbevölkerung und Welternährung

M5 *Fischzucht in einer Aquakultur*

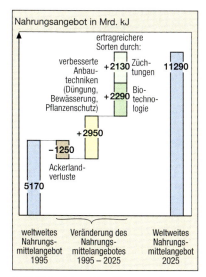

M7 *Künftige Ernährung der Weltbevölkerung (Vorstellung der Bundesregierung)*

Aquakultur

Die Fischbestände des Weltmeeres sind vielerorts durch eine Überfischung bedroht, da mehr Fische gefangen werden als durch natürliche Vermehrung nachwachsen.

Deshalb hat man begonnen in so genannten Aquakulturen Fische und andere Meerestiere in Massentierhaltung zu züchten. Dafür werden einige Bereiche im Meer mit Netzen abgegrenzt. Diese Art der Fischzucht wird auch „Blaue Revolution" genannt. Solche Fischfarmen könnten helfen große Teile der Bevölkerung mit ausreichend Eiweiß zu versorgen. In Europa und Nordamerika hat diese Form der Fischerei in den letzten Jahren zunehmend an Bedeutung gewonnen.

Gentechnik, Grüne und Blaue Revolution stellen Möglichkeiten dar, der Menschheit genügend Nahrungsmittel zur Verfügung zu stellen. Allerdings müssen die Bewohner der Entwicklungsländer auch über ein entsprechendes Einkommen verfügen um Nahrungsmittel zu kaufen. Voraussetzungen dafür sind die Schaffung neuer Arbeitsplätze vor Ort und günstiger Handelsbedingungen auf internationaler Ebene.

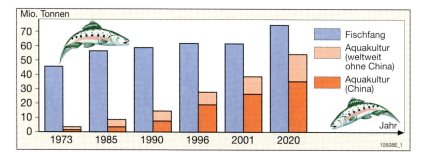

M6 *Entwicklung der Aquakulturen und des Fischfangs*

Aufgaben

3 Erläutere die Hoffnung für die Welternährung, die mit der Blauen Revolution verbunden wird (M6, M7, Text).

4 Erkläre mithilfe von M5 wie die Weltbevölkerung bis 2025 ernährt werden könnte.

5 Fertige eine Bildschirmpräsentation oder eine Wandzeitung an, die Maßnahmen gegen den Hunger zeigt.

Gewusst wie

Streitgespräch

Überbevölkerte Erde: Was tun?

Spielidee:
Vertreter der Industriestaaten und Vertreter der Entwicklungsländer haben sich zu einer Weltbevölkerungskonferenz zusammengefunden.

Spielvorbereitung:
– Bildet Gruppen, die als Vertreter der Industriestaaten oder als Vertreter der Entwicklungsländer handeln sollen. Jede Gruppe erhält eine Rollenkarte. Die Aufgaben einer Rolle können auch von verschiedenen Gruppen erledigt werden.
– Gruppenarbeit
  • Informiert euch über die Folgen einer Überbevölkerung auf der Erde.
  • Bereitet mithilfe eurer Rollenkarte Argumente und Handlungen vor, die ihr im Rollenspiel anwenden wollt. Nehmt dafür die auf der Rollenkarte angegebenen Materialien zuhilfe.

Spielablauf:
– Bestimmt eine Diskussionsleiterin oder einen Diskussionsleiter.
– Beginnt mit der Diskussion. Beachtet dabei folgenden Ablauf:
  • Vertreter der Industriestaaten und der Entwicklungsländer werfen sich gegenseitig vor schuld an der Überbevölkerung der Erde zu sein.
  • Beide Diskussionsgegner stellen mögliche Lösungen vor und diskutieren darüber.

Spielkritik:
Bewertet den Ablauf des Rollenspiels und betrachtet das Ergebnis.

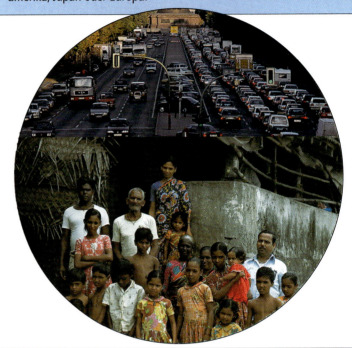

Jede Sekunde verlässt auf der Welt ein neues Auto das Fließband. Die meisten Autos fahren im „Norden", in den reichen Ländern der Erde: in Nordamerika, Japan oder Europa.

Jede Sekunde nimmt die Weltbevölkerung um drei Menschen zu. Die meisten davon werden im „Süden", in der so genannten Dritten Welt, geboren.

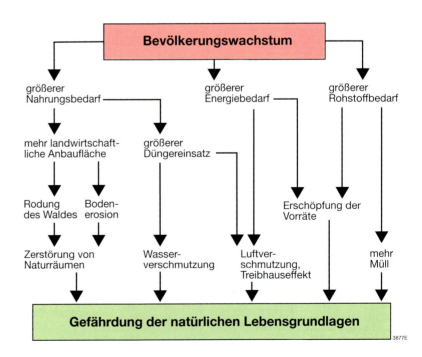

M1 *Gefährliches Bevölkerungswachstum*

226

Gewusst wie

Vertreter der Entwicklungsländer

Ihr vertretet die Interessen der armen Länder der Erde. Bei euch steigt die Bevölkerungszahl schnell. Ihr seid überzeugt davon, dass die Verschwendung in den Industriestaaten die natürlichen Lebensgrundlagen mehr bedroht als das Bevölkerungswachstum. Ihr fordert von den reichen Ländern der Erde Maßnahmen um die „Verbrauchsexplosion" zu stoppen. Ihr stellt Lösungen vor, wie eine Überbevölkerung auf der Erde verhindert werden kann.

Verwendet die Materialien dieser Seite und anderer Seiten dieses Buches.

Weniger Verschwendung, weniger Hunger!

Eure „Verbrauchsexplosion" ist schuld!

Ihr wollt uns nur die „Ein-Kind-Familie" einreden, damit ihr die „Zwei-Auto-Familie" behalten könnt!

So lange wir so arm sind, werden wir viele Kinder haben!

Kinder tragen zum Familieneinkommen bei.

Kinder sind die Altersversorgung der Armen.

Große Familien sind angesehen und geachtet.

Hohe Kindersterblichkeit macht viele Kinder notwendig.

M2 *Gründe für die hohe Kinderzahl in den Entwicklungsländern*

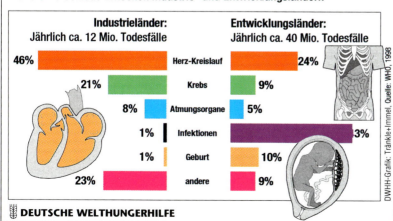

M3 *Ursachen der Todesfälle in Industrie- und Entwicklungsländern*

M4 *Pflanzen statt Fleisch*

WASHINGTON, 6. Mai (epd).

Eine Zeitung in den USA hat ihren Lesern empfohlen vegetarisch zu essen oder ihren Fleischkonsum zumindest zu reduzieren. Allein das in den USA verfütterte Getreide würde ausreichen 600 Millionen Menschen zu ernähren. In den USA werde die Hälfte des zunehmend knappen Wassers für die Viehzucht und in den Schlachthöfen verwendet. Rinder, Schweine und Hühner fräßen 80 Prozent des in den USA angebauten Mais und 95 Prozent des Hafers, während weltweit jedes Jahr 60 Millionen Menschen verhungerten.

Gewusst wie

Vertreter der Industriestaaten

Ihr vertretet die Interessen der reichen Länder der Erde. Ihr habt wenig Kinder. Ihr weist nach, dass die Entwicklungsländer schuld an der Bevölkerungsentwicklung sind. Ihr erklärt die bedrohlichen Folgen. Ihr fordert von ihnen Maßnahmen um die Bevölkerungsexplosion zu stoppen. Ihr stellt Lösungen vor.

Verwendet die Materialien dieser Seite und anderer Seiten dieses Buches.

Kinder kosten Geld und verringern den Lebensstandard.

Große Familien finden schwer Wohnungen.

Kinder schränken die Berufstätigkeit der Frauen ein.

Die Altersversorgung hängt nicht von der Kinderzahl ab.

M4 *Gründe für die geringe Kinderzahl in den Industrieländern*

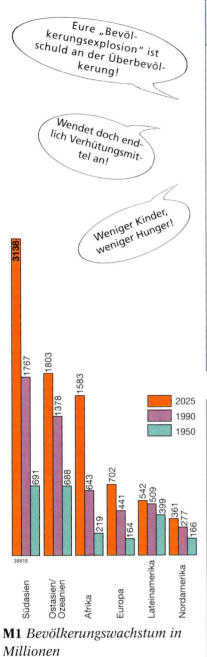

M1 *Bevölkerungswachstum in Millionen*

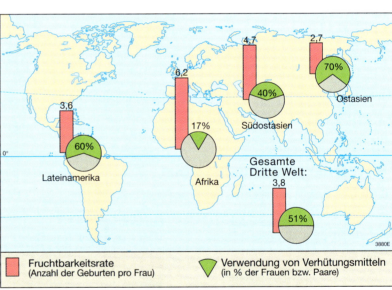

M3 *Familienplanung in den Entwicklungsländern*

1. Das Haushaltseinkommen erhöhen!
2. Die Kindersterblichkeit senken!
3. Verbesserung der Situation der Frauen!
4. Zugang zu Verhütungsmitteln und Beratung!

M2 *Notwendige Maßnahmen der Bevölkerungspolitik*

Hilfe organisieren

Gewusst wie

Wir unterstützen eine Hilfsorganisation …

Im Jahr 2025 werden nach Schätzungen sechs von zehn Kindern in den armen Ländern der Erde in Großstädten leben. Für über die Hälfte dieser Kinder bedeutet dies, ein Leben in einer Hüttensiedlung am Rand der Stadt oder auf der Straße führen zu müssen. Die Kinder haben kein sauberes Trinkwasser, können sich nicht mit sauberem Wasser waschen oder auf eine Toilette gehen und haben keine medizinische Versorgung (wie z. B. Hausarzt oder Krankenhausplatz). Sie erhalten auch keine Ausbildung, weil sie nicht zur Schule gehen können. Bereits heute leben Millionen Kinder unter solchen Bedingungen.

Besonders schwer haben es hier oft behinderte Kinder, weil sie sich nicht selbst helfen können. Es stehen kaum Heimplätze zur Verfügung und sie können sich keine Hilfsmittel wie Rollstühle, Krücken, Brillen oder Hörgeräte leisten.

Wenn ihr etwas für diese Kinder tun wollt, findet ihr die Anleitung für ein Projekt auf den Seiten 230 und 231. Es gibt viele Hilfsorganisationen. Sie sind auf unsere Spenden angewiesen.

Anschriften von Hilfsorganisationen

Wenn du mehr über die Arbeit der Hilfsorganisationen wissen willst, schreibe an folgende Adressen:

terre des hommes
Ruppenkampstr. 11a
49031 Osnabrück

UNICEF
Höninger Weg 104
50969 Köln

Ärzte für die Dritte Welt
Elsheimer Str. 9
60322 Frankfurt

Internationales Rotes Kreuz
Carstensstraße 58
12205 Berlin

Hier sind einige Beispiele für Hilfsorganisationen, die ihr unterstützen könnt:

Das Internationale Rote Kreuz

hilft überall auf der Welt, wo Hunger, Armut, Krankheit oder Krieg herrschen. Es versorgt die notleidenden Menschen mit Nahrung, Medikamenten und Unterkünften – auch über längere Zeit. Außerdem hilft es Waisen, Straßenkindern, Kriegsgefangenen und Flüchtlingen.

Ärzte für die Dritte Welt

ist eine Hilfsvereinigung deutscher Ärzte. Sie opfern ihren Urlaub und verbringen diese Zeit in Ländern der Dritten Welt. Dort behandeln sie Kranke ohne Bezahlung. Sogar die Kosten für die Reise zahlen sie zum Teil aus eigener Tasche.

terre des hommes

ist eine Organisation, die Kindern auf der ganzen Welt hilft. Kinder leiden unter Krieg, Hunger und Armut am meisten.
terre des hommes unterstützt Schulen und Zentren für kranke und kriegsverletzte Kinder.

UNICEF

setzt sich weltweit für die Rechte der Kinder ein. In rund 160 Ländern arbeitet UNICEF daran die Lebensbedingungen der Kinder zu verbessern. UNICEF sorgt für bessere medizinische Versorgung und ausreichende Ernährung.

Gewusst wie

Unsere Aktion

Hilfe für Straßenkinder

Heute ist der Musiksaal nicht wiederzuerkennen: Schülerinnen und Schüler haben ihn in das „Café Varayok" verwandelt. Hier soll ein Projektunterricht über Straßenkinder in Peru stattfinden.

Schon seit fünf Jahren werden in der Hofpause Brezeln verkauft, deren Erlös an die Gesellschaft „Educación para todos" geht. Rund 500 Euro im Jahr konnten die Jugendlichen dadurch bisher den Projekten für Straßenkinder in Peru beisteuern.

Ein Café mit dem Namen „Café Varayoc" gibt es wirklich. Es befindet sich in Cusco, einer hoch in den Bergen Perus gelegenen Stadt. Dort spielt auch das Theaterstück, das einige Fünftklässler im Projektunterricht aufführen. Es handelt davon, wie sich Straßenkinder durch den Verkauf von Postkarten über Wasser halten.

„Aber die Straßenkinder wollen lieber zur Schule gehen", betont Uwe von Dücker, der Gründer von „Educación para todos". Drei Jahre hat er in Cusco mit den Straßenkindern gelebt und sie unterrichtet. „Die Peruaner sehen ganz anders aus als wir", erzählt Dücker seinen gespannten Zuhörern. „Viel kleiner und gebräunter. Darum habe ich den Spitznamen ‚osso grande', ‚großer Bär', bekommen. Und dann holt der große Bär seine „Schatzkiste" hervor mit Erinnerungen an seine „niños de la calle", seine Straßenkinder. Neugierig bestaunen die Schülerinnen und Schüler selbstgemachte Puzzlespiele, befühlen Kindersandalen aus alten Autoreifen und können sich nicht satthören an Dückers Erzählungen.
(nach einem Zeitungsbericht)

... oder einen Verein

Inga hat in der Zeitung einen Bericht über einen Jungen gelesen. Er heißt Manolo und lebt in der Stadt Cusco in Peru. Er gehört zu den so genannten Straßenkindern. Ab und zu besucht er eine Schule. Dort fehlen Tische, Stühle, eine Tafel und ein Schrank. Der Verein „Educación para todos" („Unterricht für alle") unterstützt Straßenkinder und die Einrichtung von Schulen in Peru. Die Schülerinnen und Schüler der Klasse 5a wollen sich beteiligen.

1. Wir sammeln Ideen für das Projekt

Wir überlegen, mit welchen Aktionen wir an unserer Schule Geld für eine Spende verdienen können. Wir geben unserem Vorhaben einen pfiffigen Namen und entwerfen ein Plakat.

2. Wir entscheiden uns für bestimmte Ideen

Wir sprechen über die Vorschläge und entscheiden, welche wir verwirklichen. Dabei richten wir uns nach der Zeit, die wir zur Verfügung haben.

3. Wir teilen uns die Arbeit auf

Nun überlegen wir, wer welche Arbeiten übernimmt und erledigt. Wer sich für eine Aufgabe entschieden hat, soll diese auch zuverlässig durchführen. Wenn wir in Gruppen arbeiten, benennt jede Gruppe eine Sprecherin oder einen Sprecher.

F4. Wir bereiten unsere Aktion vor

Wir überlegen, woher wir die notwendigen Informationen bekommen, zum Beispiel Bilder, Texte, Bastelanleitungen, Plakatkartons usw. Alle helfen, damit wir zusammen anfangen können. Täglich haben wir zwei Stunden Zeit für unsere Arbeit.
Wir nutzen:
Bücher oder Filme aus der Bücherei, Zeitschriften, Zeitungen, Lexika, Broschüren von Hilfsorganisationen (siehe Adressenliste Seite 229), Prospekte aus dem Reisebüro, Bastelmaterial von zu Hause oder aus der Schule.

5. Wir führen unsere Aktion durch

Endlich ist es soweit. Beim Schulfest vor den Sommerferien bauen wir eine Infowand auf und verkaufen Selbstgebasteltes und selbst gebackenen Kuchen. Auch Schuheputzen wird angeboten.

6. Wir bewerten unsere Aktion

Wir fragen uns zum Schluss:
– Hat sich unsere Aktion gelohnt?
– Was war besonders gut gelungen?
– Was können wir beim nächsten Mal besser machen?

Adresse:
Educación para todos
„Internationale Gesellschaft zur Förderung des lateinamerikanischen Straßenkindes e.V."
Eckgasse 5
79336 Herbolzheim

Wege in die Zukunft – Agenda 21

Agenda 21	**234**
Aktivitäten vor Ort: Müllvermeidung	**236**
Aktivitäten vor Ort: Energie sparen	**238**
Klimaschutz – eine Aufgabe für alle	**240**
Gewusst wie: Bachpatenschaft	**242**
Gewusst wie: Wir führen ein Projekt durch	**244**
Klimastationen	**246**
Gewusst wie: Tipps für die Erstellung schriftlicher Arbeiten	**248**
Gewusst wie: Methodenüberblick	**250**

M1 Alleebäume – Schutz vor Sonne und Wind
An vielen Orten werden Alleebäume zugunsten der Sicherheit und des schneller und dichter werdenden Autoverkehrs geopfert.

Agenda 21

Aufgabe

1 Was bedeutet Agenda 21?

M1 *Agenda 21?*

M2 *Agenda 21!*

Info

Agenda 21

1992 haben 179 Staaten in Rio de Janeiro in Brasilien die **Agenda 21** beschlossen – ein Aktionsprogramm für das 21. Jahrhundert.
Hauptziele der Agenda 21 sind:

- Alle Menschen auf der Erde haben ein Recht auf ein gesundes Leben in einer natürlichen Umwelt.
- Alle Menschen sollen im Sinne der **Nachhaltigkeit** leben; das bedeutet, so zu leben, dass die vorhandenen Rohstoffe und Vorräte für alle reichen und dass den zukünftigen Generationen die gleichen Chancen für ein gutes Leben erhalten bleiben.
- Es geht darum, allen jetzt lebenden Menschen ausreichende, gesunde Nahrung, Kleidung, Wohnung, Arbeit und Bildung zu ermöglichen und den nach uns lebenden Menschen einen bewohnbaren Planeten zu hinterlassen.

Auch Deutschland hat zugestimmt, die Ideen der Agenda 21 im eigenen Land umzusetzen. In Hamburg sind viele Gruppen dabei, eigene Agenda 21-Projekte in die Tat umzusetzen.

Wege in die Zukunft – Agenda 21

M3 *Sonnendusche*

Sonnendusche

Ein Gartenschlauch speichert Sonnenwärme. Wenn ihr ihn in die pralle Sonne legt und wartet, wird das Wasser in ihm bald heiß. Achtung – das Wasser kann sehr heiß werden!

Sonnenduschen kann man selber herstellen oder es gibt sie sogar zu kaufen: schwarze Plastiksäcke mit einer Brause. Wird der Sack mit Wasser gefüllt und in die Sonne gelegt, lockt bald eine heiße Dusche. Für etwa 10 Euro kannst du sie in vielen Trekking-Läden kaufen.

Webtipp! www.www.agendakids.muc.kobis.de

Zu den Schwerpunkten der Agenda 21 gibt es eine eigene Website für Kinder und Jugendliche des Ökoprojekts MobilSpiel e.V.:
www.agendakids.muc.kobis.de
Anhand einer Comicgeschichte lernst du die Anliegen der Agenda 21 kennen. Zusätzlich zu der Geschichte gibt es Spiele, Infos, Aktionsvorschläge, Literatur und Links. So führt zum Beispiel das „Agenda 21 Quiz" durch die Seiten. In der Rubrik „Ich war dabei" zeigen Fotos und Kurzbeschreibungen Projekte an Freizeiteinrichtungen und Schulen. Unter Visionen, Umwelt, Ernährung, Kleidung, Stadtleben und Kinderrechte findet ihr viele weitere Ideen.

Aufgaben

2 a) Erstellt mithilfe von M1 (Globuszeichnung) oder des Atlas eine Folie mit der Erdkugel und vergrößert die Folie mit dem Overheadprojektor an die Wand. Auf weißem Zeitungspapier, das ihr an die Wand geheftet habt, könnt ihr dann die Umrisse der Erdkugel nachzeichnen.
b) überlegt konkrete Vorschläge, wie ihr nach den Aussagen der Agenda 21 nachhaltig handeln könnt um unseren Planeten Erde zu schützen.
Schreibt diese Vorschläge auf das Wandbild neben die Erdkugel.

3 Das Motto der Agenda 21 lautet: „Global denken – lokal handeln." Erkläre dieses Motto mit eigenen Worten.

4 a) Die Sonnendusche ist ein gutes Beispiel für Nachhaltigkeit. Schreibe einen Info-Text dazu.
b) Sucht nach weiteren Möglichkeiten, mit einfachen Mitteln nachhaltig zu handeln.

Merke
Die Agenda 21 ist ein Aktionsprogramm für das 21. Jahrhundert. Ziel ist, dass sich alle lebenden Menschen und die nachfolgenden Generationen gut und gerecht auf unserer Erde versorgen und ein gesundes Leben führen können.

Grundbegriffe
• Agenda 21
• Nachhaltigkeit

Aktivitäten vor Ort: Müllvermeidung

Koordinierungsstelle Duales System Hamburg

STADTREINIGUNG HAMBURG

Aufgaben

1 Warum sollen wir Müll vermeiden?

2 a) Welche Wertstoffe kannst du in M1 erkennen? Notiere sie.
b) Erkläre, wie du diese Wertstoffe in Hamburg entsorgen musst.

3 Wie kannst du beim Einkaufen Müll vermeiden?

4 a) Warum nennt man die Mineralwasserflasche in M2 Mehrwegflasche?
b) Erkläre den Kreislauf einer Mehrwegflasche.

Müll vermeiden – Einkaufen ohne Müll!

„Wir werden unseren Dreck nicht mehr los!", klagen einige Städte in Deutschland. Es gibt zu viel Verpackungsmüll und Wegwerfartikel.

Die Beseitigung von Müll wird immer schwieriger, teurer und belastet die Umwelt. Wir sollten deshalb Verpackungsmüll vermeiden. Am besten kannst du das beim Einkaufen.

Da Verpackungen zudem sehr wertvoll sind und auch als Wertstoffe bezeichnet werden, sollten wir diese sammeln und trennen. Gesammelte Wertstoffe können zu neuen Verpackungen verarbeitet werden. Diesen Vorgang nennt man **Recycling**.

Einkaufstipps
- Verpackung mitbringen, z. B. Baumwollbeutel, Plastikbehälter
- Waren mit wenig Verpackung auswählen
- Frischwaren einkaufen, Getränke nur in Mehrwegflaschen kaufen.

M1 *Umweltschutz fängt beim Einkaufen an*

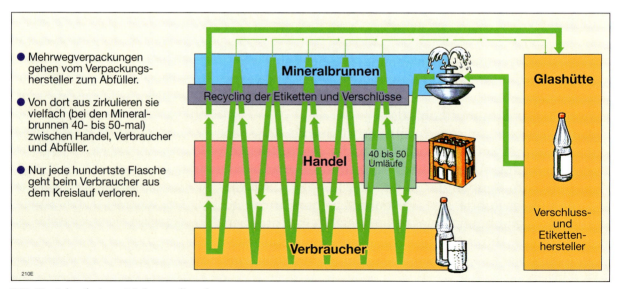

M2 *Kreislauf einer Mehrwegflasche*

Wege in die Zukunft – Agenda 21

Agenda 21 – Büro für Verbraucherfragen

Richtet im Klassenzimmer ein kleines Agenda 21–Büro ein. Ihr braucht dazu einen Tisch, Locher, Ordner, Stifte, Notizblock und vielleicht eine Pflanze. Denkt auch an den Hintergrund. Ihr könnt ihn zum Beispiel mit passenden Postern und Plakaten gestalten.

Anschließend macht ihr die Einrichtung eures Agenda 21-Büros in der Schule bekannt und ermuntert die Schülerinnen und Schüler anderer Klassen euch Fragen zum Thema „Abfallvermeidung in der Schule" zu stellen.

Auf die Fragen, die euch erreichen, sucht ihr Antworten und gebt diese über eine selbst erstellte Broschüre oder eure Schulzeitung an andere Schüler weiter.

Sich informieren! Aber wie?

Wer umweltbewusst handeln und mitreden will, muss sich informieren. Die Hamburger Stadtreinigung und das „Duale System Hamburg" stehen euch mit ihren Experten und Tipps zur Müllvermeidung gern zur Verfügung. Ansprechpartner erreicht ihr unter folgender Anschrift: Hamburger Stadtreinigung; Duales System Hamburg Bullerdeich 19, 20537 Hamburg, Tel. 040/2576-0.

295B

Merke
Weil Müll die Umwelt belastet, sollten wir ihn möglichst vermeiden. Verpackungsstoffe, die sich nicht vermeiden lassen, sollten getrennt gesammelt werden.

Grundbegriff
- Recycling

Aktivitäten vor Ort: Energie sparen

Aufgaben

1 Sprecht mit eurem Schulleiter. Wie hoch sind die Energiekosten an eurer Schule? Wie viel Geld könnte die Schule erhalten, wenn sich die Schule am fifty/fifty Projekt beteiligt?

2 Betrachte M3 und M4.
a) In welchen Monaten ist die Stromerzeugung besonders hoch/ besonders niedrig? Begründe.
b) Erkläre den Jahresverlauf des Energieverbrauchs (höchster/niedrigster Wert).
c) Vergleiche die Werte von M3 und M4.

3 a) Lest die Energiespartipps und bewertet sie. Was erscheint euch durchführbar?
b) Sammelt in der Klasse weitere Energiespartipps und gestaltet damit eine Ausstellung zum Thema Energieeinsparung.

M1 *Hausmeister Erich Schwarz und die Energiespardetektive*

Geld verdienen durch Energie sparen

In ganz Deutschland beteiligen sich immer mehr Schulen an einer Idee, die so einfach ist wie ihr Name: fifty/fifty (engl.: halbe/halbe). Wenn eine Schule ihren Energieverbrauch verringert, erhält sie als Belohnung die Hälfte der eingesparten Summe zur eigenen Verwendung.

Wenn Schüler, Lehrer und Hausmeister zum Beispiel darauf achten, dass Türen und Fenster nicht unnötig lange offen stehen, ungenutzte Räume nicht beheizt werden und nach dem Unterricht immer das Licht abgeschaltet wird, lässt sich Energie sparen. So sparte 2004 eine Haupt- und Realschule in Hamburg-Altona 1924,70 Euro ein. Die Hälfte davon bekam die Schule zurück. Unterstützung für eigene Aktivitäten gibt es im Zentrum für Umweltbildung, Hemmingstedter Weg 142, 22609 Hamburg.

Energie sparen –

denn elektrischer Strom kostet genauso Geld wie die Ölheizung im Winter.

Lass die Sonne schuften –

wo es jetzt schon geht: mit Taschenrechnern, Armbanduhren, Radios! Es gibt Batterien, die speichern den Strom, den die Solarzellen an Sonnentagen erzeugen.

Kochen mit Köpfchen

Beim Kochen immer einen Deckel auf den Topf geben, den Topf immer in der Größe benutzen, dass er genau auf die Kochplatte passt. Rechtzeitig abschalten – die Kochplatte heizt noch etwa zehn Minuten nach!

Wege in die Zukunft – Agenda 21

M2 *Sonnenuhr einer Hauptschule in Bayern*

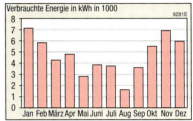

M3 *Erzeugte Energie*

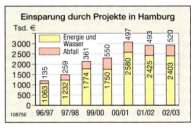

M4 *Verbrauchte Energie*

Sonne in der Schule

Mit einer Photovoltaikanlage lässt sich direkt aus Sonnenenergie Strom erzeugen. Dadurch kann ein Teil des benötigten Stroms selbst erzeugt werden und sich der Verbrauch von Strom aus Kraftwerken verringern.

Im Projekt „Sonne in der Schule" erhielten beispielsweise viele Schulen eine solche Anlage als Bausatz.

Jede dieser Anlagen produziert je nach Sonneneinstrahlung Strom für bis zu 500 € pro Jahr. Wie viele Kilowattstunden Strom durch die sonnenstrahlenförmig angeordnete Anlage an einer Hauptschule in Bayern pro Jahr erzeugt werde, zeigt das Diagramm (M3).

In Hamburg unterstützt beispielsweise der Verein „Umschalten" (Nernstweg 32, 22765 Hamburg) Initiativen zur Energieerzeugung aus regenerativen Energiequellen.

M5 *Einsparungen durch 50/50-Projekte in Hamburg*

Mehr Handarbeit!

Im Haushalt gibt es oft elektrische Geräte, die man gar nicht braucht. Weil man ihre Arbeit ganz leicht auch per Hand ausführen kann: Schuhputzmaschine, Brotschneidemaschine, Zitronenpresse oder Büchsenöffner sind unnötig. Und der Stand-by-Betrieb beim Fernseher oder Videorecorder vergeudet Energie.

Man muss im Winter nicht im T-Shirt im Wohnzimmer sitzen. Wer leicht friert, zieht einen Pulli über. Jedes Grad mehr als nötig bringt 5% mehr Energieverbrauch und Kosten. Zum Lüften einmal richtig das Fenster öffnen – das ist besser als den ganzen Tag das Fenster ein bisschen offen zu haben.

Lampen sparen!

Energiesparlampen brauchen nicht nur viel weniger Strom, sie halten auch sechsmal so lange wie normale Glühbirnen.

Klimaschutz – eine Aufgabe für alle

M1 *Schülerinnen und Schüler tragen zum Klimaschutz bei.*

Privater Klimaschutz

Unsere Atmosphäre ist ein „kleines" Wunderwerk der Natur. Sie enthält die so genannten Treibhausgase, die wie ein Schutzschild den Erdball umgeben und verhindern, dass die von der Erde kommende Wärme nicht ins All entweicht. Ohne Treibhausgase wäre es auf der Erde bitterkalt. Unser Problem heute ist, dass die Menge der Treibhausgase erheblich angestiegen ist und sich unsere Atmosphäre zu stark aufheizt.

Um die Folgen dieser Entwicklung zu mindern bemühen sich viele Länder der Erde um einen grenzüberschreitenden Klimaschutz. Doch auch im privaten Umfeld kann jeder zum Klimaschutz beitragen.

Aufgaben

1 Erkläre, wie die Maßnahmen der Schülerinnen und Schüler zum Klimaschutz beitragen (M1).

2 a) Zeichne ein Säulendiagramm zu den Werten von M2.
b) Berechne den durchschnittlichen CO_2-Ausstoß pro Person im Jahr.

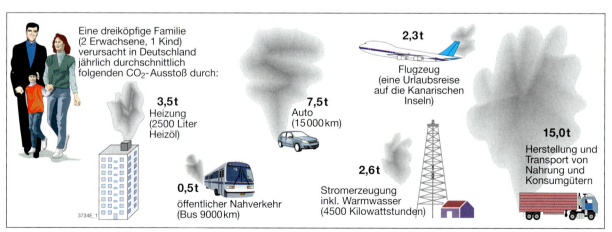

M2 *Durchschnittlicher CO_2-Ausstoß einer dreiköpfigen Familie in Deutschland*

Wege in die Zukunft – Agenda 21

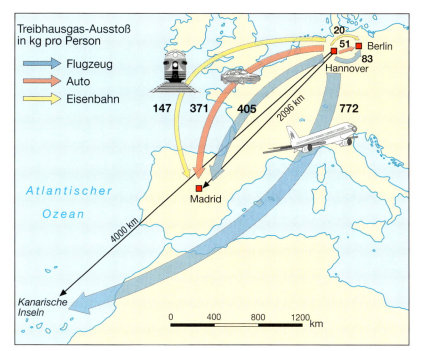

M3 CO_2-Ausstoß verschiedener Verkehrsmittel auf den Strecken Hannover – Berlin, Hannover – Madrid, Hannover – Kanarische Inseln

 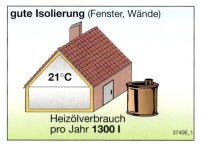

M4 Wärmedämmung beim Hausbau

Schülerinterview mit dem Hausmeister

M5 Energiesparen in der Schule

Aufgaben

3 Berechne, wie viel weniger CO_2 durch Wärmedämmung beim Hausbau in die Atmosphäre gelangt. Verwende dafür die Werte in M2 (Heizung) und in M4. Erkläre die Bedeutung für den Klimaschutz.

4 Vergleiche den CO_2-Ausstoß der Verkehrsmittel Auto, Bahn und Flugzeug (M3). Erläutere, welche Bedeutung das für mögliche Klimaschutzmaßnahmen hat.

5 a) Erkläre mithilfe von M4, in welchen Bereichen im Haushalt besonders viel Energie gespart werden kann.
b) Liste auf, was du zum Klimaschutz beitragen willst. Begründe deine Entscheidung.

6 Untersuche in deiner Schule, wie dort Energie eingespart werden kann. Verwende die Checkliste (M6). Mache Verbesserungsvorschläge.

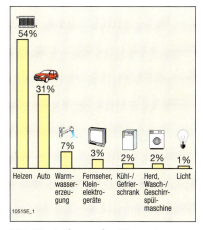

M6 Verteilung des Energieverbrauchs der privaten Haushalte

241

Gewusst wie

Bachpatenschaft

Unsere Klasse hilft

An Flüssen und Bächen gibt es viel zu entdecken. Man kann im Bach waten, Steine ins Wasser werfen und sich ausruhen. Und wenn man ganz leise ist, kann man Vögel und andere Tiere beobachten, die am Bach leben. Aber leider sind die Bäche und Flüsse oft verschmutzt. Sie brauchen eure Hilfe. Macht es doch wie die Klasse 7a. Die Schülerinnen und Schüler haben einem Bach in der Nähe ihrer Schule geholfen und wurden Bachpaten. Lest mal, was Benjamin über die Bachpatenschaft seiner Klasse berichtet:

„Vor ein paar Wochen sprachen wir über Flüsse. Wir erkannten, dass die Wasserqualität der großen Flüsse auch von der Güte der vielen Nebenflüsse und Bäche abhängt. Also beschlossen wir, den Bach in der Nähe unserer Schule zu untersuchen und, falls notwendig, dem Bach zu helfen. Unser Ziel war es, eine Bachpatenschaft zu übernehmen. Unsere Klassenlehrerin half uns, den „Papierkram" mit dem Bezirksamt zu regeln.

Bachpatenschaft

Wer kann Bachpate werden?
Eine Einzelperson, Gruppen (es muss jedoch einen Hauptverantwortlichen geben), Schulen, Vereine, usw.

Wie werde ich Bachpate?
Ich melde mich beim
Bezirksamt Hamburg-Nord
Bauamt-Tiefbauabteilung
Robert-Koch-Str. 4
20243 Hamburg   oder
Bezirksamt Eimsbüttel, Bauamt
Grindelberg 66
20144 Hamburg
Dann schlage ich einen Abschnitt, den ich betreuen möchte, vor, oder falls dieser besetzt ist oder aus anderen Gründen nicht vergeben werden kann, suche ich mir einen anderen aus bzw. bekomme einen zugeteilt. Es erfolgt eine schriftliche Vereinbarung (eine Art Vertrag).

Welche Aufgaben habe ich als Bachpate?
Müll sammeln, Vogel- oder Fledermauskästen aufhängen, Büsche beschneiden*, Be- oder Umpflanzungen*, Schadensmeldungen machen (* nur(!) nach Absprache)

Was darf ich auf gar keinen Fall machen?
Gestaltungen am Gewässer oder der Bepflanzung ohne vorherige Absprache!

Was kostet es?
Gar nichts, nur den eigenen Arbeitseinsatz.

M1 http://www.hamburg.de/Behoerden/Umweltbehoerde/foej/tarpenbek/bachpate.htm

Aufgaben

1 Untersucht selbst einen Bach und seine Umgebung. Folgende Fragen helfen dabei:
– Wie ist die Wasserqualität (Aussehen, Geruch, Farbe)?
– Wie sieht das Bachbett aus?
– Wie sieht das Ufer aus?
– Welche Tier- und Pflanzenarten leben im und am Bach? (Tier- und Pflanzenbestimmungsbücher besorgen!)

2 Wo entspringt, wo mündet der deiner Schule nächstgelegene Bach?

3 Nenne die größten „Belastungen" für unsere Bäche und Flüsse.

M2 *Schüler bei der Untersuchung ihres Baches*

Gewusst wie

Schaufel, Spaten
Zollstock, Bandmaß
Stoppuhr und Korken
Lot
Fotoapparat

Kassettengerät und Mikrofon
Schreib- und Zeichenmaterial
Karten
Kescher (Fischnetz)
Küchensieb

Glasgefäße/Einmachgläser
Lupen
Mikroskop
Gummistiefel, Schutzhandschuhe
evtl. Baum- und Strauchsetzlinge

Methode

So könnt ihr vorgehen:
1. Informationen beschaffen, zum Beispiel eine geeignete Karte besorgen, die den Bachverlauf zeigt.
2. Festlegung des Abschnittes, der im Bachverlauf genauer untersucht werden soll.
3. Bereitstellung der Arbeitsgeräte, Messgeräte und Hilfsmittel
4. Untersuchungen und Beobachtungen am Bach:
- Ist der Bach begradigt oder fließt er in seinem natürlichen Bett?
- Wie ist das Ufer beschaffen (z.B. steil, flach, Befestigung mit Steinen, Bepflanzung)?
- Bestimmung der Bachbreite
- Bestimmung der Wassertiefe (Lot benutzen!)
- Bestimmung der Fließgeschwindigkeit (Geschwindigkeit in Meter pro Sekunde mit einem Korken messen!)
- Wie verhält sich der Bach bei Hoch- und Niedrigwasser? (Bei Überschwemmungen Archivbilder besorgen!)
- Welche Wassertiere leben im Bach? (Kleinlebewesen mit Kescher und Küchensieb fangen und bestimmen!)
- Gesundheitszustand und Wasserqualität bestimmen
5. Hilfen für den Bach (sofern notwendig):
- Reinigen des Bachbettes und der Uferböschungen (Müllbeseitigung mit Gummistiefeln und Schutzhandschuhen)
- Abgraben des Bachufers um die Fließgeschwindigkeit zu verringern
- Bepflanzung des Ufers mit Bäumen und Sträuchern (z.B. Erlen, Weiden)
6. Befragung der Anwohner:
- Ist der Bach in den letzten Jahren verändert worden (Begradigung, Kanalisierung, Abholzung der Uferbepflanzung)?
- Sind negative Folgen durch die Veränderungen am Bachlauf eingetreten?
7. Ausstellung zum Bachprojekt (Berichte, Plakate, Fotos, Skizzen, Steckbriefe usw.)

Info

Kleine Wasserkunde
Die Farbe und der Geruch des Wassers geben uns Auskunft darüber, was dem Bach unterwegs so passiert:
- Grünes Wasser zeigt an, dass viele winzig kleine Pflanzen im Wasser leben, die Algen. Zu viele Algen schränken den Lebensraum anderer Wassertiere und -pflanzen ein.
- Bei trübem Wasser machen zu viele Schwebstoffe den Fischen das Atmen schwer. Es fehlt Sauerstoff.
- Siehst du einen regenbogenfarbigen Film, dann schwimmt Öl auf dem Wasser und das ist „Gift" für alle Lebewesen. Versuche herauszufinden, wo das Öl herkommt.
- Seifenblasen oder Schaum: An irgendeinem Ort fließt Seife ins Wasser.
- Riecht das Wasser nach faulen Eiern, dann fließen irgendwo Abwässer hinein. Diese bringen Krankheitserreger mit und gefährden Pflanzen, Tiere und Menschen.

Gewusst wie

Wir führen ein Projekt durch

Info

Projekt
In Projekten wird aktiv und selbstständig ein Thema bearbeitet, das gemeinsam ausgewählt wurde. Für den Projekterfolg ist besonders wichtig, in Projektgruppen und mit anderen Personen zusammenzuarbeiten sowie die Ergebnisse zu dokumentieren und zu präsentieren.

Interkulturelles Lernen

Aus Unkenntnis und wegen bestehender Vorurteile stehen wir häufig Fremdem ablehnend gegenüber oder sehen es als Bedrohung an. Dabei muss das nicht so sein. Kulturen sind Ausdruck der Vielfalt des Lebens auf der Erde und stellen eine Bereicherung dar. Dies so zu sehen setzt aber voraus, mit Neugier, Aufgeschlossenheit und Toleranz Ausländern bei uns zu begegnen und sich als Ausländer in der Fremde anderen Kulturen zu öffnen.

Themenvorschläge für Projektgruppenarbeit:

Gruppe 1: Fremdes Kulturgut in unserem Leben
Geht auf Spurensuche nach Kulturgut, das aus anderen Regionen der Erde übernommen wurde. Denkt dabei an: Sprache, Musik, Baukunst, Wohnkultur, Anbaukulturen, Speisen und Getränke, Sportarten, Medizin, Naturwissenschaften.

Gruppe 2: Europäische Kultur weltweit
Ermittelt, wie beginnend mit der Kolonialisierung durch europäische Staaten, Merkmale unserer abendländischen Kultur in andere Kulturerdteile eingeflossen sind. Sprecht über die Folgen.

Gruppe 3: Fremdes in unserem Heimatort
Erkundet, welche Geschäfte oder Restaurants, Kulturveranstaltungen, Ausstellungen, Museen es in eurem Ort gibt, die andere Kulturen repräsentieren. Führt gegebenenfalls ein Interview mit Mitschülern, die aus einem anderen Kulturkreis stammen, durch.

Gruppe 4: Kulturen im Einklang mit der Natur
Ermittelt Naturvölker, die auch heute noch die Natur nutzen, ohne sie zu zerstören. Diskutiert, welche Werte und Normen eine Bereicherung auch für unser Leben darstellen würden.

Aufgaben

1 Führt ein Projekt zum Kennenlernen fremder Kulturen und zum Abbau von Vorurteilen durch.

2 Informiert euch über Herkunftsländer von Mitschülerinnen und Mitschülern, die aus anderen Kulturen stammen.

3 Erklärt: Das Zusammenleben von Menschen verschiedener Kulturen erfordert Verständnis und Toleranz.

4 Organisiert ein Fest der Kulturen.

M1 *Projekt – Wir helfen Kindern in Indien*

Gewusst wie

M2 *Projekt „Im Orient"*

M3 *Orientalisches Restaurant in Deutschland*

Methode

Wir führen ein Projekt durch – Arbeitsanleitung

1. Schritt: Planung
Tragt Ideen zusammen, worum es in eurem Projekt gehen könnte. Diskutiert die unterbreiteten Vorschläge. Ordnet sie und wählt aus. Gebt eurem Projekt ein Thema.
Erstellt einen Plan zur Projektdurchführung. Denkt dabei an:
– Festlegen von Teilthemen
– Bilden von Arbeitsgruppen
– Bereitstellen von benötigten Materialien
– Übersicht über zu beachtende Termine

2. Schritt: Durchführung
Beratet die Aufgabenstellung für eure Gruppe. Legt fest, wer – was – wann – wo – mit wem – mit welchem Material tut. Tragt Informationen zusammen (z.B. durch Beobachtung, Befragung, Erkundung, Literaturrecherche). Ordnet eure Ergebnisse. Wertet sie in der Gruppe aus. Dokumentiert eure Ergebnisse in verschiedenen Formen (z.B. Wandzeitung, Info-Stand, Modell, Leserbrief, Rollenspiel).

3. Schritt: Auswertung
Stellt euch gegenseitig die in den Arbeitsgruppen erreichten Ergebnisse vor. Diskutiert darüber. Überlegt, ob ihr eure Arbeit auch anderen Personen präsentieren möchtet. Entwickelt Aktivitäten (z.B. Gestaltung eines Schulfestes, Realisierung von Änderungsvorschlägen).

weitere Ideen für Projekttage mit dem Thema „Eine Welt – viele Kulturen":
– Frisuren
– Schmuck
– Wohnen
– Sitten und Bräuche
– Schule …

M4 *Tempel im Tierpark Hagenbeck*

Aufgabe

5 Erkundung in einem Eine-Welt-Laden:
Informiert euch,
• welche Produkte angeboten werden,
• aus welchen Ländern sie kommen,
• wie sie hergestellt werden,
• ob der Handel fair abläuft.

Klimastationen

Klimadaten

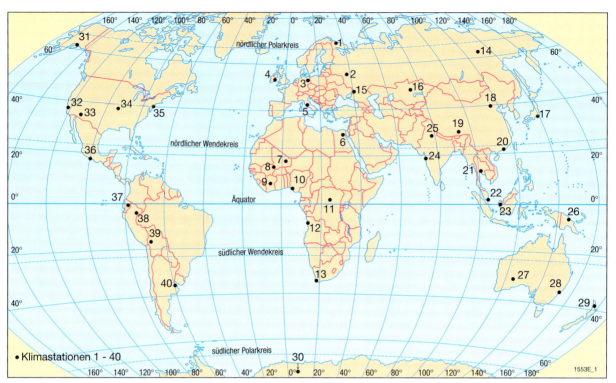

M1 *Lage der Klimastationen*

Europa				J	F	M	A	M	J	J	A	S	O	N	D	Jahr
1 Murmansk	(46 m ü.M.)		°C	-10,9	-11,4	-8,1	-1,4	3,9	10,0	13,4	11,1	6,9	0,9	-3,8	-7,9	0,2
(Russland)	68° 58' N / 33° 03' O		mm	19	16	18	19	25	40	54	60	44	30	28	33	386
2 Moskau	(156 m ü.M.)		°C	-10,3	-9,7	-5,0	3,7	11,7	15,4	17,8	15,8	10,4	4,1	-2,3	-8,0	3,6
(Russland)	55° 45' N / 37° 34' O		mm	31	28	33	35	52	67	74	74	58	51	36	36	575
3 Berlin	(51 m ü.M.)		°C	-0,6	-0,3	3,6	8,7	13,8	17,0	18,5	17,7	13,9	8,9	4,5	1,1	8,9
(Deutschland)	52° 28' N / 13° 18' O		mm	43	40	31	41	46	62	70	68	46	47	46	41	581
4 Dublin	(68 m ü.M.)		°C	4,5	4,8	6,5	8,4	10,5	13,5	15,0	14,8	13,1	10,5	7,2	5,8	9,6
(Irland)	53° 26' N / 6° 15' W		mm	71	52	51	43	62	55	66	80	77	68	67	77	769
5 Rom	(46 m ü.M.)		°C	6,9	7,7	10,8	13,9	18,1	22,1	24,7	24,5	21,1	16,4	11,7	8,5	15,5
(Italien)	41° 54' N / 12° 29' O		mm	76	88	77	72	63	48	14	22	70	128	116	106	880
Afrika																
6 Kairo	(95 m ü.M.)		°C	13,3	14,7	17,5	21,1	25,0	27,5	28,3	28,3	26,1	24,1	20,0	15,0	21,7
(Ägypten)	30° 08' N / 31° 34' O		mm	4	5	3	1	1	0	0	0	0	1	1	8	24
7 Gao	(270 m ü.M.)		°C	22,0	25,0	28,8	32,4	34,6	34,5	32,3	29,8	31,8	31,9	28,4	23,3	29,6
(Mali)	16° 16' N / 0° 03' W		mm	<1	0	<1	<1	8	23	71	127	38	3	<1	<1	270
8 Mopti	(280 m ü.M.)		°C	22,6	25,2	29,0	31,6	32,8	31,2	28,6	27,3	28,3	28,8	26,8	23,1	27,9
(Mali)	14° 30' N / 4° 12' W		mm	<1	<1	1	5	23	56	147	198	94	18	1	<1	543
9 Bouaké	(365 m ü.M.)		°C	27,1	28,0	28,4	27,9	27,2	26,1	24,8	24,5	25,5	26,1	26,7	26,7	26,6
(Elfenbeinküste)	7° 42' N / 5° 00' W		mm	13	46	92	140	154	135	99	108	225	140	35	23	1210
10 Douala	(11 m ü.M.)		°C	26,7	27,0	26,8	26,6	26,3	25,4	24,3	24,1	24,7	25,0	26,0	26,4	25,8
(Kamerun)	4° 01' N / 9° 43' O		mm	57	82	216	243	337	486	725	776	638	388	150	52	4150
11 Yangambi	(487 m ü.M.)		°C	24,7	25,3	25,5	25,2	24,9	24,5	23,6	23,9	24,3	24,5	24,3	24,3	24,6
D.R. Kongo	0° 49' N / 24° 29' O		mm	85	99	148	150	177	126	146	170	180	241	180	126	1828
12 Luanda	(45 m ü.M.)		°C	25,6	26,3	26,5	26,2	24,8	21,9	20,1	20,1	21,6	23,6	24,9	25,3	23,9
(Angola)	8° 49' S / 13° 13' O		mm	26	35	97	124	19	0	0	1	2	6	34	23	367
13 Kapstadt	(17 m ü.M.)		°C	21,2	21,5	20,3	17,5	15,1	13,4	12,6	13,2	14,5	16,3	18,3	20,1	17,0
(Südafrika)	33° 54' S / 18° 32' O		mm	12	8	17	47	84	82	85	71	43	29	17	11	506

246

Wege in die Zukunft – Agenda 21

Asien			J	F	M	A	M	J	J	A	S	O	N	D	Jahr
14 Jakutsk	(100 m ü.M.)	°C	-43,2	-35,8	-22,0	-7,4	5,6	15,4	18,8	14,8	6,2	-7,8	-27,7	-39,6	-10,2
(Russland)	62° 05' N / 129° 45' O	mm	7	6	5	7	16	31	43	38	22	16	13	9	213
15 Rostow	(77 m ü.M.)	°C	-5,3	-4,9	-0,1	9,4	16,8	20,9	23,5	22,3	16,4	9,0	2,4	-2,7	9,0
(Russland)	47° 15' N / 39° 49' O	mm	38	41	32	39	36	58	49	37	32	44	40	37	483
16 Karaganda	(537 m ü.M.)	°C	-15,2	-14,0	-8,9	2,4	13,0	18,5	20,6	18,3	11,8	3,2	-6,9	-9,4	2,8
(Kasachstan)	49° 48' N / 73° 08' O	mm	11	11	15	22	28	41	43	28	21	24	15	14	273
17 Tokio	(4 m ü.M.)	°C	3,7	4,3	7,6	13,1	17,6	21,1	25,1	26,4	22,8	16,7	11,3	6,1	14,7
(Japan)	35° 41' N / 139° 46' O	mm	48	73	101	135	131	182	146	147	217	220	101	61	1562
18 Peking	(52 m ü.M.)	°C	-4,7	-1,9	4,8	13,7	20,1	24,7	26,1	24,9	19,9	12,8	3,8	-2,7	11,8
(China)	39° 57' N / 116° 19' O	mm	4	5	8	17	35	78	243	141	58	16	11	3	619
19 Lhasa	(3685 m ü.M.)	°C	-1,7	1,1	4,7	8,1	12,2	16,7	16,4	15,6	14,2	8,9	3,9	0,0	8,3
(China)	29° 40' N / 91° 07' O	mm	2	13	8	5	25	64	122	89	66	13	3	0	410
20 Hongkong	(33 m ü.M.)	°C	15,6	15,0	17,5	21,7	25,6	27,5	28,1	28,1	27,2	25,0	20,9	17,5	22,5
(China)	22° 18' N / 114° 10' O	mm	33	46	74	292	394	381	394	361	247	114	43	30	2409
21 Bangkok	(2 m ü.M.)	°C	26,0	27,8	29,2	30,1	29,7	28,9	28,5	28,4	28,0	27,7	27,0	25,7	28,1
(Thailand)	13° 45' N / 100° 28' O	mm	9	30	36	82	165	153	168	183	310	239	55	8	1438
22 Singapur	(10 m ü.M.)	°C	26,4	27,0	27,5	27,5	27,8	27,5	27,5	27,2	27,2	27,0	27,0	27,0	27,2
(Singapur)	1° 18' N / 103° 50' O	mm	251	173	193	188	173	173	170	196	178	208	254	256	2413
23 Pontianak	(3 m ü.M.)	°C	27,0	28,1	27,8	27,8	28,1	28,1	27,5	27,8	28,1	27,8	27,5	27,2	27,7
(Indonesien)	0° 01' S / 109° 20' O	mm	274	208	241	277	282	221	165	203	229	339	389	323	3151
24 Bombay (Mumbai)	(11 m ü.M.)	°C	23,9	23,9	26,1	28,1	29,7	28,9	27,2	27,0	27,0	28,1	27,2	25,6	26,9
(Indien)	18° 54' N / 72° 49' O	mm	3	3	3	2	18	485	617	340	264	64	13	3	1815
25 Neu-Delhi	(218 m ü.M.)	°C	13,9	16,7	22,5	28,1	33,3	33,6	31,4	30,0	28,9	26,1	20,0	15,3	25,0
(Indien)	28° 35' N / 77° 12' O	mm	23	18	13	8	13	74	180	173	117	10	3	10	642
26 Madang	(6 m ü.M.)	°C	27,3	27,0	27,3	27,2	27,5	27,2	27,2	27,2	27,2	27,5	27,5	27,5	27,3
(Papua-Neuguinea)	5° 14' S / 145° 45' O	mm	307	302	378	429	384	274	193	122	135	254	338	368	3484
Australien															
27 Kalgoorlie	(380 m ü.M.)	°C	25,7	24,9	23,0	18,7	14,7	12,0	10,8	12,3	15,3	18,2	21,4	24,3	18,4
(Australien)	30° 45' S / 121° 30' O	mm	24	27	24	18	22	25	24	23	13	14	15	13	244
28 Sydney	(42 m ü.M.)	°C	22,0	21,9	20,8	18,3	15,1	12,8	11,8	13,0	15,2	17,6	19,5	21,1	17,4
(Australien)	33° 51' S / 151° 31' O	mm	104	125	129	101	115	141	94	83	72	80	77	86	1207
29 Auckland	(49 m ü.M.)	°C	19,2	19,6	18,4	16,4	13,8	11,8	10,8	11,3	12,6	14,3	15,9	17,7	15,2
(Neuseeland)	36° 51' S / 174° 46' O	mm	84	104	71	109	122	140	140	109	97	107	81	79	1243
Südpol/Antarktis															
30 Südpol	(2800 m ü.M.)	°C	-28,8	-40,1	-54,4	-58,5	-57,4	-56,5	-59,2	-58,9	-59,0	-51,3	-38,9	-28,1	-49,3
	90° S	mm						keine Angaben							
Amerika															
31 Anchorage	(27 m ü.M.)	°C	-10,9	-7,8	-4,8	2,1	7,7	12,5	13,9	13,1	8,8	1,7	-5,4	-9,8	1,8
(USA)	61° 10' N / 149° 59' W	mm	20	18	13	11	13	25	47	65	64	47	26	24	373
32 San Francisco	(16 m ü.M.)	°C	10,4	11,7	12,6	13,2	14,1	15,1	14,9	15,2	16,7	16,3	14,1	11,4	13,8
(USA)	37° 47' N / 122° 25' W	mm	116	93	74	37	16	4	0	1	6	23	51	108	529
33 Phoenix	(340 m ü.M.)	°C	10,4	12,5	15,8	20,4	25,0	29,8	32,9	31,7	29,1	22,3	15,1	11,4	21,4
(USA)	33° 26' N / 112° 01' W	mm	19	22	17	8	3	2	20	28	19	12	12	22	184
34 Kansas City	(226 m ü.M.)	°C	-0,7	1,6	6,0	12,9	18,4	24,1	27,2	26,3	21,6	15,4	6,7	1,6	13,4
(USA)	39° 07' N / 94° 35' W	mm	36	32	63	90	112	116	81	96	83	73	46	39	867
35 New York	(96 m ü.M.)	°C	0,7	0,8	4,7	10,8	16,9	21,9	24,9	23,9	20,3	14,6	8,3	2,2	12,5
(USA)	40° 47' N / 73° 58' W	mm	84	72	102	87	93	84	94	113	98	80	86	83	1076
36 Acapulco	(3 m ü.M.)	°C	26,7	26,5	26,7	27,5	28,5	28,6	28,7	28,8	28,1	28,1	27,7	26,7	27,7
(Mexiko)	16° 50' N / 99° 56' W	mm	6	1	<1	1	36	281	256	252	349	159	28	8	1377
37 Quito	(2818 m ü.M.)	°C	13,0	13,0	12,9	13,0	13,1	13,0	12,9	13,1	13,2	12,9	12,8	13,0	13,0
(Ecuador)	0° 13' S / 78° 30' W	mm	124	135	159	180	130	49	18	22	83	133	110	107	1250
38 Iquitos	(104 m ü.M.)	°C	27,4	26,6	26,5	26,4	26,0	25,6	25,6	26,3	26,6	26,7	26,9	27,5	26,6
(Peru)	3° 46' S / 73° 20' W	mm	256	276	349	306	271	199	165	157	191	214	244	217	2845
39 La Paz	(3632 m ü.M.)	°C	17,5	16,2	15,5	14,1	11,7	10,1	9,8	10,9	14,4	15,5	17,5	17,9	14,3
(Bolivien)	16° 30' S / 68° 08' W	mm	92	89	62	26	11	2	4	7	34	28	48	85	488
40 Buenos Aires	(25 m ü.M.)	°C	23,7	23,0	20,7	16,6	13,7	11,1	10,5	11,5	13,6	16,5	19,5	22,1	16,9
(Argentinien)	34° 35' S / 58° 29' W	mm	104	82	122	90	79	68	61	68	80	100	90	83	1027

247

Gewusst wie

Tipps für die Erstellung

M1 *Schüler beim Verfassen einer Hausarbeit*

Fremdes übernehmen – Richtig zitieren

Wenn du fremde Texte im Rahmen deiner Arbeit übernimmst, ist es erforderlich, dass du deren Herkunft durch die Nennung der Quelle offen legst.

Bei einer wörtlichen Übernahme von Texten werden die übernommenen Stellen (=Zitate) in Anführungszeichen gesetzt und anschließend die Fundstelle angegeben. Dabei gehst du wie folgt vor. Zunächst werden Nach- und Vorname des Autors bzw. der Autorin (getrennt durch ein Komma) genannt. Es folgen (nach einem Doppelpunkt) Titel, ggf. Untertitel, Erscheinungsort sowie Erscheinungsjahr und die Seitenangabe. Mit einem „f" bzw. „ff" hinter der Seitenzahl wird verdeutlicht, dass die jeweils folgende Seite bzw. die folgenden Seiten gleichfalls gemeint sind.

Sollte eine Veröffentlichung mehrere Verfasser haben, werden diese in alphabetischer Reihenfolge erwähnt oder der Hauptverantwortliche wird als Herausgeber genannt. Letzteres macht man kenntlich, indem man „Hrsg." hinter den Namen setzt.

Manchmal werden Texte nicht wortwörtlich, sondern nur sinngemäß übernommen. Auch in diesen Fällen ist die Quelle zu nennen, wobei der Unterschied zum wörtliche Zitat durch ein „nach" oder „verändert" kenntlich gemacht wird.

Zunehmend werden Texte aus dem Internet für die Erstellung eigener Abhandlungen genutzt. Auch in diesen Fällen ist eine Quellenangabe zwingend erforderlich.

Scholz, Ulrich: Die feuchten Tropen, Braunschweig 1998, S. 34 ff

Brucker, Ambros [Hrsg.]: Medien im Geographie-Unterricht, Düsseldorf 1986

nach: Wiedersich, Berthold: Das Wetter, München 1996, S. 4 f.

Statistisches Bundesamt (Hrsg.): Datenreport 2002, Bonn 2002, S. 97 verändert

http://www.seilnacht.tuttlingen.com/Lexikon/13Alu.htm

M2 *So wird richtig zitiert*

schriftlicher Arbeiten — Gewusst wie

Signalwort	Erklärung
(be)nennen	geographische Informationen (Fakten, Merkmale, Begriffe u. a.) ohne Erläuterung angeben
beschreiben	geographische Merkmale (Äußeres, Eigenschaften) oder Abläufe detailliert aufzeigen, dabei klare Vorstellungen vermitteln
zusammenfassen	Erlerntes, Erarbeitetes oder an vorgegebenen Materialien zur Kenntnis Genommenes so wiedergeben, dass in kurzer Form die inhaltlichen Schwerpunkte deutlich werden
analysieren	ein Ganzes zergliedern und auf seine Merkmale hin systematisch untersuchen; die Einzelaussagen in Beziehung setzen und Strukturen herausarbeiten (erste Synthese vornehmen)
erläutern	geographische Sachverhalte im Ganzen beschreiben und komplexe Beziehungen deutlich machen
erklären	geographische Sachverhalte (z.B. Erscheinungen, Entwicklungen) so darstellen, dass Bedingungen, Ursachen und Gesetzmäßigkeiten verständlich werden
darstellen	verbal: geographische Sachverhalte so beschreiben, dass Entwicklungen oder Beziehungen deutlich werden
charakterisieren	Geographische Sachverhalte in ihren Eigenarten beschreiben und typische Merkmale herausarbeiten
(über)prüfen	Geographische Sachverhalte (z.B. Fakten) oder Aussagen abwägend untersuchen und ein Ergebnis formulieren
nachweisen	Gültigkeit von Aussagen, Theorien, (Hypo-)Thesen prüfen, bestätigen
vergleichen	geographische Sachverhalte, Prozesse, Ereignisse prüfend gegeneinander abwägen (aufeinander folgend oder gegenüberstellend); dabei Gemeinsamkeiten, Ähnlichkeiten und Unterschiede feststellen; Fazit ziehen
(zu/ein)ordnen	geographische Sachverhalte gruppieren, in eine Reihenfolge oder in ein System bringen bzw. einfügen
formulieren	Sachverhalte in eine sprachliche Form bringen, auf den Punkt bringen (z.B. eine begründete Aussage)
entwickeln	Beziehungen zwischen geographischen Sachverhalten, Entwicklungen, Ereignissen allmählich entstehen lassen; in Einzelheiten darlegen und erklären
begründen	geographische Thesen, Aussagen oder Sachverhalte durch Argumente (z.B. Gesetzmäßigkeiten) erklären bzw. rechtfertigen
(be)urteilen	Argumente finden, die einen geographischen Sachverhalt begründend, aber ohne persönlich Stellung zu nehmen, einschätzen
(be)werten	Argumente finden, die einen geographischen Sachverhalt begründend mit einem persönlichen Wertbezug einschätzen, persönlich Stellung nehmen
interpretieren	Aussagegehalt eines geographischen Materials (unter Beachtung der Absichten des Autors und der historischen, kulturellen und gesellschaftlichen Gegebenheiten) erschließen und eine persönliche Deutung vornehmen
ableiten	begründete Schlussfolgerungen, (Lösungs-)Vorschläge, Maßnahmen, Perspektiven unter Beachtung der jeweiligen geographischen Gegebenheiten formulieren
erörtern	einen geographischen Sachverhalt von verschiedenen Seiten eingehend besprechen, das Für und Wider abwägend betrachten (kann in eine Meinungsäußerung münden)

M3 *Operatorenverzeichnis*

Gewusst wie

Methodenüberblick

Arbeitsmethoden – kurz und knapp

Mit dem Atlas arbeiten

Im Atlas unterscheidet man zwischen physischen und thematischen Karten.
Physische Karten zeigen vor allem die Lage von Städten und Dörfern, den Verlauf von Flüssen und Grenzen sowie Höhen und Tiefen (dargestellt mit Höhenschichten).
Thematische Karten enthalten Angaben zu einem bestimmten Thema. Jede Karte hat bestimmte *Signaturen* und einen Maßstab (z.B. 1: 1 000 000 → 1 cm auf der Karte ≙ 1 000 000 cm in der Natur = 10 km)
Orte findet man im Atlas mithilfe des *Registers* und der in den Karten eingezeichneten *Planquadrate*.

Thematische Karten lesen

Willst du eine Karte lesen, musst du sechs Fragen an sie stellen:

1. Wie ist das Thema der Karte? (→ Abbildungsunterschrift)
2. Welches Gebiet wird dargestellt?
3. Wie groß ist das dargestellte Gebiet? (→ Maßstab, Maßstabsleiste)
4. Was bedeuten die eingetragenen Signaturen? (→ Legende)
5. Wie ist der Karteninhalt? Sind die Signaturen über die Karte verstreut oder an einigen Punkten konzentriert?
6. Gibt es Zusammenhänge zwischen den Aussagen, die du bei der Beschreibung des Karteninhalts gemacht hast?

Bilder auswerten

Folgende Fragen sollte man bei der Auswertung eines Bildes stellen:
1. Was? Wo? Wann? Welchen Raum zeigt das Bild? Wo und wann wurde es aufgenommen? Wo liegt der Raum, der abgebildet ist? (→ Atlas)
2. Welche Einzelheiten kann man erkennen?
3. Was ist die wichtigste Aussage des Bildes? Fasse alle Informationen zu einer Aussage zusammen.
4. Wie kann man das auf dem Bild Dargestellte erklären?
Wenn du alle Einzelheiten im Zusammenhang betrachtest, was kannst du dann über den abgebildeten Raum und eventuell auch über das Leben der Menschen sagen?

Tabellen auswerten

Schritt für Schritt sich einen Überblick verschaffen, beschreiben, erklären:
1. Wie ist das Thema der Tabelle? (→ Abbildungsunterschrift, Tabellenkopf)
2. Auf welchen Zeitraum beziehen sich die Aussagen (z.B. ein Jahr oder mehrere Jahre?) Lassen sich Entwicklungen ablesen?
3. Welches sind die Extremwerte? Wie ist die Verteilung der Zahlen zwischen den Extremwerten?
4. Kann man die einzelnen Zahlen vergleichen? In welchem Verhältnis stehen die Werte zueinander?
5. Gibt es Zusammenhänge zwischen den Zahlen der einzelnen Spalten?
6. Wie ist die Gesamtaussage der Tabelle?

Gewusst wie

Texte auswerten

Texte kannst du in fünf Schritten auswerten:

1. Lies den Text aufmerksam durch. Schlage unbekannte Wörter nach.
2. Gliedere den Text und formuliere Zwischenüberschriften.
3. Schreibe aus jedem Abschnitt die wichtigsten Begriffe, die Schlüsselwörter, heraus.
4. Fasse den Text in vollständigen Sätzen zu einer Inhaltsangabe zusammen.
5. Überlege, welche Absichten die Autorin oder der Autor dieses Textes verfolgt.

Diagramme lesen und zeichnen

Man unterscheidet Säulendiagramme, Balkendiagramme, Kurvendiagramme, Kreisdiagramme

Diagramme lesen:
1. Zu welchem Thema werden Aussagen gemacht?
2. Wie sind die einzelnen Werte verteilt? (→ Extremwerte, Verteilung der anderen Werte)
3. Wie ist die Gesamtaussage des Diagramms?

Diagramme zeichnen – beachte:
1. Zwei Achsen (x-Achse und y-Achse) bilden ein Achsenkreuz, genau im rechten Winkel.
2. Die y-Achse beginnt in der Regel bei Null. Sie sollte über den höchsten Wert hinausreichen, damit man auch diesen Wert gut ablesen kann.
3. Bei Diagrammen, die eine Entwicklung aufzeigen, müssen die Abstände zwischen gleich langen Zeitabständen auch gleich groß sein.
4. Die Unterschrift gibt das Thema eines Diagramms an.

Wetter- und Klimadaten ermitteln

Niederschläge messen und berechnen:
Den Niederschlag in einem Sammelbecher auffangen, die Niederschlagsmenge in mm messen.
Monatsniederschlag = Summe aller Tagesniederschläge.
Jahresniederschlag = Summe aller Monatsniederschläge.
Temperaturen messen und berechnen:
Ablesen der Temperatur zu bestimmten Zeiten (z.B. jede Stunde). Auf gleiche Abstände und sinnvolle Verteilung der Ablesezeiten achten.
Tagesmitteltemperatur = Summe der Temperaturwerte eines Tages dividiert durch die Zahl der Messungen.
Monatsmitteltemperatur = Summe der Tagesmitteltemperatur dividiert durch die Zahl der Tage des Monats.
Jahresmitteltemperatur = Summe der Monatsmitteltemperaturen dividiert durch 12.

Klimadiagramme beschreiben

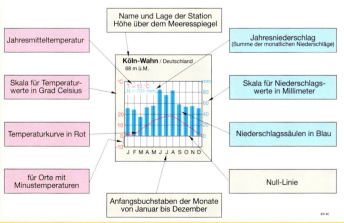

1. Beschreibe die Lage der Klimastation (Staat, Höhe, Nähe von Städten, Flüssen usw.).
2. Beschreibe den Verlauf der Temperaturkurve. Bestimme den Monat mit dem höchsten und dem niedrigsten Wert (Extremwerte: Temperaturmaximum und Temperaturminimum).
3. Beschreibe die Verteilung der Niederschläge. Nenne auch hier den Monat mit den höchsten und den niedrigsten Werten (Extremwerte: Niederschlagsmaximum, Niederschlagsminimum).
4. Nenne die Werte für die Jahresmitteltemperatur und die jährliche Niederschlagshöhe.

Minilexikon

Agenda 21 (Seite 234)
Agenda ist ein lateinischer Begriff und bedeutet sinngemäß „Was zu tun ist". Die Agenda 21 ist eine 1992 getroffene Willenserklärung der Regierungen von 178 Staaten der Erde, die Zukunft der Menschheit umweltschonend und sozial gerecht zu gestalten.

Agrobusiness (Seite 132)
Organisations- und Produktionsform in der Landwirtschaft, die der Industrie ähnlich ist. Ein Kennzeichen von Unternehmen im Agrobusiness ist die Zusammenfassung aller Produktionsabläufe von der Herstellung über die Verarbeitung bis hin zur Vermarktung an einem Ort.

Äquator (Seite 8)
Breitenkreis der Erde mit dem längsten Umfang, der Nord- und Südhalbkugel trennt. Länge: 40 076 km.

Asyl (Seite 45)
Einem Menschen, der in seiner Heimat wegen seiner Rasse, Religion, Nationalität oder politischen Einstellung verfolgt wird und deshalb im Ausland Zuflucht findet, wird Asyl gewährt.

Aufsitzerpflanzen (Seite 92)
Eine auf anderen Gewächsen, vor allem auf Bäumen, wachsende Pflanze im tropischen Regenwald.

Binnenmeer (Seite 62)
Meer, das fast vollständig von Festland umgeben ist und nur einen schmalen Zugang zum offenen Ozean hat.

Bodenversiegelung (Seite 60)
Fachleute bezeichnen das Asphaltieren und Betonieren von Flächen als Bodenversiegelung. Dabei wird der natürliche Boden z.B. durch Gebäude, Straßen, Plätze zugebaut.

Brandrodung (Seite 96)
Sie dient dazu, Felder im tropischen Regenwald anzulegen. Bei der Brandrodung werden die Bäume gefällt und anschließend mit den anderen Pflanzen abgebrannt.

Breitenkreis (Seite 8)
Breitenkreise werden vom Äquator aus nach Norden und Süden von 0° bis 90° gezählt. Sie verlaufen immer parallel zum Äquator und verbinden die Punkte auf der Erde, die die gleiche geographische Breite haben.

Bruttoinlandsprodukt (BIP) (Seite 194)
Es ist die Summe aller volkswirtschaftlichen Leistungen (Produktion und Dienstleistungen), die innerhalb eines Landes in einem Jahr erbracht werden.

Canyon (Seite 119)
Canyons sind tief eingeschnittene Täler. Sie befinden sich häufig in Gebieten, in denen harte und weiche Gesteinsschichten im Wechsel übereinander liegen. Wegen dieser Anordnung der Gesteinsschichten sind die Hänge oft wie „Treppen" ausgebildet. Der berühmteste Canyon ist der „Grand Canyon" in den USA, den der Fluss Colorado geschaffen hat.

Dattelpalme (Seite 108)
Sie ist die wichtigste Nutzpflanze der Oase und wird wegen ihrer vielseitigen Verwendbarkeit geschätzt.

Datumsgrenze (Seite 15)
Linie des Datumswechsels, die in etwa dem Verlauf des 180. Längengrades folgt. Bei deren Überschreiten ändert sich das Datum um einen Tag.

Dritte Welt (Seite 216)
Der Begriff geht auf eine alte Einteilung der Erde in drei Welten zurück. Als Erste Welt bezeichnete man die reichen Industrieländer. Als Zweite Welt galten früher die ehemaligen kommunistischen Länder in Osteuropa. Zur Dritten Welt gehören die armen Länder im „Hungergürtel" der Erde. Sie werden auch „Entwicklungsländer" genannt.

Entwicklungsland (Seite 195)
Land, das im Vergleich zu einem Industrieland weniger entwickelt ist. Entwicklungsländer werden auch „Dritte Welt" genannt. Sie weisen typische Merkmale auf, z.B. ein hohes Bevölkerungswachstum, viele Analphabeten und Slums. Die Grundbedürfnisse der meisten Menschen sind hier nicht befriedigt.

Erdbeben (Seite 50)
Erschütterung der Erdoberfläche, die durch Kräfte im Erdinneren verursacht wird. Erdbeben entstehen meist durch die ruckartige Verschiebung der Platten der Lithosphäre der Erde.

Erdrevolution (Seite 13)
Die Erde umkreist innerhalb eines Jahres die Sonne. Diese Bewegung wird Erdrevolution genannt.

Erdrotation (Seite 12)
Innerhalb von 24 Stunden dreht sich die Erde einmal um ihre eigene Achse. Diese Drehbewegung nennen wir Erdrotation.

Europäische Union (Seite 32)
Zusammenschluss von europäischen Staaten mit dem Ziel der wirtschaftlichen und politischen Vereinigung.

Factory Farm (Seite 132)
(amerikan. = Fabrikfarm) Farm mit einem hohen Mechanisierungsgrad für die Bewirtschaftung auf großen Flächen, verbunden mit einem hohen Kapitalaufwand für Investitionen (z.B. Ausbau der Bewässerungs- oder Fütterungsanlagen).

Familienplanung (Seite 160, 217)
Maßnahmen zur Begrenzung der Geburten in Ländern mit hohem Bevölkerungswachstum. Zur Familienplanung gehören die Beratung über die Verhütung von Schwangerschaften und die Ausgabe von Mitteln zur Empfängnisverhütung.

Felswüste (Seite 107)
In der Felswüste ist die Landschaft von kantigen Steinen übersät, aus denen einzelne Berge herausragen. Durch die Temperaturgegensätze zwischen Tag und Nacht zerbrechen selbst riesige Felsbrocken.

Flüchtling (Seite 45)
Ein Mensch, der seine Heimat aufgrund von Krieg, politischer Verfolgung,

Armut, Hunger oder Umweltschäden verlässt.

Gastarbeiter (Seite 42)
G. sind ausländische Arbeitnehmer, die ihr Heimatland verlassen haben und vorübergehend im Ausland wohnen und arbeiten. Meist ziehen sie aus weniger entwickelten Ländern in wirtschaftlich höher entwickelte Staaten.

Geburtenkontrolle (Seite 160)
Maßnahmen zur bewussten Steuerung von Zeitpunkt und Zahl der Geburten.

Geburtenrate (Seite 185)
Anzahl der geborenen Kinder pro 1000 Einwohner innerhalb eines Jahres.

Genossenschaft (Seite 206)
Zusammenschluss von Bauern, die gemeinsam Land bearbeiten, die Ernte gemeinsam verkaufen und Dünger, Saatgut und Maschinen gemeinsam einkaufen. Der Gewinn wird unter den Genossenschaftsbauern geteilt.

Gradnetz (Seite 8)
Einteilung der Erde in Längenkreise und Breitenkreise zur besseren Orientierung. Die Zählung erfolgt in Grad.

Hochgebirge (Seite 119)
Gebirge, das mit seiner Gipfelregion über die Schneegrenze hinausragt. Im Allgemeinen werden Gebirge mit alpinen Formen und Höhen über 2000 m als Hochgebirge bezeichnet.

Hochwasser (Seite 60)
Wenn der Wasserstand von Flüssen, Bächen, Seen, Meeren über das Normalmaß ansteigt, spricht man von Hochwasser. Manchmal kommt es dann zu Überschwemmungen, die zu Naturkatastrophen werden können.

Hunger (Seite 221)
Hunger entsteht durch Unterernährung. Heute leiden vor allem viele arme Menschen in Entwicklungsländern an Hunger. Mangelnde Nahrungsmittel sind nicht der Grund für den Hunger, denn es werden weltweit genug Nahrungsmittel produziert um alle Menschen auf der Erde ernähren zu können. Vielmehr sind die Armut der Menschen sowie Kriege und Dürren Schuld an der ungleichmäßigen Verteilung der Nahrungsmittel und damit auch am Hunger.

Industrieland (Seite 194)
Ein I. ist im Vergleich zu einem Entwicklungsland wirtschaftlich weit entwickelt und besitzt ein hohes Pro-Kopf-Einkommen. Ein hoher Anteil an Beschäftigten ist in der Industrie und im Dienstleistungssektor beschäftigt. Eine gut ausgebaute Infrastruktur ist ein weiteres Merkmal eines Industrielandes.

Inuit (Seite 80)
Die Inuit (früher Eskimos genannt) sind die Ureinwohner der arktischen Küstengebiete Grönlands und Nordamerikas. Sie lebten ursprünglich von der Jagd und vom Fischfang. Heute führen sie ein modernes Leben.

Jointventure (Seite 166)
Zusammenarbeit von Unternehmen aus verschiedenen Ländern um ein gemeinsames Projekt durchzuführen.

Kieswüste (Seite 107)
In der Kieswüste ist die Landschaft mit kleinen Steinen (Kies) übersät. Das Gelände ist flach.

Klimazone (Seite 70)
Ungefähr parallel zu den Breitenkreisen liegende Gebiete mit einheitlichem Klima. Durch die unterschiedliche Erwärmung kann die Erde in Klimazonen eingeteilt werden.

Krill (Seite 86)
Ein kleiner Krebs, der in den Meeren um die Antarktis herum lebt. Er ist die Hauptnahrung der Wale.

Kondensation (Seite 68)
Als Kondensation bezeichnet man den Übergang des Wasserdampfes vom gasförmigen in den flüssigen Zustand. Dabei bilden sich in der Atmosphäre Nebel und Wolken.

Landflucht (Seite 169, 190)
Landbewohner ziehen in die Stadt, weil die Grundbedürfnisses auf dem Lande meist nicht befriedigt sind. Die Menschen hoffen darauf, dass die Lebensbedingungen in der Stadt besser sind als auf dem Land.

Längenhalbkreis (Seite 8)
(andere Bezeichnung: Meridian) Teil des Gradnetzes der Erde. Durch Greenwich (Vorort von London) verläuft der Nullmeridian. Er teilt die Erdkugel in eine westliche und eine östliche Hälfte. Längenhalbkreise werden jeweils von 0° bis 180° nach Osten und Westen gezählt.

Lava (Seite 50)
Bezeichnung für den aus einem Vulkan ausströmenden, glutflüssigen, meist über 1000 °C heißen Gesteinsbrei. Solange sich der Gesteinsbrei im Erdinneren befindet, nennt man ihn Magma.

Magma (Seite 50)
Gashaltiger, glutflüssiger Gesteinsbrei im Erdinneren. Sobald er an die Erdoberfläche tritt, nennt man ihn Lava.

Mittelgebirge (Seite 119)
In den Mittelgebirgen sind die höchsten Berge in der Regel nicht höher als 1500 Meter. Steile Gipfel und hohe Felswände gibt es kaum. Die Berge sind abgerundet und häufig bewaldet. Beispiele in Deutschland sind: Eifel, Rothaargebirge, Schwarzwald, Taunus, Harz.

Nachhaltigkeit (Seite 234)
Nachhaltig zu leben bedeutet, dass man bei der Deckung seiner Bedürfnisse immer darauf achtet, dass keine Schäden (z.B. ökologische oder wirtschaftliche) entstehen, die zukünftigen Generationen das Leben auf unserem Planeten erschweren.

Nährstoffkreislauf (Seite 94)
Der schnelle Nährstoffkreislauf ist ein Kennzeichen des tropischen Regenwaldes. Das herabfallende Laub und Geäst zersetzt sich am Boden sofort zu Humus. Diese Nährstoffe werden dann wieder an die Bäume und Sträucher abgegeben.

Minilexikon

Nahrungskette (Seite 86)
Eine Reihe von Lebewesen, bei der jeweils eine Art die hauptsächliche Nahrungsgrundlage der nächsten Art ist, z.B. Alge ➔ Krebs ➔ kleiner Fisch ➔ Raubfisch. Letztes Glied der Nahrungskette ist oft der Mensch.

Nomade (Seite 112)
Viehhalter, der auf den jahreszeitlichen Wanderungen mit seiner Herde von Weideplatz zu Weideplatz zieht.

Oase (Seite 108)
Eine vom Menschen genutzte „Insel" in der Wüste. Durch vorhandenes Grund- oder Flusswasser ist der Anbau von Nutzpflanzen (z. B. Obst, Gemüse, Getreide) möglich.

Plantage (Seite 98)
Landwirtschaftlicher Großbetrieb, der vor allem in den Tropen und im Mittelmeergebiet vorkommt. Der Anbau von Nutzpflanzen (z.B. Zuckerrohr, Kaffee, Tee, Kautschuk, Bananen) erfolgt vor allem für den Weltmarkt.

Polarkreis (Seite 78)
Breitenkreis auf 66 1/2° N und S. Polwärts dieser Kreise trifft man auf Polarnacht und Polartag.

Polartag (Seite 78)
Naturerscheinung zwischen Pol und Polarkreis. Polartag ist die Zeit des Jahres, in der die Sonne Tag und Nacht scheint. An den Polen dauert der Polartag etwa ein halbes Jahr, an den Polarkreisen einen Tag.

Polarnacht (Seite 78)
Naturerscheinung zwischen Pol und Polarkreis. Als Polarnacht wird eine Zeitspanne bezeichnet, in der es Tag und Nacht dunkel ist. Die Sonne geht in dieser Zeit nicht auf. An den Polen dauert die Polarnacht etwa ein halbes Jahr, an den Polarkreisen einen Tag. Die genaue Zeitdauer der Polarnacht hängt also von der Breitenlage ab.

Pole (Nord- und Südpol) (Seite 8)
Die Pole sind die Punkte, in denen die gedachte Erdachse die Erdoberfläche durchstößt. Außerdem sind es die Punkte, an denen die Längenhalbkreise zusammentreffen. Man unterscheidet zwei Pole: Nordpol und Südpol.

primärer Sektor (Seite 126)
Der Teil der Wirtschaft, der sich mit der Produktion von Rohstoffen beschäftigt: die Landwirtschaft, die Forstwirtschaft, die Fischerei und der (reine) Bergbau (nicht die Aufbereitung).

Produktivität (Seite 194)
Verhältnis der Herstellungskosten zu den produzierten Mengen oder zum Produktionswert. Die Produktivität steigt, wenn bei gleichem Einsatz von Arbeit oder Kapital das Produktionsergebnis erhöht wird.

Recycling (Seite 236)
Recycling (engl.: Rückführung) nennt man die Wiederverwertung von Müll. Viele Abfälle enthalten neu zu verwendendes Material: Glas, Aluminium, Papier, Kunststoffe. Sie müssen getrennt gesammelt werden. In vielen Städten gibt es für diesen so genannten Wertmüll gesonderte „Grüne Tonnen", „Gelbe Tonnen" sowie Kunststoff- und Altglascontainer.

Ressource (Seite 147)
Ein natürliches Produktionsmittel und eine Hilfsquelle. R. sind z.B. Rohstoffe, aber auch Umweltgüter wie Luft und Wasser, die für die wirtschaftliche Tätigkeit des Menschen erforderlich sind.

Sandwüste (Seite 107)
Bei der Sandwüste ist die Landschaft mit Sand bedeckt, der zum Teil zu hohen Dünen aufgetürmt ist.

Schott (Seite 107)
Eine flache abflusslose Mulde mit Salz- und Tonkrusten in den Trockengebieten.

sekundärer Sektor (Seite 126)
Der Teil der Wirtschaft, der sich mit der Bearbeitung, Verarbeitung und Aufbereitung von Rohstoffen beschäftigt: die Industrie, das Handwerk, die Bauwirtschaft, die Heimarbeit.

Sekundärwald (Seite 96)
Nach Zerstörung des natürlichen Waldes (z.B. des tropischen Regenwaldes) der nachwachsende Wald. Er ist meist lichter und artenärmer.

Selbstversorger (Seite 80)
So bezeichnet man Menschen, die nahezu alles, was sie zum Leben benötigen, selbst erjagen, anbauen oder herstellen.

Sonderwirtschaftszone (Seite 166)
Staatsgebiet, das ein besonderes wirtschaftsförderndes Wirtschafts- und Steuerrecht aufweist. Das Ziel der Einrichtung ist für gewöhnlich wirtschaftliches Wachstum durch ausländische Investitionen. Sonderwirtschaftszonen wurden in mehreren Ländern eingerichtet, darunter die Volksrepublik China, Indien und Kasachstan.

Staaten (Seite 24)
Ein Staat ist ein abgegrenztes Gebiet der Erdoberfläche. Er stellt eine politische Einheit dar, die von einer Staatsregierung geführt wird. Die Bevölkerung lebt innerhalb der Staatsgrenzen. Staatsformen sind zum Beispiel Republik und Monarchie.

Staatsgrenzen (Seite 25)
Außengrenze eines Staates. Staatsgrenzen dürfen in der Regel nur an speziellen Grenzübergängen überquert werden.

Sterberate (Seite 185)
Anzahl der Gestorbenen pro 1000 Einwohner innerhalb eines Jahres.

Stockwerkbau (Seite 92, 108)
1. Im tropischen Regenwald wachsen die Pflanzen sehr üppig und bilden je nach Höhe verschiedene Schichten aus: Über der Krautschicht befindet sich die Strauchschicht, darüber die Baumschicht, und darüber hinaus ragen die Wipfel der Urwaldriesen.

2. In den Oasen gibt es einen Stockwerkbau auf den Feldern. Hier werden Anbaufrüchte so gepflanzt, dass sie sich gegenseitig möglichst gut gegen die Sonne schützen. Höhere Pflanzen dienen als Schattenspender für niedrigere.

Tageszeitenklima (Seite 95)
Klima, das viel stärker durch die Tages-

schwankungen der Temperatur geprägt ist als durch deren jahreszeitliche Schwankungen (Jahreszeitenklima); typisch für die Tropenzone.

Terms of trade (Seite 203)
Verhältnis zwischen Exportpreisen und Importpreisen. Das Verhältnis verschlechtert sich z.B. für ein Land, wenn die Exportpreise fallen und die Importpreise steigen oder die Exportpreise langsamer steigen als die Importpreise

tertiärer Sektor (Seite 126)
Der Teil der Wirtschaft, der Dienstleistungen erbringt: Handel, Banken, Verkehr, Tourismusgewerbe, Verwaltung, Bildungs- und Gesundheitswesen, freie Berufe (Ärzte, Rechtsanwälte usw.).

Tigerstaat (Seite 208)
Bezeichnung für wirtschaftlich aufstrebende Länder Ost- und Südostasiens, die sich im Übergang vom Entwicklungs- zum Industrieland befinden.

TransFair (Seite 206)
Verein mit dem Ziel, benachteiligte Kleinbauern und Arbeiter sowie ihre Familien in Asien, Afrika und Lateinamerika auf ihrem Weg zu einer nachhaltigen Entwicklung zu unterstützen und ihre Lebens- und Arbeitsbedingungen zu verbessern. TransFair handelt aber nicht selbst mit Produkten, sondern kontrolliert die Einhaltung des Fairen Handels über Kontinente hinweg.

Vegetationszone (Seite 70)
Große Gebiete auf der Erde, in denen ähnliche, dem Klima angepasste Pflanzen wachsen. Diese Gebiete ziehen sich wie Gürtel um die Erde. Man nennt die Gebiete Zonen (z. B. gemäßigte Zone, tropische Zone).

Vulkane (Seite 50)
Kegel- oder schildförmige Erhebung, die durch den Austritt von Magma aus dem Erdinneren entsteht. Aufgrund der Zusammensetzung unterscheidet man Schichtvulkane, die aus verschiedenen Ablagerungen schichtweise aufgebaut sind und flachere Schildvulkane.

Wadi (Seite 107)
Ein trockenes Flusstal in der Wüste; führt nur nach heftigen Regengüssen Wasser, was allerdings sehr selten vorkommt.

Wanderarbeiter (Seite 169)
Arbeiter ohne feste Anstellung. Sie ziehen über Land und helfen dort, wo gerade viel Arbeit anfällt und deshalb zusätzliche Arbeitskräfte eingestellt werden. In der Landwirtschaft ist dies z.B. während der Ernte der Fall.

Wanderfeldbau (Seite 96)
Ursprüngliche Anbauform im tropischen Regenwald, wobei nach einigen Jahren des Anbaus die Felder (und z.T. auch die Siedlungen) verlegt werden, da die Nährstoffe im Boden aufgebraucht sind und die Erträge deutlich zurückgehen.

Wüste (Seite 106)
Gebiet, in dem wegen Wassermangels keine oder nur wenige Pflanzen wachsen. Es fallen nur selten geringe Niederschläge. Es gibt Sandwüsten, Kieswüsten und Felswüsten.

Zeitzone (Seite 14)
Eine der 24 international festgelegten Zonen, die die Erde von Norden nach Süden umspannen. In einer Zeitzone gilt dieselbe Uhrzeit. Von Zone zu Zone ist die Uhrzeit jeweils um 1 Stunde verschieden.

Maße und Gewichte

Längenmaße
1 m (Meter) =   10 dm   (Dezimeter)
            =   100 cm   (Zentimeter)
            = 1000 mm   (Millimeter)
1 km (Kilometer)   = 1000 m
1 Meile (amerik./brit.) = 1609 m
1 sm (Seemeile)   = 1852 m

Flächenmaße
1 m² (Quadratmeter)   = 1 m · 1 m
1 a (Ar) = 10 m · 10 m = 100 m²
1 Morgen   ≈ 2500 m²
1 ha (Hektar) = 100 m · 100 m = 10 000 m²
1 km² (Quadratkilometer) = 1 km · 1 km = 100 ha

Einheiten
Kilo: 1000
Mega: 1000 · 1000 = 1 000 000 (1 Mio.)
Giga: 1000 · 1000 · 1000 = 1 000 000 000 (1 Mrd.)

Raummaße/Hohlmaße
1 l (Liter)   = 1 dm³ (Kubikdezimeter)
                    = 1 dm · 1 dm · 1 dm
1 hl (Hektoliter)   = 100 l
1 m³ (Kubikmeter)   = 1 m · 1 m · 1 m

Gewichte
1 kg (Kilogramm)   = 1000 g (Gramm)
1 dt (Dezitonne)   = 1 dz (Doppelzentner)
                    = 100 kg
1 t (Tonne)   = 1000 kg
1 kt (Kilotonne)   = 1000 t

Bildquellen

akg-images, Berlin: 8, 60 M2; action press, Hamburg: 51 M5, 123 M5; Arend, Jörg, Hamburg: 42 o.m.; Associated Press, Frankfurt/M.: 124 M1 (Kathy Willens), 174/175; Baaske Cartoons, Müllheim: 45 M3 Behnsen, Frank, München: 229, 231, 237; Bildarchiv Engelmeier, München: 6/7; Bilderberg, Hamburg: 58 M3 (Burkhard), 87 M4 (Popperfoto), 96 M1 (Burkhard), 147 M4 (Burkhard), 221 M7 (Obertreis); Bräuer, Kerstin, Leipzig: 57 M3; Brameier, Ulrich, Hamburg: 26 M4, 39 M2, 47 M4, 68 M3, 70 M2, 118 M2, 135 M4, 137 M5, 170 M1, 171 M3, 212 M1, 245 M4, 248 M1; British Antartic Surrey, GB-Cambridge: 84 M1; Brucker, Ambros, Lochham: 158 M3; Cartoon-Caricature-Contor/ccc.w5.net, Pfaffenhofen: 103 M3 (Haitzinger), 143 M2 (Pielert), 143 M3 (Behrendt), 143 M4 (Haitzinger); CASIO Europe GmbH, Norderstedt: 238; Christoph & Friends/Das Fotoarchiv, Essen: 110 M1 (Schwerberger), 205 b und c; Colditz, Margit, Halle: 163 M2 und m.; Corbis, Düsseldorf: 53 M4 re., 64 Lupe unten (Lehman), 90/91 (Lehmann), 127 M4 re., 164/165 M1 (Krist); Demmrich, André, Berlin: 119 M5; Der Spiegel, Hamburg: 88 M1; Deutsche Welthungerhilfe, Bonn: 227 M3; dpa, Frankfurt/M.: 44 M2 (Hesse), 46 M1, 46 M2 (Weihs), 47 M3 (Schindler), 50 M2, 92 M3 (Patzelt), 114 M2 (Sofam), 144 M1, 148 M1 (TASS), 150 u.li., 179 M5 (Agence France), 190 M2, 206 M3 (Scheidemann), 224 M2; Druwe & Polastri, Cremlingen: 194 M1; Eck, Thomas, Berlin: 14 M1; Far Eastern Economic Review, Hongkong: 168 M2; Focus, Hamburg: 79 M5 (Klingholz), 81 M5, 112 M4 und M5 (Manaud/Rapho), 116/117 (Brimberg), 166 M3, 169 M4, 183 M3 (T. Stoddart/Katz Pictures), 189 M3 (D. Mehta/Contact Press), 195 M3 (Sibert), 211 M3 (Azzi/Woodfin Camp), 214/215 (Magnum/Barbey); Foster's Brewing Group, Hamburg: 198 M1; Fremdenverkehrsverein Benidorm: 36 M4; Gartung, Werner, Freiburg: 65 (Lupe), 104/105, 113 M8, 113 M10; Geospace, A-Salzburg: 148 M2; Gerster, Georg, CH-Zumikon/Zürich: 132/133 M2; Grabl, Werner, Hutthurm: 234 m., 238 M1; Greenpeace, Hamburg: 154 M1 (Gleizes); Greiner & Meyer, Braunschweig: 13 M3, 13 M4, 71 M4 re., 100 M1; Grenzebach, K., Alten-Buseck: 99 (Ölpalme); Griese, Dieter, Hannover: 109 M5, 142 M1; Grundmeyer, Martin, Wiesbaden: 236 M1; Hamburger Hafen: 171 M2; Hauck, Angelika, Großostheim: 42 o.re.; Hell, Klaus, Essen: 68 M1; Herman, Helmut, Markgröningen: 216 M2; Hofemeister, Uwe, Diepholz: 240 M1, 241 M2; Hoffmann-Burchardi, Düsseldorf: 107 M5 (Felswüste); IFA-Bilderteam, Ottobrunn: 27 re.o. (Möller), 27 li.u. (Welsh), 27 re.u. (Welsh), 37 M6 (Welsh), 48/49 (Poguntke), 68 M4 (BCI), 72 (5. Foto: Digul), 80 M1 (P.A.N.), 100 M2 (Diaf), 192/193 (Gottschalk), 208 M3 (CSI), 217 li.; IPS/Cocoa-Research-Institut, Ghana: 98 M2; Jild, Wilfried, Auetal: 54/55 M1-M4; Jüngst, Reiner, Wolfenbüttel: 184 M1, 186 M2; Jürgens, Ost + Europa-Photo, Berlin: 151 M2, 152 M1 li., 155 M3; Key Porter Books Ltd., CDN-Toronto: 82 M1; Kils, U., Kiel: 86 M2; Kirch, Peter, Koblenz: 25 M2, 26 M2, 89 M6; Klaer, W., Mainz: 73 (2. und 4. Foto); Klohn, Werner, Vechta: 131 M4, 132 M1; KNA-Bild, Bonn: 188 u., 220 M1, 224 M3; laif, Köln: 82 M2 (B&C Alexander/Arcticphoto); Landesmedienzentrum Rheinland-Pfalz, Koblenz: 60 M3; Le Figaro Magazine, F-Paris: 156/157; Lichtbildarchiv Dr. Keil, Neckargemünd: 109 M4; Mauritius, Mittenwald: 17 M3 (Martens), 17 M4, 20/21, 66 M2 (Waldkirch), 66 M3 (Halin), 72 (1. Foto: Meissner, 3. Foto: Meyer), 99 (Kaffee: Hambach, Kautschuk: Camara Tres), 107 M5 (Kies- u. Sandwüste/Thonig), 204 M2, 205 a), 224 M1 (Kugler); Müller, Katja, Hamburg: 199 M6, 217 re.; Nebel, Jürgen, Muggensturm: 115 M4, 115 M7, 134 M1, 137 M4; Nowosti, Berlin: 147 M6; Ökoprojekt - MobilSpiel e.V., München: 235 M3 (Meister); Okapia-Bildarchiv, Frankfurt/M.: 86 M1 o.li. (Carardine/Still Picures), o.re (Pott), u.li. (Foott), u.re. (NAS/Holton), re. (Seitre/BIOS), 71 M4 li. (Büttner/Naturbild), 86 o.li. (Carardine/Still Pictures), o.re. (Pott), u.li. (Foott), u.re. (NAS/Holton), m. (Seitre/BIOS), 226 (Kreis unten); Osram GmbH, München: 239; PACIFICSTOCK, Honolulu: 99 (Ananas); Picture alliance/dpa, Frankfurt/M.: 53 M4 li. (Garazzo), 122 M1 (epa afp Liu Jin), 138/139 (Anatoly Malteso), 152 M1 re. (Endig), 167 M6 (Rehder); Picture Press, Hamburg: 182 M1 (Ullal/stern); Rother, K., Passau: 72 (Steppe); Schapowalow, Bildagentur, Hamburg: 127 M4 m., 53 M4 m.; Schönauer-Kornek, Sabine, Wolfenbüttel - Illustrationen: 16, 22, 24, 25, 30/31, 35, 38, 40/41, 160, 170, 243; Schulthess, E., CH-Forch/Zürich: 78/79 M3; Seeber, Christian, Borgsdorf: 158 M2, 158 M4; Silis, Ivars, DK-Qaqartog/Grönland: 64 Lupe oben, 76/77; Silvestris online, Kastl: 121 M4; Sipa Press, F-Paris: 191 m.; Stadtreinigung Hamburg: 236 o.li.; Strohbach, Dietrich, Berlin: 122 M3, 123 M4, 123 M6, 136 M2, 136 M3; Studio X/Gamma, F-Limours: 113 M11 (Deville); Tanck, B., Hamburg: 63; Taubmann, Wolfgang, Bremen: 161 M3; Tierbildarchiv Angermayer, Holzkirchen: 92 M2; TransFair, Köln: 207 M4; Transglobe Agency, Hamburg: 42 o.li. (Halaska), 42 u.m. (Simson), 42 re.u. (Studio Pierer), 113 M9 (Wiese), 225 M5 (Bäsemann); Tanck, B., Hamburg: 63; Tekülve, Rita, Essen: 199 M3; Trebels, Rüdiger, Düsseldorf: 33 o., 56 M1, 56 M2; ullstein bild, Berlin: 42 u.li. (Bonn-Sequenz), 232/233 (Jost); UN/DPI Photo, New York: 196 M1; UN/Graphic Design Unit, New York: 197 M3; vegas-online.de, Herbitzheim: 135 M3; VISUM Foto, Hamburg: 52 M2 (Arndt), 126 M2 (Wright), 140 M2, 140 M3 li. (Ludwig), 140 M3 re. (Cojaniz), 147 M4 (Sergey Maximisihin), 153 M3 (Keller), 169 M3 (Wolf); Volkswagenwerk, Wolfsburg: 166; Volksschule Hirschau, Dieter Albrecht, FöL: 239 M2; Weidner, Walter, Altlußheim: 244 M1, 245 M2, 245 M3; Westermann Sat Map, Braunschweig: 110 M3; Wildlife, Hamburg: 242 M2 (Salchow); Wostok Verlag, Berlin: 150 M1; zefa visual media, Hamburg: 73 (1. Foto: Goebel, 3. Foto: Eugen, 5. Foto: Teuffen), 88 M3 (Foster), 127 M4 (Rose), 226 (Kreis oben: Svenja-Foto).

Folgende Autorinnen und Autoren waren an diesem Buchprojekt weiterhin beteiligt:
Matthias Bahr, Franz Bösl, Kerstin Bräuer, Margit Colditz, Anette Dippold, Werner Eckert-Schweins, Ursula Faust-Ern, Klaus Friedrich, Renate Frommelt-Beyer, Peter Gaffga, Wolfgang Gerber, Horst Gräning, Gerhild Haller, Jürgen Heller, Uwe Hofemeister, Ute Irmscher, Rainer Lacler, Wolfgang Latz, Thomas Michael, Frank Prehl, Hans-Joachim Pröchtel, Notburga Protze, Simone Reutemann, Dieter Sajak, Doris Steinberg, Elke Stock, Dietrich Strohbach, Rita Tekülve, Wolfgang Telge, Ralf Tieke, Joachim Vossen, Walter Weidner, Christoph Weigert.